비즈니스를 위한
명언상식

비즈니스를 위한 명언상식

| 박영수 지음 |

추수밭

■ 머리말

명언은 비즈니스맨의 언어적 무기

　명언은 고대부터 있었다. 수많은 말 중에서 사람들로부터 공감을 얻은 말이 널리 퍼지고 기록으로 남아 명언이 되었다. 고대인을 지배한 종교는 깨우침과 감명을 전해주는 경전을 통해 대중의 공감을 이끌어냈고, 현인들은 우매한 사람들에게 지혜를 전달하는 방법으로 명언을 택했다. 또한 역사적 사건의 계기가 되거나 배경에서 나온 말들 중 일부가 명언이 되어 후세에 전해졌다.

　명언은 '사리에 맞는 훌륭한 말'이며 '널리 알려진 말'이다. 조금 거창하게 말하자면 '인생의 진리를 짧게 정리한 교훈이 될 만한 말'이다. 영어로는 'famous saying' 또는 'wise saying'이라고 한다. 다시 말해 명언은 널리 알려진 훌륭한 말이요, 알아두면 유익한 말이다. 명언은 수천 년 동안 인류가 남긴 지혜의 산물인 까닭이다.

　대부분의 경우 명언을 사용해보거나 들어보지 못한 사람은 거의 없을 것이다. 명언은 어떤 상황을 명확히 설명해주는 힘이 있으며, 명언을 이용한 자연스런 대화는 그 사람을 돋보이게 한다. 그런 점에서 명언은 상대에게 강한 인상을 남기는 언어적 무기라고 할 수 있다.

　이러한 명언은 시대에 따라 조금씩 바뀌었다. 옛날에는 교육적이고 학문적 의미의 명언이 대부분이었으나, 자본주의 시대를 맞이하면서 경제적이고 실용적 의미의 명언이 생겨났다. 곧 명언은 사람들의 필요에 따라 선택적으로 받아들이는 특성이 있다.

이 책은 비즈니스맨이 다양한 상황에서 적재적소에 사용할 만한 명언을 담고 있다. 이 책에서 소개하는 명언은 상황별 명언과 관련한 유명인 일화들을 통해 단순한 암기가 아닌 개념에 대한 이해를 돕고자 했다. 여기에는 때에 따라서 명언이 아니라 일화 자체를 대화 소재로 활용하라는 의도가 담겨 있다.

다만 한 가지 기억해두어야 할 점은 명언이란 곱씹을수록 그 맛이 우러난다는 사실이다. 한번 읽거나 들어서 그 의미를 모르겠다면 반복해서 생각해보라. 본디 명언의 쓰임은 특정 상황에 한정되지 않고 상황에 따라서 얼마든지 다양하게 응용할 수 있기 때문이다. 그리하여 여러번 곱씹다보면 명언의 참뜻을 이해하게 되고 이미 알고 있는 뜻 이외에 또 다른 의미는 물론 미묘한 뉘앙스까지 파악할 수 있다.

모쪼록 독자 여러분이 비즈니스뿐 아니라 일상생활에서도 일화나 명언을 효과적으로 사용하여 풍요로운 대화의 세계를 경험하기 바란다.

■ **차례**

머리말 명언은 비즈니스맨의 언어적 무기 ...4

비즈니스 1단계 _ work

1. 사무실에서

동료를 내 사람으로 만드는 한마디
    Episode 어린 시절 친구 꼬드기는 데 능했던 카네기 ...17
비협조적인 동료를 설득하는 한마디
    Episode 마약 실은 나귀의 주인을 찾은 묘안 ...21
까다로운 상사의 신뢰를 얻는 한마디
    Episode 오다 노부나가의 행동하는 전략 ...23
부하 직원의 성과를 끌어올리는 한마디
    Episode 덩샤오핑, 흑묘백묘론으로 인재를 얻다 ...26
부하 직원 스스로 깨닫게 하는 한마디
    Episode 돌 속에서 꺼내달라고 울부짖는 사자 ...29
부하 직원의 추종을 이끌어내는 한마디
    Episode 도쿠가와 이에야스가 부하들의 불안을 없앤 방법은? ...33
설득력 있는 기획서를 만드는 한마디
    Episode 장제스는 어떻게 결혼 허락을 받아냈을까? ...36
감정을 컨트롤할 때 필요한 한마디
    Episode 칭기즈칸에게 신중함을 가르친 매 ...40
실패할까봐 불안한 순간을 위한 한마디
    Episode 베토벤도 검은 구슬을 연속으로 집었다 ...43

운보다 노력을 믿게 하는 한마디
    Episode 미야모토 무사시를 부끄럽게 한 작약 한 송이 ...46
성공의 지름길을 제시하는 한마디
    Episode 아가사 크리스티가 추리소설을 포기했다면? ...50

2. 영업 현장에서

강렬한 첫인상을 남기기 위한 한마디
    Episode 노인이 제퍼슨에게만 부탁한 까닭은? ...55
눈썰미로 호감을 얻게 하는 한마디
    Episode 가짜 왕자를 눈치챈 카이사르의 눈썰미 ...59
서로 좋은 흥정을 하게 하는 한마디
    Episode 무관심한 척해야 얻는다 ...62
계약서의 중요성을 알려주는 한마디
    Episode 구두 약속만 했다가 낭패 본 유대인 ...66
어색한 순간을 재치로 넘기는 한마디
    Episode 링컨, 그래 나는 못생겼다 ...70
오고가는 도움 속에 친분을 쌓는 한마디
    Episode 목사를 웃게 만든 할머니의 독특한 치료법 ...74
스치는 인연도 소중히 여기는 한마디
    Episode 감옥을 탈출하게 한 생텍쥐페리의 미소 ...77
문화 마케팅을 강조하는 한마디
    Episode 식후 껌 서비스를 문화로 만든 리글리 ...81
상대의 공감을 이끌어내는 날씨 관련 한마디
    Episode 뙤약볕에 줄 서기를 마다 않은 마쓰시타 고노스케 ...84
옷맵시 조언에 필요한 한마디
    Episode 이탈리아가 명품의 나라가 된 까닭은? ...88
헤어스타일 조언에 필요한 한마디
    Episode 미용실 직원 시절 여성 심리를 배운 이브 몽탕 ...93

비즈니스 2단계 _ meeting

3. 음식점과 술집에서

음식에 대한 탐닉을 다룬 한마디
    Episode 맛의 대중화에 성공한 허쉬 초콜릿과 던킨 도넛 ...101

맛의 취향에 대한 한마디
    Episode 채만식의 유별난 고기 사랑 ...105

계산할 때 상기해야 할 한마디
    Episode 자린고비와 더치페이는 쩨쩨함의 대명사가 아니었다? ...108

음료를 함께 나눌 때 좋은 한마디
    Episode 프리드리히 대왕을 살린 코코아 ...111

동창회에서 말하면 좋은 한마디
    Episode 친구 슈파운 없이는 슈베르트도 없었다? ...114

음주를 권하는 한마디
    Episode 문인 중 최고 주호는 누구일까? ...119

과음의 자제를 권하는 한마디
    Episode 시계공 루소, 술을 버리고 사상가가 되다 ...123

4. 개업식과 송년회에서

비즈니스 선물의 에티켓에 대한 한마디
    Episode 그레이스 켈리를 설레게 한 선물 포장지 ...129

론칭 홍보의 중요성에 대한 한마디
    Episode '비단 장사 왕서방'의 기가 막힌 상술 ...133

초심을 잃지 않게 하는 한마디
    Episode 서비스맨이 된 코카콜라 세일즈맨들 ...138

현명한 가격 정책에 대한 한마디
    Episode 유대인의 특별한 가격 책정법 ...142

경품 기대 심리에 대한 한마디
    Episode 일본 후쿠부쿠로의 행운 마케팅 ...146
잠재 고객을 위한 친절을 다룬 한마디
    Episode 친절을 거절하고도 흐뭇해한 학자 ...150

비즈니스 3단계 _ occasion

5. 결혼식장, 돌잔치, 회갑연에서

행복한 결혼에 지침이 되는 한마디
    Episode 히틀러와 에바 브라운의 죽음을 앞둔 결혼식 ...157
연분이 끌리는 이유를 다룬 한마디
    Episode 천생연분 험프리 보가트와 로렌 바콜 ...159
사랑의 힘을 보여주는 한마디
    Episode 단테 작품의 원천은 짝사랑이었다? ...164
가정의 평화를 기원하는 한마디
    Episode 페스탈로치를 교육개혁가로 만든 가정부 ...167
아기의 탄생을 축복하는 한마디
    Episode 힘들게 세상에 나온 피카소와 뉴턴 ...170
자녀교육에 대한 가치관을 다룬 한마디
    Episode 제왕학 공부를 거부한 프리드리히 ...173
나이 듦에 대한 마음가짐을 다룬 한마디
    Episode 정년퇴임을 겸허하게 받아들인 이희승 ...177
무병장수를 기원하는 한마디
    Episode 퇴계 이황의 독특한 건강 관리법 ...180

6. 병원과 장례식장에서

몸과 마음의 건강을 강조하는 한마디
    Episode 기상 습관의 변화로 건강이 악화된 데카르트 ...187

기질에 대한 편견을 깨주는 한마디
    Episode 혈액형을 심리 상품으로 만든 융 ...190

아픔을 긍정적으로 받아들이게 하는 한마디
    Episode 벼락 맞고 수도자가 된 마르틴 루터 ...194

운명에 맞서는 용기를 주는 한마디
    Episode 1년만 시간을 달라고 말한 이유 ...199

고인의 덕을 기리는 한마디
    Episode 멘델레예프의 장례식 풍경 ...201

유가족의 슬픔을 위로하는 한마디
    Episode 죽음의 스트레스에 시달린 도스토옙스키 ...204

유명 위인들이 묘비에 남긴 한마디
    Episode 자신의 묘비에 도형을 그려달라고 한 아르키메데스 ...208

비즈니스 4단계 _ leisure

7. 전시장과 음악회에서

예술의 의미를 보여주는 한마디
    Episode 예술 산업을 부흥시킨 퐁파두르 ...217

화가의 시각에 대한 한마디
    Episode 외모 콤플렉스에 시달린 미켈란젤로 ...221

사진에 대한 탐닉을 다룬 한마디
    Episode 사진만 있는 링컨과 이사도라 덩컨 ...224

음악의 영향을 보여주는 한마디
    Episode 자유와 평화의 세상을 노래한 '이매진' ...227

세계적인 가수들이 남긴 한마디
　　Episode 검은 참새, 에디트 피아프 …230
유명한 작가들이 남긴 한마디
　　Episode 불행한 어린 시절 덕분에 동화작가가 된 안데르센 …233

8. 스포츠경기장과 영화관에서

골프에 대한 신념을 보여주는 한마디
　　Episode 노력형 골프 영웅 니클라우스 …239
축구가 사랑받는 이유에 대한 한마디
　　Episode 베컴, 지옥과 천당을 모두 경험하다 …242
야구의 정신을 생각하게 하는 한마디
　　Episode 20세기 최후의 4할 타자, 테드 윌리엄스 …246
스포츠 스타들이 남긴 한마디
　　Episode 인신공격에 약했던 베이브 루스 …249
영화에 대한 열정을 보여주는 한마디
　　Episode 히치콕이 서스펜스 영화에 빠진 까닭은? …253
영화에 관련된 인상 깊은 한마디
　　Episode 장난을 좋아한 영화감독 존 휴스턴 …257
한 시대를 풍미했던 여배우들의 한마디
　　Episode 그레타 가르보의 이미지와 정반대였던 삶 …260

부록 **세계 유명 광고 슬로건 이야기** …265

비즈니스 1단계 _ work
업무

1. 사무실에서

사무실마다 한 대 콕 쥐어박고 싶은 사람이 꼭 한 명씩 있다.
자기가 맡은 일을 남에게 미루는 동료, 업무를 함께 결정해놓고 딴소리하는 상사,
사사건건 지시해야 일하는 부하 직원 등등.
한바탕 전쟁(?)을 치르기 전에 회의나 제안서를 준비하면서
다음에 나오는 결정적 한마디를 써먹어 보자.
과연 효과가 있을까 불안한가?
자기 신뢰가 성공의 으뜸 비결이라고 하지 않던가.

동료를 내 사람으로 만드는 한마디
비협조적인 동료를 설득하는 한마디
까다로운 상사의 신뢰를 얻는 한마디
부하 직원의 성과를 끌어올리는 한마디
부하 직원 스스로 깨닫게 하는 한마디
부하 직원의 추종을 이끌어내는 한마디
설득력 있는 기획서를 만드는 한마디
감정을 컨트롤할 때 필요한 한마디
실패할까봐 불안한 순간을 위한 한마디
운보다 노력을 믿게 하는 한마디
성공의 지름길을 제시하는 한마디

동료를 내 사람으로 만드는 한마디

어린 시절 친구 꼬드기는 데 능했던 카네기

스코틀랜드에서 태어난 미국 사업가 앤드류 카네기는 집안 형편 때문에 마을학교로 정규 교육을 마쳐야 했지만 그 시절에 이미 사업 수완에 남다른 재능을 보였다.

카네기가 집에서 토끼를 키웠을 때 일이다. 카네기는 날마다 토끼 먹이로 쓸 풀을 구하느라 바삐 돌아다녔지만 늘 모자랐다. 그러자 카네기는 꾀를 내어 친구들에게 이렇게 말했다.

"민들레나 클로버를 뜯어다주면 토끼가 새끼 낳았을 때 그 친구 이름을 붙여줄게."

"정말이야?"

"그래!"

카네기의 약속이 효과가 있었던지, 학교가 쉬는 토요일이면 친구들은 너나 할 것 없이 온종일 토끼 먹이를 모으는 데 바빴다. 카네기는 토끼 먹이를 구하는 대신에 느긋하게 책을 보거나 다른 일을 했다. 훗날 이 시절에 대해 카네기는 다음과 같이 말했다.

"이 일은 내가 계획하고 생각한 조직력을 보여준 첫 사건이다. 나는 그 시절의 기억을 소중히 간직하고 있다. 그 일을 계기로 조직력은 내게 물질적 성공을 가져다준 밑거름이 되었기 때문이다. 무엇보다 내가 성공할 수 있었던 이유는 많이 알거나 스스로 무언가를 해서가 아니라 나보다 잘아는 사람을 뽑아 쓸 줄 알았다는 데 있다."

카네기는 1848년 가족과 함께 미국으로 건너가 공장에서 일했다. 그 무렵 공장에는 '다이너마이트'라는 별명을 가진 말썽꾸러기 직공 보비가 있었다.

어느 날 보비는 고분고분하지 않은 카네기에게 싸움을 걸어왔다. 만만해 보이는 카네기가 도무지 자기에게 머리를 숙이지 않아 건방지다는 이유에서였다. 하지만 싸움은 카네기의 승리로 끝났다. 보비는 미안하다며 사과한 후 친구가 되자고 말했다. 그런데 며칠 지나지 않아 보비는 불성실하다는 이유로 공장에서 쫓겨나고 말았다.

그 다음 날 카네기는 퇴근하고 집에 들어서자마자 무척 당황했다. 보비가 카네기 어머니를 속이고 카네기 통장을 가져가 버린 까닭이다.

카네기는 생각에 잠겼다. 그리고 다음 날 보비를 찾아갔다. 보복하기 위함이 아니라 그가 어떻게 지내는지 궁금했기 때문이다. 보비의 집은 카네기 집에 버금갈 만큼 누추했다. 보비는 카네기를 보더니 도망쳤다. 카네기가 뒤쫓아가서 붙들자, 보비는 미안하다는 말만 되풀이했다. 카네기는 보비를 추궁하기는커녕 공장에서 다시 일할 수 있도록 주선해보겠다고 약속했다.

그러나 공장장은 카네기의 간절한 부탁에도 보비의 나쁜 행실만을 들추며 받아들이지 않았다.

"그럼, 어쩔 수 없군요. 공장장님, 저도 그만두겠습니다."

"아니 뭐라고? 네가 그만두겠다고?"

"보비에게 일자리를 마련해주겠다고 단단히 약속했는데 어떻게 저 혼자만 일할 수 있겠습니까? 저는 약속을 어길 수 없습니다."

"그럼 네 마음대로 해! 그딴 녀석과 어울리려거든 당장 나가!"

카네기는 조금도 망설임 없이 공장을 떠났다. 그리고 보비와 다른 회사에 함께 취직했다.

보비는 카네기의 희생정신에 감동하여 완전히 새사람이 되었으며 평생 카네기의 왼팔로서 사업에 크게 기여했다.

한편 카네기 역시 보비에게서 나름의 재능과 소질을 알아본 것이다. 곧 저마다 가진 능력과 가능성을 정확히 파악하고 나서 그에 알맞은 일을 시키는 것이 카네기의 으뜸 사업 수완이었다.

동료는 친구와 어딘지 모르게 다르다. 친구가 성격이나 취향이 비

숫해서 맺어진 정서적 인간관계라면, 동료는 일을 위해 같이 어울려야 하는 협조적 대인관계인 까닭이다. 바꿔 말해 직장 동료는 취향으로 선택한 사람이 아니기에 정서적 공감대보다는 업무 능력을 우선시한다. 대부분의 직장인은 동료의 유능함을 좋아하는 경향이 있다.

18세기 영국 작가 제임스 보즈웰은 일찍이 그런 점을 간파하여 1763년 〈런던 저널〉에서 다음과 같이 말했다.

"동료는 상대의 유능함을 좋아하나, 친구는 그 사람 자체를 좋아한다."

보즈웰의 말대로 유능해야만 동료에게 인정받을 수 있을까? 꼭 그렇지는 않다. 오히려 유능함보다는 친절함이 더 매력으로 통한다.

미국 건국의 주역 중 한 사람인 벤저민 프랭클린은 친절이야말로 대인관계의 핵심으로 꼽으며 '친절은 상급자에겐 의무, 동료에겐 예절, 하급자에겐 고결함이 된다'고 강조했다. 흥미롭게도 친절의 대상이 자신일 때 그 효과는 더욱 크다. 그 점을 일찍 깨달은 프랭클린은 친하게 지내고 싶은 동료에게 책을 잠시 빌려 달라고 부탁하곤 했다. 그러면 대부분 사람은 프랭클린에게 먼저 말을 걸어오고 이전보다 훨씬 친절히 대해줬다고 한다.

"내가 친절을 베푼 사람보다 내게 친절을 베푼 사람이 더 내게 친절을 베풀려고 한다"라는 프랭클린의 말에 동의하듯 러시아 작가 톨스토이도 "우리는 자신에게 친절을 베푼 사람보다 자신이 친절을 베푼 사람을 더 좋아한다"라는 말을 남겼다. 왜 그럴까?

미국 제2대 대통령 존 애덤스는 1790년 신문 지면에 실린 '다빌라 담론Discourses on Davila'에서 동료에게 인정받고자 하는 심리를 다음과 같이 말했다.

"자기 동료로부터 관심을 받고, 존중받고, 칭찬받고, 사랑받고, 존경받으려는 욕망은 인간의 마음속에서 발견되는 가장 원초적이며 가장 예리한 성질 중 하나다."

요컨대 동료와 잘 지내고 싶다면 그에게 간단한 도움을 청하여 유대관계를 맺고, 이후 친절히 대하면 동료는 더 큰 친절을 베풀게 된다.

비협조적인 동료를 설득하는 한마디

마약 실은 나귀의 주인을 찾은 묘안

미국 남부지역에서 있었던 일이다. 어느 날 저녁, 경찰서에 마약 운반 신고가 들어와 경찰관 두 명이 급히 출동했다. 멕시코와 미국의 국경지대에서 한 농부가 나귀에 마약을 숨겨 옮긴다는 제보였다.

경찰차를 몰고 신고 장소로 급히 가보니 허름한 옷차림을 한 농부가 나귀를 끌고 가고 있었다. 나귀 등에는 짐이 가득했다.

"저 짐을 조사해봐야겠어."

경찰은 즉각 사이렌을 울리며 정지 신호를 보냈다. 그러자 경찰차 사이렌 소리에 깜짝 놀란 농부는 나귀를 버리고 그대로 숲 속으로 달아났다. 붙잡히면 벌을 받을 게 뻔했기 때문이다. 경찰관이 뒤늦게 차에서 내려 쫓아갔지만 농부의 뜀박질이 워낙 빨라 놓치고 말았다.

"사이렌을 꺼야 하는데 우리 실수였어."

"그러게 말이야. 신고 받고도 밀수꾼을 놓쳤으니 어쩌지."

"무슨 수가 없을까?"

"하느님께 기도해보세!"

"기도? 난 《성경》을 생각해보겠네."

신앙심이 깊은 경찰관 한 명이 그 자리에서 기도를 올리며 하느님에게 지혜를 달라고 부탁드렸고, 나머지 한 명은 《성경》의 여러 구절을 암송하며 지혜를 간절히 구했다. 비록 과학수사와는 거리가 먼 행위였지만 두 경찰관은 다급한 마음에 무엇이라도 할 수밖에 없었다. 그래서였을까. 우연인지, 기도 효험인지는 모르나 경찰관 한 명이 《성경》에서 단서를 찾아냈다며 기쁜 미소를 지었다.

"《성경》에 해답이 있군 그래."
"뭐라고 나와 있는가?"
"음, '소는 그 임자를 알고 나귀는 주인의 구유를 알건마는'이라는 구절일세."

그 경찰관은 나귀를 며칠 굶긴 뒤 일부러 풀어주었다. 그리고 나서 나귀가 가는 곳을 뒤따라가 밀수를 시도한 농부를 체포하는 데 성공했다고 한다.

'소는 그 임자를 알고 나귀는 주인의 구유를 알건마는 이스라엘은 알지 못하고 나의 백성은 깨닫지 못하도다 하셨도다.'(《이사야》 1장 3절)

사람들은 상황이 난처해졌을 때 체념하고 포기하는 경향이 있다. 그러나 입장을 바꿔 생각해보면 의외로 쉽게 실마리를 찾을 수 있다. 이때 머리를 맞대고 궁리하다 보면 상대의 말 속에서 단서를 얻는 경우가 많은데, 집념은 집중력을 높이고 그런 상태에서는 분석력 또한 강화되기 때문이다.

1546년 영국 격언집을 편찬한 존 헤이우드는 '두 사람의 머리는 한 사람의 머리보다 낫다'고 적었고, 스위스 심리학자 카를 G. 융은 1933년에 출간한 《영혼을 찾는 현대인》에서 다음과 같은 명언을 남겼다.

"두 개성의 만남은 두 가지 화학물질의 접촉과 같다. 반응이 있으면 둘 다 변화한다."

문제를 해결하려면 동료와 머리를 맞대라. 한 사람이 찾는 것보다 두 사람이 찾을 때 더 빠르고 효율이 높다는 것은 진리와 다를 바 없으니 말이다.

까다로운 상사의 신뢰를 얻는 한마디

오다 노부나가의 행동하는 전략

일본 전국시대에 많은 영웅이 등장하지만 그중 특히 세 사람이 유명하다. 오다 노부나가, 도요토미 히데요시, 도쿠가와 이에야스가 그들이다. 다음의 이야기는 그들의 성격을 잘 말해준다. 누군가 '새가 지저귀지 않으면 어떻게 해야 할까?'라는 물음에 세 사람은 다음과 같이 말했다고 한다.

오다 노부나가는 "단칼에 베라"고 했고, 도요토미 히데요시는 "지저귀게 하라"고 했으며 도쿠가와 이에야스는 "지저귈 때까지 기다리겠다"고 이야기했다.

흔히 노부나가는 냉정하게 처리하고, 히데요시는 조화를 꾀하고, 이에야스는 참고 기다리는 성격이란 뜻으로 해석한다. 여기에 노부나가의 가상 대답에는 또 다른 의미가 숨어 있으니 바로 기발하고 대담한 결단력이다.

노부나가는 전술과 전략에 관한 한 천재성을 가진 결단력 있는 무사였다. 그는 평생 100회가량 싸웠는데, 모든 전투에서 각기 다른 전법을 썼다. 따라서 상대는 그가 어떻게 나올지 전혀 예측할 수 없었다. 다시 말해 상대편에서는 노부나가의 전략을 알 수 없으니 어떤 대비도 할 수 없었던 것이다.

노부나가는 특히 변화에 민감하여 소총에 대한 정보를 접하고서는 서둘러 소총부대를 조직했다. 일본의 다이묘^{大名 넓은 땅과 강력한 권력을 가진 지방 통치자}로서는 최초였다. 노부나가는 실제 전투에서 소총부대를 이용하여 크게 승리했는데 단순히 총만 쏘아 이긴 게 아니라 효과적인 전술로 승리를 이끌어냈다. 예컨대 자신의 군대를 3조 3열로 편성하여 한 조가 총을 쏘는 동안, 다른 두 조는 총알을 넣고 차례로 총을 쏘게 했다. 이러한 전투는 적군 편에서 보면 쉴 새 없이 총알이 날아오는 셈이므로 반격하기가 쉽지 않았다. 날쌔기로 소문난 다케다 신겐의 기마부대 역시 노부나가의 소총부대에 무너졌다.

노부나가의 뛰어난 전략은 막연한 탁상공론이 아니라 면밀한 현장 정보 수집을 바탕으로 이루어졌다. 노부나가는 매우 치밀한 사람이었다. 그는 상대를 파악해야 이긴다는 걸 일찍부터 깨달았기에 정보 수집에 신경을 많이 썼다.

"직접 생각하고 직접 조사하고 직접 행동에 나서라!"

그리하여 노부나가는 적군 우두머리를 쓰러뜨리는 장수보다 적군의 정보를 알아내는 장수에게 더 큰 상을 주었다. 덕분에 노부나가는 상대의 허점이나 약점을 공격하여 쉽게 승리했다. 이른바 '정보 중심 작전'은 예나 지금이나 매우 중요한 병법으로 노부나가가 얼마나 탁월한 지도자였는지 알 수 있다.

오다 노부나가는 다이묘의 아들로 태어나 1549년 아버지의 영지를 물려받아 직접 통치에 나섰다. 이후 점차 세력을 넓혀나갔고 변화무쌍한 전략으로 더욱 유명해졌다. 노부나가는 빠른 기동력으로 대군을 무찔러 일본 전역을 놀라게 하는가 하면 새로운 문물을 받아들이고 대중이 좋아할 만한 정책을 시행하여 인기를 얻었다.

그뿐만이 아니다. 노부나가는 넓은 평야를 차지하여 곡물을 확보하는 한편 농민과 병사를 분리하는 체제를 시행했다. 이전에는 전투가 벌어지면 농민도 함께 싸워야 했으나 노부나가의 군대는 직업군인제였으므로 이 부대의 군인들은 전문적인 전투 기술을 더 많이 익힐 수 있었다.

이 밖에도 노부나가는 많은 개혁정책을 시행했다. 이런 노력 덕분에 오늘날 노부나가는 과감한 결단력과 추진력으로 일본을 근대국가로 만든 인물로 평가받으며 일본인이 가장 존경하는 인물로 손꼽힌다.

노부나가는 스스로 앞장서서 개혁을 이끌었고 부하들에게도 같은 노력을 요구했다. 그는 다음과 같은 말을 남겼다.

"일은 찾아서 하는 것이다. 자신이 만들어내는 것이다. 주어진 일만 하는 사람은 잡병이다."

이 말은 현대 직장인에게도 그대로 적용된다. 즉, 신입사원이든 경력사원이든 수동적인 사람이라면 창의적으로 일할 리 없는 까닭이다.

그렇다면 어떻게 해야 창의적으로 일할 수 있을까? 가장 좋은 방법은 일에 동기 부여를 하는 것이다. 예컨대 무역회사에 다닐 경우 수출에 필요한 서류 작성을 단순한 문서 작성으로 생각하지 말고 국가 무역에 기여하는 일로 생각하는 따위가 그러하다. 건축 관련 종사자라면 기계처럼 무의미하게 건물을 쌓는 게 아니라 세상에 필요한 건물을 짓는다는 자부심이 있어야 한다.

20세기 미국 작가 존 바스는 1956년에 발표한 〈물 위의 오페라The Floating Opera〉에서 다음과 같이 말했다.

"본래부터 본질적으로 가치 있는 것은 없다. 모든 사물의 가치는 사람들이 외부에서 부여한 것이다."

고대 중국의 정치가로 재상이 된 뒤 제나라를 춘추시대의 5대 강국 중 으뜸으로 만든 관중管仲도 이와 비슷한 말을 말했다.

"일은 생각함으로써 생기고 노력함으로써 이루어진다."

이처럼 자신의 일에 의미를 부여하면 자연스럽게 일을 찾아서 하게 된다. 시키지 않아도 알아서 할 일을 찾아 노력하는 사람은 상사뿐 아니라 누구에게나 환영받기 마련이다. 마지못해 일하는 사람과 열심히 할 일을 찾아 일하는 사람 중 어떤 삶이 더 행복하겠는가. 스스로 알아서 하는 일은 저절로 흥이 나서 재미를 느낄 뿐만 아니라

비효율적인 일이라면 그에 대한 개선 방법까지 생각하게 된다. 다시 말해 동기 혹은 의미 부여는 창조성 및 개혁 정신에 연결되며, 나아가 사명감과도 맞닿아 있다.

부하 직원의 성과를 끌어올리는 한마디

덩샤오핑, 흑묘백묘론으로 인재를 얻다

"피고에게 사형을 선고한다!"

1957년, 중국 랴오닝 성 진저우의 왕이핑은 반혁명분자이자 공금횡령범으로 사형을 선고받았다. 왕이핑은 국민당 시절 병기공장에서 주임기술자로 일하던 중 어머니의 수술 비용으로 공금을 빌려 쓴 사실이 발각되어 뒤늦게 처벌을 받은 것이다. 그는 모든 희망을 잃은 채 진저우 신생전기공장에서 청소원으로 일하며 불안한 나날을 보냈다.

1958년, 대약진운동 마오쩌둥 시대에 기계보다 노동력에 의존한 노동집약적 산업화로 경제발전을 꾀한 대중운동이 전국에서 벌어졌고, 진저우 신생전기공장도 예외가 아니었다. 이런 분위기 속에서 공장장은 선진국의 새로운 제련 방법을 시도해보고 싶었으나 여의치 않았다. 공장 노동자 대부분이 장기 복역자로 아무런 희망 없이 하루하루를 보냈기 때문이다. 하지만 공장장은 반드시 해보겠다는 일념으로 전체 죄수들을 향해 소리 높여 외쳤다.

"새로운 제련 공법이 성공한다면 국민을 위해 큰 공을 세우는 일이요. 그

공으로 속죄될 수도 있으니 모두 진지하게 생각해보시오."

당시 대다수 죄수들은 시큰둥한 반응을 보였다. 하지만 왕이핑은 다시없는 기회라고 판단하여 그 일을 자청했다. 공장장은 왕이핑에게 외국에서 수집한 관련 자료 한 더미를 넘겨주고 연구에 전념할 수 있도록 숙소를 마련해 주었다.

"동무는 해낼 수 있으리라 믿소. 자, 우리 함께해봅시다!"

"자유를 위해 노력하겠습니다!"

왕이핑은 밤낮으로 연구하고 수백 번 실패를 거듭한 끝에 마침내 1960년에 화로火爐를 만드는 데 성공했다. 이 화로를 이용해 생산한 희귀 금속은 외국에서 수입한 금속과 그 품질이 똑같을 만큼 완벽했다.

"드디어 자체 생산을 할 수 있게 됐소!"

공장장은 이 기쁜 소식을 즉시 상부에 보고하고 왕이핑의 사면과 감형을 요청했다. 그러나 진저우 공안국은 왕이핑의 죄를 용서해줄 수 없다는 답변을 보내왔다. 이에 공장장은 부당하다고 생각하면서도 이 사실을 차마 왕이핑에게 말하지 못하고, 그 당시 정책결정자인 덩샤오핑에게 편지로 호소했다. 보름 후 공장장은 중국 중앙총서기 사무실로부터 덩샤오핑 총서기가 친히 진저우 신생전기공장을 방문한다는 전화 연락을 받았다.

1961년 3월, 덩샤오핑이 금속 생산 현황을 살펴보러 공장 시찰을 나왔다. 덩샤오핑은 희귀한 금속이 만들어지는 현장을 직접 보고는 감탄을 하며 공장장에게 왕이핑을 데려오라고 지시했다. 덩샤오핑 앞에 불려온 왕이핑은 아무 말 못하고 그저 눈물만 흘렸다. 덩샤오핑은 공장을 떠나기 전에 공장장에게 확인하듯 물었다.

"왕이핑 동무의 문제는 해결되었소?"

"그가 중대한 반혁명분자라며 진저우 공안국에서 동의하지 않습니다."

"웃기는 이야기군. 내가 건의하여 그를 4급 기술자로 임명하겠소."

"위에서 동의하지 않으면 어쩌죠?"

그러자 덩샤오핑은 화를 버럭 냈다.

"중앙총서기의 명령이야! 어느 누가 동의를 안 한단 말인가. 어떤 동지들은 오직 법률 항목만 따지고 실효성은 가볍게 여기는데 그건 잘못된 일이오. 일하면 보수를 주고, 공을 세우면 상을 주어야 마땅한 일 아닌가. 공을 세운 죄수에게 갈 길을 열어주는데 무엇을 겁낸단 말이요. 검은 고양이든 흰 고양이든 쥐만 잡으면 좋은 고양이요!"

얼마 후 왕이핑은 정식으로 석방되어 4급 기술자로 임명되었으며 훗날 다시 성省에 올라 시정협市政協 위원이 되었다. 덩샤오핑의 유명한 '흑묘백묘론黑猫白猫論'은 바로 여기에서 비롯된 말이다.

'흑묘백묘론'은 고양이 색깔이 검든 희든 간에 쥐만 잘 잡으면 되듯, 자본주의든 공산주위든 상관없이 중국 인민을 잘살게 하면 제일이라는 뜻이다.

실제로 덩샤오핑은 1970년대 말부터 자본주의적 요소를 받아들여 중국 경제를 비약적으로 발전시켰다. 덩샤오핑은 또한 '부자가 될 수 있는 사람부터 먼저 부자가 되자'며 선부론先富論을 주창했는데, 이는 다함께 동시에 잘사는 게 어렵다면 가능한 사람부터 잘사는 걸 인정해주고 차차 나머지 사람도 잘살 수 있도록 노력하자는 말이다.

사실 덩샤오핑 주장은 그만의 독특한 발상이 아니다. 그때그때 상황에 맞춰 그 자리에서 결정하거나 처리하는 임기응변은 실리를 추구하는 중국 상술의 핵심이기 때문이다.

'장사할 때는 임기응변으로 상황에 따라 처리해야지 고지식해서는 안 된다.'

중국 상인들이 명심하는 거래비법의 하나로 정치 · 경제 · 사회 전반에 걸쳐 통용되는 잠언이다. 오늘날에는 같은 맥락에서 덩샤오핑의 '흰 고양이든 검은 고양이든 쥐만 잘 잡으면 좋은 고양이'라는 말이 더 널리 쓰인다.

문제를 해결하려고 마음먹는다면 못할 일이 없다는 사고방식은 중국인에게만 국한되지 않는다. 프랑스에는 '문으로 나갈 수 없는 사람은 창문으로 나간다'는 격언이 전해오고, 아라비아에도 '무엇인가 하고 싶은 사람은 방법을 찾아내고 아무것도 하기 싫은 사람은 구실을 찾아낸다'는 격언이 있다.

영어 문화권에도 같은 의미의 '뜻이 있는 곳에 길이 있다'는 말이 있다. 이 격언은 고대 로마의 '길을 찾아내거나 아니면 만들 것이다'는 말에서 그 기원을 찾을 수 있다. 1640년 영국의 조지 허버트는 《신중한 창》에서 '의지가 있는 사람에게는 방법이 있다'는 말로 표현했다.

각국의 문화를 막론하고 장애물이 문제가 아니라 안 될 거라는 부정적 사고방식이 문제임을 말해준다.

부하 직원 스스로 깨닫게 하는 한마디

돌 속에서 꺼내달라고 울부짖는 사자

"드디어 작품을 완성했다!"

고대 그리스에 소프로니스코스라는 석공이 있었다. 그는 대리석으로 아름다운 조각상을 만들며 살았는데 직업에 대한 자부심이 대단했다. 당시 뛰어난 조각가는 장인으로 인정받으며 경제적으로도 여유로웠다. 그래서 그는 아들이 자기 일을 물려받기 바랐다. 아들 역시 큰 돌을 다듬어 멋진 작품이 되는 과정을 매우 신기해하며 기꺼이 조각을 배우고자 했다.

"저도 아버지처럼 훌륭한 조각가가 되고 싶어요."

하지만 아들은 잦은 실수로 비싼 대리석을 망치기 일쑤였다. 재료비를 수업료로 친다 하더라도 솜씨가 영 신통치 않았다. 보다 못한 아버지가 아들에게 한마디 했다.

"얘야, 너는 지금 돌을 깎고 있다고 생각하지?"

"예, 그래요."

"조각이란 단순히 돌을 쪼는 게 아니라 돌 속에 갇힌 영혼을 꺼내는 신성한 일이란다."

"예? 그게 무슨 말씀이세요."

"사자가 울부짖고 있다면 사자를 돌 속에서 꺼내주고, 여인의 웃음소리가 들린다면 미소 짓는 여인을 꺼내주는 게 바로 조각이란다. 그런 마음으로 임해야만 섬세하게 조각을 할 수 있지. 꺼내주는 사이에 어디 하나라도 다치지 않도록 더욱 조심하지 않겠니."

아버지는 물리적인 조각 기술 대신에 마음가짐을 가르쳐주었고, 아들은 그 뜻을 이해하고 작업의 원리를 깨달았다. 그날 아버지의 말을 가슴 깊이 새긴 아들은 이후 그 훈계를 평생 잊지 않으며 살았다고 한다.

앞에서 이야기한 석공의 아들이 바로 소크라테스다. 소크라테스는 석공이 아니라 철학자로 살았고, 그가 가르친 '산파술'이라는 교육 방법은 큰 인기를 얻었다. 산파술은 임산부가 아기 낳는 걸 돕는 산파처럼, 자연스럽게 묻고 대답하는 과정에서 스스로 무지를 깨닫게 하여 지혜에 이르게 하는 깨달음의 기술이다.

소크라테스는 비록 자신은 새로운 지혜를 낳을 능력이 없지만 다른 사람들이 지혜를 낳는 데 도움을 줄 수 있다는 생각에 이를 어머

니의 직업인 산파에 비유하여 '산파술'이라고 불렀다.

소크라테스는 무지無知를 가장한 반문법으로 상대방의 무지를 깨닫게 했다. 욕심 많은 부자가 하인을 매질할 때도 그랬다. 소크라테스는 주인에게 물었다.

"어찌하여 그렇게 심하게 매질을 하오?"

"이놈은 음식만 탐내는 먹보인 데다 돈 욕심만 많은 게으름뱅이요."

그 말을 들은 소크라테스는 주인에게 이렇게 말했다.

"당신 기준대로라면 그대와 하인 중에서 누가 더 매를 맞아야 하는지 생각해본 적 있소?"

부자는 예기치 못한 소크라테스의 질문에 당황해했다.

이렇듯 소크라테스는 자신을 되돌아보게 하는 질문을 많이 했는데, 거기에는 이유가 있었다.

소크라테스에 따르면 인간은 태어나기 이전에 저 하늘 어딘가에 있는 이데아의 세계에 살았다. 이데아에는 참되고 선한 모든 것이 존재하므로 영혼은 그 모든 진리를 알고 있었다. 하지만 영혼이 잘못을 저지르면 지상으로 추락하여 육체에 갇히고 모든 것은 잊어버리고 만다. 다행히 그 기억이 되살아나면 이전에 알던 것들을 되찾는다는 점에서 소크라테스는 교육으로 기억을 되살리도록 도와줘야 한다고 생각했다.

다시 말해 소크라테스에게 교육이란 처음 보고 듣는 새로운 지식 전달이 아니라 머릿속에 들어 있는 걸 끄집어내는 데 그 목적이 있다고 보았다. 소크라테스가 교육자를 가리켜 산파라고 말한 이유도 여기에 있다.

'너 자신을 알라 Gnothi Seauton'는 원래 그리스 델포이 신전의 기둥에 새겨진 글귀로 소크라테스는 이 말을 삶의 원칙으로 삼아 자주 언급했다. 자신을 향해 근본적 의문을 제기해야만 자신을 알 수 있다는 뜻에서 말이다. 따라서 '너 자신을 알라'는 격언은 '자기 분수를 파악하라'는 조롱이 아니라 '알려고 하지 않는 게으른 습성을 고쳐라' 나아가 '알면서도 실천하지 않는 게으름을 버려라'와 같은 가르침이다. 곧 자기 자신을 정확히 아는 사람은 무엇을 해야 할지, 어떻게 살아야 할지 알기에 타인에게 비난받지 않는 삶을 살 수 있다는 훈계이다.

따라서 누군가를 도와줄 때는 자기 힘으로 할 수 있도록 조언을 해주는 편이 가장 바람직하다. 이에 15세기 영국 비평가 리처드 힐스는 1490년에 펴낸 《비망록》에서 다음과 같이 말했다.

"그의 턱을 치켜 올려주면 손쉽게 헤엄친다."

부하 직원의 추종을 이끌어내는 한마디

도쿠가와 이에야스가 부하들의 불안을 없앤 방법은?

1603년 도쿠가와 이에야스는 세력이 흩어져 있던 일본을 통일하여 에도 바쿠후를 세운 영웅이다. 이때부터 일본은 대략 100년 동안 평화를 누리고 경제적으로도 성장했는데 이를 에도시대라고 한다.

이에야스는 수많은 전투를 치른 용장이었지만 오다 노부나가와 전략적으로 손잡는가 하면 도요토미 히데요시와 맞서 싸우다가 강화조약을 맺는 등 임기응변에 능하여 '너구리 영감'이라는 별명을 얻기도 했다.

그렇다면 평생을 거의 싸움판에서 지낸 그가 천하를 손에 쥔 뒤 어떻게 평화시대를 이끌었을까?

이에 대한 궁금증은 다음 일화에서 실마리를 찾을 수 있다. 이에야스는 본거지인 미카와三河에 있을 때 수시로 사무라이 부하들에게 이렇게 말했다.

"너희들은 기술을 가진 여인과 결혼하라. 무명을 짜든 물건을 만들든 상관없지만 그런 기술이 살림에 도움이 될 테니 꼭 그렇게 하여라."

생각하기에 따라서는 이해하기 힘든 명령이었다. 칼을 휘두르는 사무라이에게 어딘지 어울리지 않는 배우자 직업이었기 때문이다. 하지만 이에야스의 부하들은 모두 그 지시를 이행했고, 틈날 때마다 아내가 하는 일을 도왔다. 이에야스를 신뢰했기에 부하들은 충실히 주군의 말을 따랐다.

"집안의 명예를 걸고 아주 좋은 물건을 만들어봅시다."

"네, 그래요."

부부는 함께 일하며 더 나은 물건을 만들고자 애썼고 품질 좋은 물품들은 만들자마자 팔려나갔다. 그 결과 남편이 싸움터에 나갔을 때 아내 혼자서도 살림을 해나갔고, 전투가 없을 때는 같이 벌어서 경제적으로 여유로웠다.

그렇다면 이에야스는 왜 그런 지시를 내렸을까? 이는 이에야스의 통찰력에서 비롯된 지혜였다. 이에야스는 전투가 없을 때 무사들이 빈둥거리며 술 마시고 말썽을 피우거나 실업자로 전락하는 걸 우려하여 그 대안으로 이러한 묘책을 찾아낸 것이다.

실제로 이에야스의 혜안은 적중했다. 미카와 지방에서 만든 튼튼하고 견고한 빗자루·우산·등잔·물통 등의 여러 가지 생활용품을 찾는 이가 많았고 자연히 사람들의 생활수준도 향상되었다. 그 후 이에야스는 전국을 통일한 뒤 앞서 시행한 묘책을 여러 분야에 적용하여 군사계급의 사회불안을 완전히 해소했고 그 덕분에 태평시대가 가능했다.

이에야스 리더십을 경영 관점에서 파악하면 '안정된 신뢰감'이라고 말할 수 있다. 자기에 대한 복종심을 이끌어내기 위해 부하들에게 믿음을 주는 동시에 그들이 조직 속에 기꺼이 동참하게끔 심리적·경제적 안정을 보장해준 것이다. 이러한 지도력은 상대에 대한 배려를 바탕으로 하기에 '동류감을 통한 주인의식 심기'라고도 볼 수 있다. 예나 지금이나 지도자의 필수 지도력은 미래에 대한 불안감을 없애는 데 있다.

프랑스의 영웅 나폴레옹은 이 같은 사실에 대해 다음과 같이 말했다.

"지도자는 희망을 파는 상인이다."

지도자가 부하에게 희망을 주는 방법에는 두 가지가 있다. 그 첫 번째 방법은 '모든 일은 내가 책임질 테니 충실히 일하라'는 믿음을 주는 것이다.

프랑스 작가 생텍쥐페리는 1942년에 펴낸 《아라스로의 비행》에서 지도자의 자질에 대해 이렇게 말했다.

"지도자는 책임을 떠맡는 사람이다. 그는 '내가 패배했다'고 말하지, '내 부하가 패배했다'고 말하지 않는다."

미국 33대 대통령 트루먼은 그런 면모를 확실히 보여준 인물로 유명하다. 트루먼 대통령의 집무실 책상 위에는 '모든 책임은 내가 진다The buck stops here.'는 명패가 있었다. 여기서 buck는 카드놀이에서 유래된 말로 '책임'을 뜻하며, pass the buck는 '책임을 회피하다' '책임을 미루다'는 의미로 통하게 됐다. 따라서 트루먼의 말은 '패를 돌리지 말고 모든 책임은 내가 지겠다'는 의지의 표현이다. 트루먼은 중대한 결정을 내린 뒤 부하가 머뭇거리면 이 말을 즐겨 썼다고 한다. 전쟁 수행 중이던 맥아더 장군을 해임할 때도, 일본에 원자폭탄을 투하할 때도 그랬다. 트루먼은 훗날의 논란을 두려워하는 비서진에게 더 강한 어조로 말했다.

"나는 당신 곁에 있을 것이다. 당신이 뜨거운 열기(쏟아지는 비난)를 견딜 수 없다면 부엌을 떠나라."

이처럼 트루먼은 '내가 책임질 테니 열심히 하든지 아니면 떠나라'는 말을 자주 사용했다. 이 때문에 그가 내린 결정의 옳고 그름을 떠나 트루먼은 결단력 강한 지도자로 평가받는다.

지도자가 부하에게 희망을 주는 두 번째 방법은 확실한 전망을 제시해주는 것이다. 미국 기업가 C. D. 랜덜은 1964년에 출간한 《훌륭한 관리》에서 다음과 같이 말했다.

"지도자는 자기가 알고 있는 것을 자기가 아는 사람들에게 명확히 말할 수 있어야 한다."

그러려면 지도자는 미래에 일어날 상황을 자신 있게 말해줘야 한다. 그래야만 긍정적으로 일하기 때문이다. 물론 앞으로 벌어질 일이나 상황을 정확히 알 수는 없으나 현재의 변화를 바탕으로 미래를 내다보면 어느 정도 예측할 수는 있다. 그저 때만 탓할 뿐 시대 변화를 읽지 못한다면 지도자로서 자격이 없다. 조선 시대 학자 이이는 《율곡집》에서 이렇게 말했다.

"잘 다스리고 어지러워짐은 사람 하기에 달린 것이지, 때에 관계된 것은 아니다. 때란 위에 있는 사람이 만들면 된다."

설득력 있는 기획서를 만드는 한마디

장제스는 어떻게 결혼 허락을 받아냈을까?

'꼭 해야 할 일이 하나 더 있지.'
장제스蔣介石는 1927년 공산당 소탕작전을 성공적으로 마친 후 마음속으로 이렇게 다짐했다. 그는 1920년에 처음 만나 매력을 느낀 쑹메이링宋美齡과 결혼하려 했으나 어려운 일이었다. 장제스는 이미 결혼하여 아이가 있는 데다 쑹메이링은 미국에서 교육을 받은 재원이었다. 그럼에도 장제스는 여러 가지 이유로 쑹메이링과 결혼하고 싶어했다. 물론 가장 큰 이유는 쑹메이링에 대한 연정이었으나 쑹메이링의 부모는 미국에서 큰돈을 번 갑부였고, 둘째 언니 쑹칭링宋慶齡은 국민당 창시자 쑨원孫文의 아내였다.

중국 국민에게 존경받던 쑨원이 1925년 세상을 떠난 뒤 장제스가 후계자 자리를 차지했지만 그 위치는 여전히 불안했기에 장제스로서는 든든한 배경이 필요했다. 만약 장제스가 쑹메이링과 결혼한다면 처가의 막강한 재력과 국민 지도자 쑨원과 동서지간이라는 혈연관계를 배경으로 삼을 수 있으며 여기에 아내의 뛰어난 영어 실력을 활용할 수도 있었다. 복잡한 정세 속에서 그것은 대단한 힘이었다.

"당신과 결혼하고 싶소."

장제스는 쑹메이링에게 용감히 청혼했지만 돌아온 반응은 쑹메이링 집안의 강력한 반대였다.

"그는 이미 결혼한 사람이고, 더구나 불교를 믿으니 안 된다!"

쑹메이링의 어머니는 무엇보다 종교가 다르다는 점을 꺼려하며 딸의 결혼을 완강히 반대했다. 쑹메이링의 어머니에게 결혼의 첫째 조건은 '기독교인'이었다. 쑹메이링의 어머니는 결혼 허락을 받으러온 장제스에게 마지못해 그러나 단호히 말했다.

"기독교로 개종한다면 결혼을 허락하겠소."

장제스는 첫 부인과 이혼하여 법적 결혼 요건을 갖추었지만 개종만큼은 쉽게 응할 수 없었다. 속마음이야 어떻든 겉으로 개종하는 척할 수도 있으나 장제스는 그렇게 하지 않았다. 자기 집안이 대대로 믿어온 불교를 포기하는 일도 그렇거니와 자기 의지에 따른 개종이 아니었던 까닭이다. 장제스는 포기하지 않고 쑹메이링의 어머니를 계속 설득했다. 여러 차례의 실랑이 끝에 장제스가 말했다.

"단순히 결혼하고자 종교를 바꾼다면 저를 더 하찮은 인물로 생각하시지 않겠습니까? 결혼 후 성경 공부를 열심히 하겠다는 약속은 반드시 지키겠습니다. 그러고 나서 제 마음이 내킬 때 개종하겠습니다. 저를 믿어주십시오."

쑹메이링의 어머니는 그 말에 감동했다. 무조건 대답부터 하기보다 실천 가능해 보이는 약속을 하는 장제스가 새삼스레 믿음직해 보였다.

장제스와 쑹메이링은 1927년 12월 1일 결혼식을 올렸다. 이후 장제스는 《성경》을 통독하며 기독교를 받아들였다. 그리고 3년 뒤 1930년 10월 23일 기독교인으로 세례를 받았으며, 이날부터 장제스는 아내와 함께 아침마다 한 시간씩 기도를 하고 하루를 시작했다.

세상을 살다보면 하고픈 일과 현실적 제약 사이에서 고민해야 하는 경우가 있다. 이때 급하게 서두르면 뜻을 이루기는커녕 좌절할 가능성이 크다. 상대 혹은 자신이 미처 준비를 못한 상태에서 도전하는 일은 마치 우물에서 숭늉 찾는 것과 다를 바 없다. 이런 경우 '구멍 보아 가며 쐐기 깎는다'라는 속담처럼 처신한다면 속도는 늦을지언정 목표를 달성할 확률은 높다.

체코 음악가 안토닌 드보르작이 그러한 경우다. 그는 어릴 때부터 노래 짓기를 좋아하여 음악가가 되고 싶었지만, 드보르작의 아버지는 가업(여관 및 정육점)을 잇게 하고자 드보르작을 이웃마을로 보내 정육점 일을 배우게 했다. 드브로작은 불만을 내색하지 않고 일단 묵묵히 시키는 대로 정육점 면허를 땄다. 그리고 자기가 하는 일을 지켜본 큰아버지에게 도움을 요청했다.

"저는 음악을 공부하고 싶어요. 큰아버지가 아버지를 잘 설득해주세요."

큰아버지는 정육점 일을 열심히 해온 드보르작의 부탁을 들어주기로 마음먹었다. 드보르작의 아버지는 형의 이야기를 듣고 처음에는 반대했으나 정육점 면허를 순순히 취득한 아들의 성실함에 마침내

음악 공부를 허락했다.

  드보르작이 애초부터 아버지 말을 거역하고 정육점 일을 거부했다면 드보르작의 꿈은 그야말로 꿈 자체로 끝났을 것이다. 하지만 드보르작은 형편을 봐가며 기회를 살폈고, 때가 되었다고 생각했을 때 자기주장을 내세워 목적을 이루었다.

  이는 '치수 보아 옷 짓는다'는 속담에 딱 들어맞는 이야기다. 프랑스와 독일 그리고 영국에도 이와 같은 뜻의 '천에 맞추어서 옷을 재단하라'는 격언이 있다.

마찬가지로 기획서를 작성할 때는 미래를 전망하고 목표를 제시할 때 근거 없는 부풀림보다는 예상되는 발전 수치를 단계적으로 제시해야 설득력이 높다. 또한 체계적으로 계획을 보고하되 상황에 따라 변화를 수용하는 유연한 자세라면 더 좋은 결과를 얻을 수 있다.

기원전 1세기에 활동한 고대 로마 풍자시인 푸블릴리우스 시루스는 《금언집》에서 그 가르침을 다음과 같이 말했다.

"변경(고침)을 허용하지 않는 것은 나쁜 계획이다."

감정을 컨트롤할 때 필요한 한마디

칭기즈칸에게 신중함을 가르친 매

"인간과 과학기술의 이동을 통해 지구를 좁게 만들었다."

1995년 미국 〈워싱턴포스트〉는 지난 1000년간 역사에서 가장 중요한 인물로 칭기즈칸을 선정하며 위와 같은 평가와 더불어 '천년의 인물'이란 칭호를 부여했다. 즉, 몽골 초원에서 시작해 대제국을 건설하는 과정에서 여러 문물의 교류를 가져왔고, 그 결과 상당히 많은 나라가 큰 변화를 겪었다.

칭기즈칸은 몽골제국의 창시자로 그의 이름은 '왕 중의 왕' '막강하고 위대한 군주'를 의미한다. 그러나 그 같은 의미를 얻기까지 참으로 많은 시련을 겪었다. 칭기즈칸은 어려서 아버지를 잃고 고향에서 쫓겨난 이후 가난과 굶주림에 시달려야 했다. 하지만 그는 강인한 의지로 고난을 극복했고, 넉넉한 포상으로 부하의 충성심을 이끌어냈으며, 냉철한 이성으로 제국을 통치했다. 칭기즈칸은 현지 문화를 존중하는 한편 외래문화도 받아들였다. 한마디로 칭기즈칸은 정복할 때는 파괴자였으나 지배할 때는 너그러운 통치자였다. 또한 칭기즈칸은 홧김에 결정을 내리지 않는 것으로 유명한데 거기에는 다음과 같은 사연이 있다.

칭기즈칸이 어느 날 사냥을 나섰을 때 일이다. 사냥터에 먼저 도착한 그는 신하들을 기다리고 있었다. 목마름을 심하게 느낀 칭기즈칸은 때마침 머리 위 바위틈에서 맑은 물이 뚝뚝 떨어지는 것을 발견하고 물 잔을 꺼내 물방울을 받아 마시려고 했다.

그때였다. 사냥에 늘 데리고 다니던 매가 하늘에서 빙빙 돌더니 재빨리 날아와 물 잔을 툭 치고 다시 날아갔다. 칭기즈칸은 땅에 떨어진 물 잔을 집어 다시 물을 받았다. 하지만 이번에도 매가 날아와 칭기즈칸이 손에 든 물 잔을 떨어뜨렸다. 그러더니 마침내 물 잔을 잡아채 날아가더니 어딘가에 버리고 돌아왔다.

"아니, 이놈이 정말!"

칭기즈칸은 화를 참지 못한 나머지 칼을 휘둘러 그 매를 죽였다. 그리고 물을 먹기 위해 바위 위로 기어 올라갔다. 물웅덩이에 입을 댄 채 벌컥벌컥 물을 마시기 위해서였다. 그런데 칭기즈칸은 웅덩이에 독사 한 마리가 빠져 죽은 것을 보고 깜짝 놀랐다. 그때서야 칭기즈칸은 매의 행동을 이해했다.

"내게 위험을 알리려고 그랬구나. 어리석게도 그 사실을 알아채지 못했으니……."

칭기즈칸은 자기가 죽인 매를 가지고 돌아오면서 이렇게 중얼거렸다.

"이제부터는 어떤 일이든 절대로 홧김에 결정을 내리지 않겠다."

화를 낸 상태에서는 누구나 올바른 판단을 하기 어렵다. 칭기즈칸은 아끼던 매를 잃고 나서야 그 사실을 깨달았으나 이 일을 계기로 냉정한 판단과 뛰어난 통솔력을 발휘할 수 있었다.

사람은 누구나 살아가면서 어려움을 겪는데 그 어려움의 대부분은 인간관계에서 비롯된다. 평소 잘 지내던 사람과 어느 날 사소한 일로 크게 다투거나 굳게 믿었던 사람으로부터 배신을 당하거나 친하게 지내고 싶은 사람에게 가까이 다가서지 못하는 경우가 그러하다.

특히 업무상 잘 지내야 하는 사람한테 무시를 당할 때에는 더욱 참기 힘든 분노와 싸워야 한다.

"뭐라고!"

이때 자기감정을 폭발시키면 상대방과 쌓아온 인간관계는 끝장날 수밖에 없다. 그렇다고 참으면 화병이 될 것이 분명하다. 사람은 억울함을 느낄 때 심리적으로 병약해지기 때문이다. 어떤 선택을 하더라도 상황은 곤란해지기 마련이다.

하지만 세상이 어디 마음대로 화내며 살 수 있는 곳인가. 더구나 비즈니스 관계에서 감정 노출은 비이성적인 모습으로 비춰지므로 더욱 조심해야 한다. 따라서 평소 마인드 컨트롤을 통해 감정을 다스리는 훈련을 쌓아야 한다. 이때 여러 감정 중에서 가장 중요한 훈련은 분노를 통제하는 일이다. 분노는 인간관계를 파탄 내는 동시에 건강을 해치는 주범인 까닭에 마인드 컨트롤과 더불어 긍정적이고 낙관적인 사고는 무엇보다 중요하다. 긍정적 마인드는 평상심을 유지하는 원동력이 된다.

예를 들어 상대방 때문에 기분 나쁜 상황에서 긍정적 사고로 마인드 컨트롤을 한다면 감정을 절제하는 차분한 모습을 보일 수 있다. 이럴 경우 상대의 마음은 호감으로 바뀔 가능성이 크다. 왜냐하면 상대에 대한 이해를 바탕으로 한 참을성은 친절로 바뀌고, 친절은 몰상식한 상대에게조차 감동을 주기 때문이다. 18세기 영국 작가 찰스 칼

렙 콜튼이 다음과 같이 말한 이유도 여기에 있다.
"진정한 친절이란 몰지각한 사람의 잘못이라도 참을성 있게 받아들이는 힘이다."

> ## 실패할까봐 불안한 순간을 위한 한마디

베토벤도 검은 구슬을 연속으로 집었다

우울한 나날을 보낸 젊은이가 있었다. 언뜻 보기에 그럴 만했다. 그는 시력이 나쁜 데다 키가 작고 머리가 컸으며, 솥뚜껑처럼 큰 손에 굵은 머리카락을 아무렇게나 기르고 다녔다. 그는 유행에 관심 없었고 옷은 대충 입었다. 오로지 튀어나온 치아만이 항상 깨끗했는데, 심심하면 휴지로 치아를 닦는 버릇이 있었기 때문이다.

외모가 그러하니 그는 번번이 연애에 실패했고, 친구들과는 사사건건 말싸움을 벌였다. 게다가 후견인으로 책임 있게 돌봐줘야 하는 조카는 수시로 자살을 시도해 그의 속을 무던히도 썩였다. 그는 겹치는 불운을 견디다 못해 인근에 이름 높은 수도승을 찾아가 어찌해야 할지 자문을 구했다.

"도대체 되는 일이 하나도 없습니다. 저는 왜 이렇게 운이 없을까요?"

수도승은 젊은이의 신세타령을 듣고 나더니 나무상자를 들고 와서 그에게 말했다.

"이 속에는 검은 구슬과 흰 구슬이 여러 개 들어 있네. 검은 구슬은 불행을 의미하고, 흰 구슬은 행운을 상징하지. 그대의 운을 점쳐보고 싶으면 손을 넣어 그중 하나를 꺼내보게나."

젊은이는 심호흡을 하고 나서 마음속으로 흰 구슬이 나오길 바라며 조심스레 구슬을 꺼냈다. 그의 바람과 달리 검은 구슬이 나왔다. 또다시 몇 차례 시도했으나 마찬가지였다. 젊은이가 계속 검은 구슬이 나오자 불안해하며 기분 나쁜 표정을 짓자 수도승이 말했다.

"이 상자에는 검은 구슬 여덟 개와 흰 구슬 두 개가 들어 있네. 신은 모든 이에게 악운 여덟 개와 행운 두 개를 평등하게 나눠준다네. 그러니 처음에 악운이 나왔다고 실망하지 말게. 그대는 초기에 악운이 많은 것일 뿐 평생 그런 것은 아닐 테니까 말일세. 희망을 잃지 않고 악운과 싸워 나가면 점차 흰 구슬 잡을 확률이 높아질 걸세."

그때서야 젊은이는 자기 삶이 시련만으로 가득 찬 게 아니라는 위안을 얻었다고 한다.

젊은이 이름은 루트비히 판 베토벤이다. 음악가 중에서도 유난히 어려움을 많이 겪은 바로 그 유명한 인물이다. 그는 시련을 딛고 훌륭한 음악가로 성공했다. 외모는 그다지 매력적이지 않지만 음악만큼은 완벽을 추구하여 마침내 위대한 작곡가로 역사에 우뚝 섰다.

"과연 해낼 수 있을까?"

"도저히 안 되겠어."

거대한 장벽을 만났을 때 대부분의 사람은 그 앞에서 발걸음을 돌린다. 그 순간을 넘어가거나 뚫고 지나갈 자신이 없는 이유에서다. 하지만 일부 사람은 불가능해 보이는 일을 보란 듯이 해내 사람들을 놀라게 했다. 알프스 산맥 밑으로 터널을 뚫고, 물길을 내어 수에즈 운하를 만들고, 우주에 우주선을 보낸 일 등은 모두 할 수 있다는 자신감에서 추진되고 실현되었다.

　세상일은 물론 개인 일도 마찬가지다. 할 수 없다고 생각하면 못하고, 할 수 있다고 생각하면 해내기 마련이다. 게으르고 나약한 사람은 갖가지 핑계를 찾지만, 의지가 강한 사람은 어떻게든 방법을 찾아내기 때문이다. 이에 동서고금의 현인들은 다음과 같이 지적한 바 있다.

　중국 전한시대에 편찬된 《회남자》에 이르기를, "시간이 없어서 책을 읽을 수 없다고 말하는 사람은 설령 시간이 있어도 책을 읽을 사람이 아니다"라고 했다. 벤저민 프랭클린은 "핑계를 잘 대는 사람은 좋은 일을 하나도 해내지 못한다"고 했으며, 육당 최남선은 "핑계될 말을 생각하지 말고 핑곗거리를 만들지 말라"고 했다.

　그렇다면 할 수 있다고 자신하는 사람들의 심리 상태는 어떠할까?

이들은 무엇보다 자기 자신을 믿는다. 여기에서 자기 신뢰는 안 된다는 고정관념이나 안 될 것이라는 부정적 사고를 벗어나 반드시 해낼 수 있다는 희망과 의지를 나타낸다.

자기 신뢰, 즉 자신감은 겉으로 드러난 능력 이외에 숨어 있는 잠재력을 발휘하게 한다. 19세기 미국의 사상가 랠프 월도 에머슨은 1870년에 펴낸 《사회와 고독》에서 다음과 같이 말했다.

"자기에 대한 믿음이 성공의 으뜸 비결이다."

에머슨은 또한 같은 맥락에서 자기를 신뢰하는 강한 현악기의 줄을 가지면 모든 사람의 마음이 거기에 맞춰 울릴 것이라고 말했다. 요컨대 '해내야겠다'는 의지 이전에 '해낼 수 있다'는 자기 신뢰에서부터 성공에 이르는 밑바탕을 다지게 된다는 뜻이다.

운보다 노력을 믿게 하는 한마디

미야모토 무사시를 부끄럽게 한 작약 한 송이

"끄응 끙."

1600년 도쿠가와 이에야스가 세키가하라 전투에서 서쪽 다이묘들을 제압하고 일본의 패권을 차지했을 때, 전쟁터에서 부상당한 어린 병사가 있었다.

열일곱 살의 다케조였다. 그는 부상당한 아픔보다는 삶의 허망함에 더 괴로워했다. 영웅이 되고 싶어 기꺼이 전투에 참여했으나 돌아온 건 칼부림의 살벌함과 참혹함뿐이었다. 심지어 패잔병으로 쫓기는 신세가 됐으니 더욱 서글펐다. 이때 다케조는 굳은 결심을 했다.

'일본 최고 검객이 되자! 일대일 싸움에서 꼭 승자가 되자.'

비록 부대의 일원으로 참가한 전투에서는 졌을지언정 일대일 결투에서만큼은 진정한 승자가 되고자 했다.

이후 다케조는 혼자서 무술을 연마한 뒤 전국에 이름난 고수들을 찾아다녔다.

살기등등한 다케조의 칼 앞에 제법 칼 잘 쓰던 무사들이 하나씩 쓰러졌고, 다케조는 점차 유명해졌다. 자신감이 생긴 다케조는 더 큰 결심을 했다. 당대 최고 검객으로 손꼽히는 야규 무네요시와 맞대결을 벌일 생각이었다. 무네요시는 '세키슈사이'로 불리는 뛰어난 병법가이자 도쿠가와 이에야스의 핵심 참모였다.

물론 그런 사람을 상대한다는 건 자살 행위나 다름없었다. 하지만 다케조는 확실히 이긴다는 보장이 없더라도 어차피 한 번 죽을 인생 조금 일찍 죽는다는 생각을 하니 겁나지 않았다.

다케조는 세키슈사이를 찾아가 정중하게 결투를 신청했다.

"한 수 부탁드립니다."

겉으로는 가르침을 청했지만 실제로는 도전을 받아달라는 요청이었다. 당시 무사는 도전을 받으면 당연히 응하는 게 관습이었고, 거부는 패배를 인정하는 행위나 다름없었다. 따라서 둘의 대결은 당연해 보였다.

그러나 세키슈사이는 감기에 걸려 몸이 좋지 않다는 이유로 도전을 거절했다. 그러고 나서 미안하다는 뜻으로 정원에 있는 작약 한 송이를 칼로 베어 다케조에게 주었다. 그건 누가 보아도 무사로서 패배를 인정하는 수치스러운 행위였다. 처음에 다케조도 그렇게 생각했다.

하지만 꽃을 받아든 다케조는 크게 놀랐다. 잘려진 작약 줄기를 보는 순간, 세키슈사이의 검술이 자신보다 뛰어남을 깨달은 것이다.

'나는 아직도 멀었구나!'

다케조는 부끄러웠다. 무조건 싸워 상대를 제압해야만 승리라고 생각한 자신이 한없이 작게 느껴졌다. 무술뿐 아니라 마음에서 이미 패배한 셈이었다. 이때부터 다케조는 무술은 물론 마음을 가다듬는 훈련에 나섰으며, 사무라이 최초로 칼 두 자루를 사용하는 검법을 창안했다. 이후 그는 진검 대결에서 단 한 번도 지지 않았다. 결국 고수의 가르침은 또 다른 경지의 고수를 배출한 셈이다.

오늘날 다케조는 미야모토 무사시라는 이름으로 더 유명하다. 무사시는 일본의 전설적인 검성劍聖 혹은 검신劍神으로 추앙받는 동시에 일본의 사무라이 정신을 완성한 검도인으로 평가받는다. 그는 만년에 자신의 인생을 정리한 《오륜서》를 펴냈는데 여기에는 그가 즐겨 사용한 검법과 사무라이 정신, 평생 실천한 금욕주의와 정신적 깨달음이 담겨 있다.

미야모토 무사시는 검술은 물론 심리전도 깊이 연구하여 다음과 같은 명언을 남겼다.

"승리에 우연이란 없다. 1000일 연습을 단緞이라 하고, 1만 일 연습을 련鍊이라 한다. 이런 단련이 있고 나서야 비로소 승리를 기대할 수 있다."

"지금 싸우는 적이 마지막 적이다. 싸움은 한 번뿐이라고 생각하라. 목숨 건 싸움에서 '이번 적에게는 지지만 다음 적에게는 이긴다'는 말은 통하지 않는다."

"견見하지 말고 관觀하라. 사물의 겉이 아니라 본질을 꿰뚫어보라. 칼로 적을 찌르기 전에 눈으로 찔러라."

무사시뿐만 아니라 어느 분야에서나 성공한 사람은 예외 없이 부단히 연구하고 노력하여 목표를 이뤘다. 언젠가는 나아지리라는 믿음을 가지고, 불리한 환경을 끊임없는 노력으로 극복하여 마침내 자신이 원하는 결과를 얻어낸 것이다.

　노력하면 성공한다는 수많은 명언 가운데 프랑스 과학자 마리 퀴리가 말한 '믿고, 찾고, 노력하라' 그리고 '바람이 도와주지 않으면 노를 저어라' 같은 영국 속담은 특히 새겨둘 만하다. 이와 더불어 중국 고전《채근담》에서는 "사나운 말도 잘 길들이면 명마가 되고 품질이 나쁜 쇠붙이도 잘 다루면 훌륭한 그릇이 되듯 사람도 마찬가지다. 타고난 천성이 좋지 않아도 열심히 노력하면 뛰어난 인물이 될 수 있다"고 했다.

성공의 지름길을 제시하는 한마디

아가사 크리스티가 추리소설을 포기했다면?

"너는 시를 쓸 수 있을지 몰라도 절대로 추리소설은 쓸 수 없어!"

1916년 어느 날, 영국 가정의 한 자매가 추리소설을 토론하던 중 언니가 동생에게 이같이 말했다. 평소 글쓰기에 자신이 있었던 동생은 그 말에 크게 속상해하며 소리쳤다.

"뭐라고? 두고 봐. 내가 추리소설을 쓸 수 있다는 걸 증명해보이겠어."

동생의 이름은 아가사 크리스티로 당시 스물여섯이었다. 사춘기 때 음악가나 시인을 꿈꿀 만큼 예술을 좋아하고 한때 오페라 수업도 받으며 음악가로 진출하려고도 했지만, 스물넷에 결혼하여 평범한 주부로 살고 있었다. 크리스티는 공군 장교인 남편이 제1차 세계대전에 참전하자, 무료한 시간을 달래기 위해 자원 간호사로 외과병원에서 일했다.

'나를 무시한 언니에게 내 능력을 보여주고 말겠어.'

그날부터 크리스티는 글쓰기에 들어갔고 3주 만에 첫 소설 《스타일에서 일어난 미궁의 사건》을 완성했다. 언니의 코를 납작하게 누르겠다는 오기 하나로 집중력을 발휘한 결과였다. 크리스티는 내친김에 자기 작품을 세상에 알리고자 출판사로 원고를 보냈다. 아주 마음에 든다는 답변이 출판사로부터 돌아오리라 믿으면서…….

하지만 결과는 기대와 달랐다. 출판사는 신통치 않다며 거절 통보를 보내왔다. 크리스티는 실망했지만 마음을 추스른 뒤 다른 출판사에 원고를 보냈다. 그러나 결과는 예상과 달랐다. 그래도 크리스티는 포기하지 않고 계속 다른 출판사로 원고를 보냈다. 그러기를 수없이 반복하다가 4년 만인 1920년에 마침내 책을 출간했다. 독자 반응도 좋았고 내용이 신선하다는 평가를 받았다.

크리스티의 첫 소설은 시골 마을에 있는 대저택을 배경으로 벌어지는 살인 사건을 다룬 내용이었다. 크리스티는 이 작품에서 독극물에 대한 풍부한 지식을 보여주었는데, 이는 자원 간호사로 일하며 얻은 의학 지식을 적극 활용한 덕분이다. 또 주로 집안에서 생활하는 자신의 경험을 실내 공간 안에 무한한 상상력으로 풀어냈다.

크리스티가 기존 추리소설을 모방했다면 추리작가로 성공하기 힘들었을 테지만 자신만의 독특한 지식과 상상력을 기반으로 전 세계 독자로부터 작품성을 인정받을 수 있었다. 크리스티는 이후에도 독창적인 추리소설을 발표하여 최고의 추리소설가 자리에 올랐는데, 독극물 살인을 주로 다뤄 큰 성공을 거두었다.

어떤 분야에서 성공을 거둔 사람을 살펴보면 공통점을 발견할 수 있다. 자기가 잘하는 일을 했다는 사실이다. 능력이나 소질이 뛰어나서 그 일을 했든, 직접 경험하여 잘 아는 일을 했든, 시대 변화의 흐름을 읽고 자기 장점을 효과적으로 활용했든 간에 성공의 바탕에는 '잘할 수 있는 일'이 기본 조건이 된다.

현대는 변화 속도가 매우 빠른 시대다. 때문에 자신의 능력을 생각하지 않고 시대 유행을 따라 일을 벌였다가는 실패할 확률이 높다. 즉, 단순한 기계적 대응은 변화에 능동적으로 대처하기 힘들다.

비즈니스에서도 자기가 잘하는 부분을 적절히 활용하는 지혜가 필요하다. 예컨대 영업에서 자기 전공 지식을 자연스럽게 이용한다면 훨씬 더 개성 있고 인상적인 사람으로 남을 것이다. 이때의 '전공 지식'은 학교에서 공부한 전공과목일 수도 있고 개인적 취향의 관심 분야일 수도 있는데 어느 것이든 효과적으로 활용할 일이다.

19세기 미국의 시인 헨리 W. 롱펠로는 1839년에 발표한 낭만주의 소설 《히페리온》에서 다음과 같이 말했다.

"성공의 재능은 자기가 잘할 수 있는 일을 하는 것이다."

2. 영업 현장에서

누구나 잘 보이고 싶어 하는 비즈니스 파트너일수록 좋은 인상을 남기고 싶기 마련이다. 하지만 수없이 많은 사무적 만남에 지친 상대에게 강렬한 인상을 남기기란 쉽지 않다. 또한 주도권 싸움이 치열한 협상이나 계약이 이루어지는 자리에서는 서로 긴장의 끈을 늦출 수가 없다. 이럴 때 다음의 명언들을 적절히 활용하여 하고자 하는 말에 힘을 실어보자.

강렬한 첫인상을 남기기 위한 한마디
눈썰미로 호감을 얻게 하는 한마디
서로 좋은 흥정을 하게 하는 한마디
계약서의 중요성을 알려주는 한마디
어색한 순간을 재치로 넘기는 한마디
오고가는 도움 속에 친분을 쌓는 한마디
스치는 인연도 소중히 여기는 한마디
문화 마케팅을 강조하는 한마디
상대의 공감을 이끌어내는 날씨 관련 한마디
옷맵시 조언에 필요한 한마디
헤어스타일 조언에 필요한 한마디

강렬한 첫인상을 남기기 위한 한마디

노인이 제퍼슨에게만 부탁한 까닭은?

어느 겨울날, 한 노인이 버지니아 주 북부에 있는 강가에서 강을 건너려고 했다. 날씨는 춥고 건널 수 있는 다리가 없어 노인이 그 강을 건너려면 무엇이든 타야만 했다. 오랜 시간이 흐르자, 여러 사람이 말을 타고 와서 강을 건넜다.

첫 번째 사람이 말을 타고 강을 건너갔다. 그리고 뒤이어 두 번째, 세 번째, 네 번째, 다섯 번째 사람도 강을 건넜다. 마침내 여섯 번째 말을 탄 사람만 남았다. 그때까지 가만히 지켜보던 노인은 그에게 다가가 눈을 들여다보며 말했다.

"여보시오, 나를 건너편까지 좀 태워줄 수 있겠소?"

"물론입니다. 어서 제 뒤에 올라타세요."

강을 건너고 노인이 말에서 내리자, 말을 탄 사람이 물었다.

"왜 다른 사람들이 지나갈 때는 가만히 계시다가 저한테 부탁하셨습니까?"

노인은 미소를 지으며 대답했다.

"그들의 눈을 보니 그들에겐 사랑이 없었다오. 그래서 부탁해도 소용없으리라는 걸 알았소. 그러나 당신의 눈을 보니 사랑과 배려와 착한 마음씨를 가진 사람이라는 걸 알 수 있었소. 당신이라면 나를 기꺼이 태워주리라는 믿음에 부탁했다오."

이 말을 들은 그는 겸손히 말했다.

"고맙습니다. 그 말씀 깊이 새기겠습니다."

여섯 번째 말 탄 사나이의 이름은 토머스 제퍼슨이다. 전하는 이야기로 제퍼슨의 눈동자는 매우 진지하고 솔직해 보였다고 한다. 흔히 '눈은 마음의 창'이라고 하는데 제퍼슨은 어렸을 때부터 평화를 사랑한 모범생이었기에 그 같은 눈을 갖게 된 모양이다.
 제퍼슨은 오늘날 미국 화폐 2달러의 모델이자, 러시모어 바위산의 미국 대통령 얼굴상이 조각된 네 명의 위대한 대통령 중 한 명으로 미국인의 존경을 받고 있다.

 대부분 누군가를 처음 만났을 때 외모만으로 그 사람에 대한 평가를 내리는 경우가 많다. 그 다음 대화를 나누며 2차 평가를 하는데 여기에서 좋거나 나쁜 인상을 받게 된다. 이러한 과정은 우리가 직감과 이성으로 상대를 파악한다고 생각하지만 실제는 그렇지 않다. 왜냐하면 상대에 대한 첫인상은 이미 외모를 처음 본 순간 느낀 직감으로 인식되기 때문이다.
 사람들은 흔히 첫인상으로 상대를 판단하는 경우가 많다. 첫눈에 반해 결혼에 이른 남녀가 있는가 하면, 첫인상이 좋지 않아 보자마자 눈길을 피하는 일도 있고, 첫인상은 좋지 않았으나 사귀고 보니 좋아서 뒤늦게 미안해하는 경우도 있다. 또 어떤 사람은 첫인상이 좋지 않은 상대에 대해 절대로 편견을 바꾸지 않기도 한다.
 도대체 첫인상이란 무엇일까?
 첫인상은 문자 그대로 처음 본 순간 느낀 인상印象을 말한다. '인상'은 보거나 듣거나 했을 때 대상물이 사람 마음에 주는 느낌을 뜻하며, 대체로 본능혹은 경험을 바탕으로 한 본능으로 느낀다. 예컨대 남자가 (사랑하는) 어머니와 비슷한 여자에게 호감을 느끼거나 평소 이상적으로 생각한 얼굴을 보았을 때 사랑을 느끼는 따위가 그러하다.
 또한 인상은 그 사람의 성격이나 마음씨를 나타내기도 하여 사람들은 얼굴이나 옷차림으로 그 사람의 성격은 물론 사회적 지위까지

파악한다. 인간관계에서 첫인상이 매우 크게 작용하는 이유가 여기에 있다.

그렇다면 첫인상을 결정하는 시간은 얼마나 될까? 놀랍게도 그 시간은 단 3초에 불과하다. 얼굴과 몸의 여기저기를 자세히 살펴보고 결정하는 게 아니라 그냥 보고 순식간에 상대에 대한 결론을 내린다.

'첫인상은 3초 후 판단'이라는 주장을 처음 내놓은 학자는 독일 뮌헨 대학의 뇌 전문가 에른스트 푀펠 박사다. 1998년 8월 그는 '뇌가 받아들인 정보를 지식과 인식으로 바꾸는 데 필요한 시간은 3초'이며 그 3초는 우리가 보고 들은 것을 느끼는 데 걸리는 시간이라고 말했다. 그 후 다른 학자들도 비슷한 연구 결과를 내놓으며 사람들은 3초 안에 '지성적 결정'보다는 '본능적 선택'을 한다고 발표했다.

첫인상이 우리 의식에 얼마나 큰 영향을 주는지 고대 그리스 철학자 에픽테투스의 다음과 같은 풍자적인 말에서 확인할 수 있다.

'인상의 강렬함에 휩쓸리지 말고, 이렇게 말하라. "인상이여, 잠깐 기다려주게. 네가 무엇인지 그리고 무엇을 나타내는지 알아보게. 너를 시험해보게."'

4세기 성직자 성 제롬도 그 점에 동의하여 이렇게 말했다.

"마음속에서 첫인상을 지워버리기는 어렵다. 양털이 일단 자줏빛으로 물들면, 누가 그것을 처음의 흰빛으로 돌이킬 수 있겠는가?"

어느 시대를 막론하고 사람들은 말을 꺼내기도 전에 이미 상대에 대한 평가를 끝낸다. 첫인상은 그만큼 강렬하고 돌이키기 힘들다. 그러므로 좋은 대인관계를 유지하려면 첫인상이 좋도록 노력해야 한다. 18세기 영국의 극작가 윌리엄 콘그리브는 1700년에 출간한 《세상의 길》에서 이렇게 말했다.

"첫인상은 매우 중요하다."

좋은 첫인상이란 어떤 모습일까? 대개 성격이 원만하면 얼굴 기색이 온화하여 상대방에게 편안함과 즐거움을 준다고 한다. 심리학자들은 구체적으로 '웃는 얼굴, 친근한 태도, 눈 맞추기, 상대에 대한 배려'가 돋보일 때 좋은 인상을 준다고 말한다. 그중 미소는 특히 효과가 높다.

그래서 '미소는 가장 적은 비용으로 당신 얼굴을 가장 아름답게 만든다'는 말이 있지 않은가. 여기에 '따뜻한 미소는 친절을 드러내는 세계 공통어이다' 같은 현대 미국 격언에 사람들은 동감한다. 아울러 누군가를 처음 만났을 때 '인상이 참 좋으십니다'처럼 상대에 대한 첫인상을 좋게 말하는 것도 자신의 첫인상을 좋게 하는 방법이다. 다만 실천 없는 속임수는 금세 들통 나니 생활 속에서 그런 행동을 실천으로 옮겨야 효과가 높다.

눈썰미로 호감을 얻게 하는 한마디

가짜 왕자를 눈치챈 카이사르의 눈썰미

가이우스 율리우스 카이사르는 황제 못지않은 권력과 지도력을 보여준 고대 로마의 지도자이다. 통치력이 얼마나 대단했는지 가문 이름인 카이사르는 훗날 여러 나라에서 가장 중요한 통치자를 뜻하는 용어로 쓰이기도 했다. '황제'를 뜻하는 독일어의 '카이저', 슬라브어의 '차르', 이슬람 세계의 '카이사르'가 모두 그런 예이다. 또한 카이사르는 '주사위는 던져졌다', '왔노라 보았노라 이겼노라', '브루투스 너마저도……' 같은 명언의 주인공이기도 하다.

그런 카이사르가 로마제국을 호령하던 때 일이다. 어느 날 유대왕 헤롯의 왕자라는 사람이 카이사르를 찾아왔다. 카이사르의 신하는 자칭 헤롯의 왕자를 정중히 안내했고, 그는 카이사르를 보자 반갑다며 인사를 건넸다.

그러나 카이사르는 손님의 얼굴과 손을 보더니 신하에게 당장 내쫓으라고 명령했다. 사실 그는 가짜 왕자였다. 뒤에 신하들이 카이사르에게 물었다.

"어떻게 그가 왕자가 아닌 줄 아셨습니까?"
이에 카이사르는 이렇게 대답했다.
"적어도 왕자라면 얼굴과 손이 그토록 형편없지는 않을 것이다. 그래서 가짜임을 알았다."
카이사르는 관상과 손금을 본 것일까? 아니다. 그는 관상이나 손금의 운명을 믿는 어리석은 지도자가 아니었다. 카이사르가 본 건 얼굴 기색과 손의 모양과 상태였다. 카이사르는 생각했다.
'편한 생활을 했다면 얼굴 기색이 좋고 손이 고우리라.'
하지만 카이사르의 눈에 비친 상대 얼굴과 손은 그렇지 않았다. 얼굴 피부와 손은 거칠고 눈빛은 탐욕스러웠다. 또한 카이사르는 몇 마디 말투에서 천박함을 알아채고 그가 왕자의 신분이 아님을 눈치챘다.

사람을 대할 때 느끼는 가장 큰 어려움 중의 하나는 상대를 제대로 파악하는 일이다. 실체를 올바로 들여다보지 못하는 경우도 흔하거니와 어떤 면에서 사람들은 서로 속고 속이기 때문이다. 위선을 진실로 착각하거나 오랜 세월 교유한 사람에게서 미처 몰랐던 면모를 뒤늦게 깨닫고 놀라는 일도 드물지 않다.

이런 까닭에 눈치와 눈썰미는 인간관계에서 꼭 필요한 능력으로 통한다. '눈치'는 두 가지 뜻이 있다. 하나는 타인의 마음을 그때그때 상황으로 미루어 알아내는 것이고, 다른 하나는 속으로 생각하는 바가 겉으로 드러나는 어떤 태도를 가리킨다.

이에 비해 '눈썰미'는 한두 번 보고 그대로 해내는 재주 혹은 대상의 본질이나 능력을 알아채는 재능을 의미한다. 눈치가 상황을 파악하는 능력이라면, 눈썰미는 재주를 파악하는 능력이다.

인류 역사를 살펴보면 어떤 분야에서 성공한 사람들은 재능 못지

않게 눈썰미가 뛰어났다. 뛰어난 눈썰미로 아주 작은 단서에서 원리를 깨우치거나 새로운 발명품을 만들어내는가 하면 특이한 경험을 바탕으로 독특한 작품을 써낸 사례는 수없이 많다. 현대 들어서는 피자헛이나 맥도널드처럼 성장 가능성을 알아보고 작은 가게를 구입하여 세계적 대기업으로 일구어낸 경우도 많다.

눈썰미가 있어야 성공의 지름길에 가까이 갈 수 있다. 자기 앞에 기회가 왔어도 알아보지 못하면 그 기회를 놓친 것이나 마찬가지다.

그러므로 비즈니스 세계에서 탁월한 선택을 하려면 남다른 눈썰미가 있어야 한다. 이때의 눈썰미는 직관력이나 다름없는데, 직관력은 사유를 거치지 않고 대상을 직접 파악하는 능력을 가리킨다.

눈썰미는 상대의 숨겨진 능력을 파악하는 데 큰 도움이 되므로 이를 통해 상대의 마음을 얻을 수도 있다. 자신의 숨은 매력을 알아주고 인정해주면 대부분 사람은 그런 눈썰미를 가진 이에게 호감을 느끼게 되는 까닭이다.

그럼 눈썰미를 가지려면 어떻게 해야 할까? 그에 대해 프랑스 작가 생텍쥐페리는 《어린 왕자》에서 이렇게 말했다.

"올바르게 볼 수 있는 것은 오직 가슴뿐이다. 본질적인 것은 눈에 보이지 않는다."

여기서 말하는 본질이란 인격 또는 성품으로 해석할 수 있으며 외모 우월주의에 대한 경각심일 수도 있다. 바꿔 말하자면 겉으로 드러난 외모로만 상대를 파악하지 말고, 외모에 담긴 세월의 흔적이나 습관을 눈여겨봄이 바로 눈썰미다. 말은 평소 사고방식을 자연스레 드러내고 버릇은 반복된 행위에서 비롯되니 말이다. 흔히 '습관은 제2의 천성'이라고 하지 않는가. 19세기 미국의 시인이자 사상가 랠프 월도 에머슨은 다음과 같이 말했다.

"사람들은 세상에 대한 견해를 말하는 것이 자기 성격을 드러내는 것임을 의외로 잘 모르는 것 같다."

요컨대 상대에게 좋은 인상을 주려면 뛰어난 눈썰미로 상대 장점을 파악하는 한편, 평소 자기의 언행을 긍정적 방향으로 습관화하는 노력이 따라야 한다.

서로 좋은 흥정을 하게 하는 한마디

무관심한 척해야 얻는다

어느 날 바닷가에 사는 유대인이 시골에 사는 친척에게 편지를 보내 요즘 보리 값을 물어보았다. 당시 곡물 값은 그날그날 달랐고, 상인이 부르는 값이 판매가격이었기 때문이다. 농사를 지으며 사는 그 친척은 현 시세를 알려주었다.

다음 날 유대인은 집에서 멀리 떨어진 곡물가게로 가서 보리를 이리저리 꼼꼼하게 살펴보고는 값을 물었다.

"이거 얼마죠?"

"보리는 조금 비쌉니다. 1킬로그램에 금화 두 개입니다."

"예? 뭐라고요? 금화 한 개가 아닌가요?"

"누가 그렇게 말하던가요? 요즘 보리를 찾는 사람은 많은데 구하기가 어렵거든요. 콩이나 밀은 싸게 드릴 수 있습니다."

유대인은 상인으로부터 예상 밖의 말을 듣고 당황했으나 꼭 필요했기에 상인이 부르는 대로 값을 치렀다. 친척이 알려준 시세보다 두 배나 비싼 값이었다.

유대인은 집으로 돌아온 뒤 친척에게 다시 편지를 써서 보리 값이 알려준 것보다 비싸다고 말했다. 그러자 친척은 다음과 같은 답장을 보내왔다.

'흥정하는 법을 모르는군요. 물건 살 때는 필요한 물건이 있다고 해도 다른 물건이 필요한 것처럼 보여야죠. 무조건 보리만 보고 값을 물으니 곡물 상인이 곧바로 눈치채고 비싼 값을 부른 거에요.'

앞서 살펴본 일화에서 알 수 있듯 좀 더 싸게 물건을 사고자 할 때는 자기가 사야 할 물건을 상인에게 알리지 않는 게 유대인 흥정 비법이다. 이때 상인은 비싼 값을 부르면 손님이 물건을 사지 않을지도 모른다는 생각에 지나치게 비싼 값은 부르지 않는다.

유대인뿐만이 아니다. 우리나라나 중국에서도 물건을 사고팔 때 처음부터 특정한 물건에 관심을 드러내면 손해 보기 십상이다.

이런 특성은 고미술품 거래에서 확연히 드러난다. 애호가가 어떤 예술품에 커다란 관심을 나타낼수록 대부분의 판매자는 그 값을 높게 부른다. 물건 값은 언제나 파는 사람이 결정하고, 그 결정 기준은 관심도에 비례하는 까닭이다. 그러므로 흥정할 때는 속마음을 드러내지 말고 서두르지 말아야 한다.

중국을 여행하다 여러 상점을 구경하며 물건 값을 물어보면 대개 다음과 같은 대답이 돌아온다.

"얼마까지 알아보셨나요?"

이렇듯 반문 화법을 처음 겪는 사람은 어쩐지 속마음을 들킨 것 같아 당황해한다. 중국 상인은 왜 질문에 바로 대답을 하지 않고 오히려 되물을까?

결론부터 말하자면 '협상'을 즐기는 중국 특유의 상술에서 비롯된 습관이다. 중국 상인은 물건 값을 흥정할 때 자기가 받고자 하는 가격을 먼저 말하지 않는다. 상대방이 얼마나 돈 낼 마음이 있는지 확인하기 위해서다. 그러므로 팔려는 가격을 말하지 않고, 고객이 먼저 마음에 정해둔 값을 말하게 한다. 똑같은 물건이라도 사람에 따라 그 가치 평가가 다르고, 가지고 있는 돈도 저마다 다르다는 걸 감안한 상술이다.

그래서 중국 상인은 자신이 먼저 값을 말해야 할 상황이라면 원래 받을 가격보다 몇 배 더 비싸게 제시한다. 그리고 손님이 깎아달라고 하면 적당히 깎아준다. 손님이 처음부터 지나치게 큰 폭으로 할인을 요구하면 긴 흥정에 들어가지만, 손님이 (상인 예상가보다 높은 선에서) 구체적 액수를 말하며 깎아달라고 하면 흥정은 쉽게 끝난다. 손님은 자기가 원하는 만큼 상인이 값을 깎아줬다고 생각해 만족하고, 상인은 상인 나름대로 예상가보다 비싸게 팔아서 만족해한다.

다시 말해 중국 상인은 마음속으로 생각한 것보다 여러 배 높은 가격을 불러 그대로 사면 횡재이고, 조금 깎아 팔면 괜찮은 이익을 남긴 것이고, 애당초 받으려 한 가격에 팔아도 이익이라고 생각한다. 이런 태도는 '되면 좋고 안 되면 말고'처럼 보이는 까닭에 속사정 모르는 손님 눈에는 안하무인의 상술로 여겨지기도 한다. 중국에서 관광기념품을 반값에 사도 왠지 찝찝한 느낌은 이러한 이유에서다.

심지어 인기 높은 경기의 입장권을 암표로 팔 때도 중국 상인은 경기 시간이 다가왔다고 해서 값을 깎아 팔지 않는다. 우리나라 암표 상인들은 한두 시간 전에는 표를 비싸게 팔다가 경기 시간이 가까워지면 값을 내리곤 한다. 경기가 시작되면 입장객이 줄어들고 경기가 끝날 때까지 못 팔면 그 입장권은 휴짓조각이나 다름없다고 생각하는 까닭이다.

하지만 중국 암표 상인들은 경기가 끝나는 순간까지도 처음에 정한 가격을 그대로 부른다. 당장에 입장권을 휴짓조각으로 버리면 손해지만, 그렇게 불러야 나중에 다시 암표를 찾는 사람들이 (값이 떨어지기를 포기하고) 어쩔 수 없이 암표를 사게 된다고 생각하는 까닭이다. 중국에서 인기 높은 경기에 종종 빈자리가 눈에 띄는 이유가 여기에 있다.

그러므로 중국인과 거래할 때는 작은 부분까지 꼼꼼히 챙겨야 하며, 인내심을 가져야 한다. 중국 상인은 '참을성 강한 놈이 이긴다!'고 생각하니 말이다.

어떤 면에서 흥정은 자기가 원하는 것을 상대방이 받아들이게 하는 줄다리기 기술이다. 우리나라 속담에 '흥정은 붙이고 싸움은 말리랬다'고 했듯이, 흥정은 서로에게 좋은 일이니 양쪽에게 권하고 나쁜 일은 말려야 한다.

그렇지만 서양에서는 흥정을 좋게 보지 않는다. 다음과 같은 격언이 그 사실을 말해준다.

'흥정은 결국 더 많은 비용을 지불케 한다.' '자업자득이다.'

흥정하다 보면 어느 한쪽이 지나친 요구를 하게 마련이고 그 과정에서 속임수를 쓸 가능성이 크다. 예컨대 값을 지나치게 깎는 사람에게 물건의 흠을 속이고 파는 경우처럼, 흥정을 하는 만큼 받는 자업자득으로 해석하는 이유가 여기에 있다.

마지막으로 흥정과 관련해서 '결코 꿈을 흥정하지 말라'는 격언이 있다. 물론 여기서 말하는 꿈은 희망이나 목표를 의미하지만, 다른 관점에서 보자면 비즈니스의 마지노선일 수도 있다. 자기 이익만 생각한 나머지 상대 이익을 지나치게 빼앗으면 한쪽이 불만을 품고 반드시 어떤 형태로든 되갚는다는 경고라면 지나친 말일까.

> ## 계약서의 중요성을 알려주는 한마디

구두 약속만 했다가 낭패 본 유대인

유대인 농장 주인이 일꾼들을 고용하며 말했다.
"일주일에 한 번 품삯을 주겠소. 다만 현금이 아니라 근처 가게에서 필요한 물건을 품삯만큼 사야 합니다. 내가 가게 주인에게 미리 얘기해놓았으니 돈을 주지 않아도 됩니다."

일꾼들은 불만스러웠다. 돈으로 주면 각자 알아서 물건을 사거나 저축할 수 있는데 굳이 지정된 가게에서 뭐든 사야 했으니 말이다. 그래도 고용된 처지라 어쩔 수 없이 일꾼들은 농장 주인의 말을 따랐다. 일주일 후 일꾼들은 멀리 떨어진 그 가게에 가서 자기 품삯만큼 물건을 가져갔고, 며칠 뒤 가게 주인은 농장 주인을 찾아와 그 금액을 달라고 했다. 농장 주인은 그 돈을 주었다.

그렇게 몇 주가 흘렀다. 그런데 다시 품삯을 주고받은 어느 날 가게에 갔던 일꾼들이 우르르 몰려와서 말했다.
"가게 주인이 돈을 가져와야만 물건을 줄 수 있다고 합니다. 그러니 품삯을 현금으로 주십시오."

　주인은 조금 의아하게 생각했으나 배고파하는 일꾼들에게 현금을 주었다. 그로부터 며칠이 지나 가게 주인이 농장 주인을 찾아와서 말했다.
　"지난주 물건 값을 받으러 왔습니다."
　"뭐라고요? 아니 현금을 줘야만 물건을 판다고 해서 일꾼들에게 이미 돈을 줬는데 도대체 무슨 말이요?"
　당황한 농장 주인은 즉시 일꾼들을 불러 어찌된 일인지 물었다. 일꾼들은 한결같이 현금을 주고 물건을 샀다고 주장한 반면 가게 주인은 돈을 받지 않고 물건을 내주었다고 주장했다. 농장 주인은 어느 한쪽이 거짓말하고 있음을 알았지만 확인할 방법이 없었다. 어쩔 수 없이 가게 주인에게 돈을 줘야만 했다.
　이 이야기는 계약서의 중요성을 일깨운다. 어떤 약속을 문서로 작성했을 경우 그대로 따르면 되지만, 말로 맺은 약속은 때에 따라 진실을 확인하기 힘든

> 까닭이다. 특히 서로 이해관계가 얽힌 상황에서 어느 한쪽이 욕심을 부린다면 더더욱 그렇다. 이러한 이유로 유대인은 상거래에서 계약서 작성은 꼭 필요하다고 생각한다. 만에 하나 일이 틀어질 경우 누구 주장이 옳은지 증거로 삼기 위함이다.

흔히 상대와 잘 아는 사이라고 하여 말만 믿고 계약서를 쓰지 않거나 서류 작성을 뒷날로 미루는 경우가 의외로 많다. 지금까지 별다른 문제가 없었고, 한편으로 의심한다는 오해를 살까봐 일단 보류하는 것이다. 그러고 나서 계약하겠다는 상대의 다짐만 받고 이쪽에서 먼저 계약 내용을 이행하는 일도 있다.

그런데 구두 약속대로 진행된다면 아무 문제없지만 때에 따라서는 그렇지 않은 일이 벌어지는 게 세상사다. 들을 때는 알았다고 약속부터 했다가 나중에 번복하거나 혹은 고의는 아니지만 피치 못할 사정으로 약속을 지키지 못할 수 있기 때문이다. 서양 격언에 다음과 같은 말이 있다.

'쉽게 약속하는 사람은 잊기도 잘 한다(곧 가볍게 수락하는 자는 믿을 수 없다)'

또는 계약 조건이 불리함을 뒤늦게 깨닫고 계약을 취소하는 경우도 있다. 앞서 언급한 유대인 이야기에서 알 수 있듯 일방적으로 어느 한쪽에 유리한 계약은 예기치 못한 피해를 낳는다는 걸 일깨워준다. 농장 주인이 자기 편한 대로 품삯을 하루라도 늦춰 지불하거나, 가게 주인에게 물건을 많이 팔게 해주는 것은 그들의 일방적 결정이자 혜택인 반면에 일꾼 편에서는 부당하다고 생각할 수 있기 때문이다. 사람은 불리함을 지속적으로 느낄 경우 반발하기 마련이다.

어쨌거나 문서로 계약하면 상황은 달라진다. 이때 계약서는 미지급 부채나 다름없다. 이에 캐나다 작가 R. W. 서비스는 이렇게 말했다.

"이미 정한 약속은 갚지 않은 빚이다."

다시 말해 계약서는 가치를 정해놓은 서로의 약속이다. 가치에 대해 서로 의견일치를 보았다는 사실은 사실상 문제의 절반을 해결한 셈이다. Bror R. 카를슨은 1961년에 펴낸 《이윤 경영》에서 다음과 같이 말했다.

"항상 이 점을 명심하라. 가치가 정해지고 확인된 문제는 이미 절반은 해결됐다는 것을!"

유대인은 바로 이 사실에 주목하여 계약서도 상품이라고 생각한다. 흔히 사람들은 계약서를 물건 거래를 위한 약정서 정도로 여긴다. 그러나 유대인은 계약서도 상품으로 다루며, 때로는 계약서를 구매하여 거래 당사자에게 약속 이행을 촉구하거나 다른 이에게 되팔기도 한다. 결국 돈이 급히 필요한 사람이 채권만기일에 돈을 받을 수 있는 유가증권을 돈 있는 사람에게 넘겨주어 채권보다 적은 돈을 받는 것과 같은 이치다.

요즈음에는 자금 부족으로 경영이 어려운 회사를 싸게 사들여 경영이 안정화 단계에 이르면 거액에 회사를 되파는 수법도 종종 볼 수 있다. 바로 인수합병으로 돈을 버는 유대계 투자회사가 그런 예다.

'계약은 필수이며, 계약서는 상품이 될 수도 있다!'

빈틈없이 확인하는 유대인의 생각이자, 비즈니스맨이라면 명심해야 할 사항이다.

어색한 순간을 재치로 넘기는 한마디

링컨, 그래 나는 못생겼다

에이브러햄 링컨은 190센티미터가 넘는 키에 마른 몸매 그리고 못생긴 외모 때문에 사람들로부터 놀림을 많이 받았다. 한번은 이런 일이 있었다.

어느 날 몇몇 사람들과 같이 역마차를 탔는데, 그 안에는 몹시 흉하게 생긴 사나이가 있었다. 그런데 그 사나이는 링컨을 물끄러미 바라보더니 자기 주머니에서 작은 주머니칼을 건네주며 이렇게 말했다.

"오래전에 어떤 못생긴 사람이 나에게 이걸 주면서 나보다 못생긴 사람을 만나거든 이 칼을 전해주라고 하더군요. 오늘 임자를 만났네요. 자, 받으세요."

뜻밖의 말을 들은 링컨은 아무 말 없이 빙그레 웃으며 그 칼을 받았다.

얼마 후 링컨은 자주 어울리는 동료 변호사 앤디를 보자마자 느닷없이 장총을 들이대고 이렇게 말했다.

"자네는 이제 그만 죽어주어야겠네."

"아니, 그게 무슨 소린가. 아무 잘못 없는 내가 왜 죽어야 하지?"

"자네는 나보다 못생겼기 때문이네."

링컨은 자기가 갖고 있는 주머니칼에 얽힌 이야기를 설명했고, 덧붙여 이렇게 말했다.

"자네에게 칼을 넘겨주어 평생을 괴롭게 만드느니 차라리 자네를 없애버리는 게 옳지 않겠는가?"

"그렇다면 마음대로 쏘게나. 자네보다 못생겼다면 그런 얼굴로 살 이유가 없지."

잠시 침묵이 흐른 뒤, 두 사람은 폭소를 터뜨렸다. 링컨은 미남도 추남도 아니지만 자기 얼굴을 못생겼다고 하는 말에 불평하지 않고 순순히 인정하며 살

앉기에 이처럼 유쾌한 일화를 남겼다.

링컨은 대통령이 된 뒤에도 유머 감각을 유감없이 발휘했다. 한 예로 백악관 첫 만찬에서 링컨은 대통령 당선 인사를 하는 도중에 키 작은 자기 부인을 한번 바라보더니 다음과 같이 말했다.

"나는 키다리 대통령이고, 메리는 난쟁이 부인이니 귀엽게 여겨 많이 후원해주기 바랍니다."

링컨은 남들이 어울리지 않는다고 생각하는 부부의 키 차이를 재치 있게 말해 좌중으로부터 큰 박수를 받았다.

사람들은 은근히 질투가 심하다. 남이 잘되는 걸 배 아파하고 타인의 단점을 들춰내 흉보기를 좋아한다. 고대 로마의 시인 오비디우스는 '시기심은 살아 있는 자에게서 자라다 죽을 때 멈춘다'고 이야기했고, 17세기 프랑스 작가 라 포시푸코는 '질투 속에는 사랑보다 이기심이 더 많다'고 말한 바 있다. 질투는 인간의 본능이란 것이다.

대인관계에서 어색한 순간이 종종 생기는데 그 대부분은 질투에서 비롯된다. 질투로 말미암아 무시하거나 비꼬아 말하고 노골적으로 냉대하거나 은근히 흉을 보니 분위기가 어색해질 수밖에 없다. 그런가하면 때로는 직접 흉보거나 비난하여 상대를 무안하게 만드는 일도 있다.

보통 사람들은 어색한 순간에 당황해하기 마련이다. 하지만 일부 사람들은 재치로 어색한 분위기를 금세 바꿔놓는다. 이때 재치는 딱딱한 분위기를 편안한 분위기로 만드는 감각적 재주라고 말할 수 있다.

링컨은 재치로 곤란한 상황을 벗어나 오히려 반전의 계기로 삼은 대표적 인물이다. 다음의 이야기는 링컨의 그러한 면모를 잘 보여준다.

한번은 링컨을 두고 '두 얼굴을 가진 이중인격자'라는 상대 공격에 당황하지 않고 차분히 다음과 같은 유명한 말로 응수했다.

"만일 제가 두 얼굴을 가졌다면, 잘생긴 얼굴로 나오지 이렇게 못생긴 얼굴로 나왔겠습니까?"

물론 누구나 어떤 상황에서든 재치 있게 응대하기는 힘들다. 하지만 몇 가지 요령을 익히면 어느 정도 재치를 발휘할 수 있는데 그 핵심은 다음과 같다.

첫째, (정확한 비판이라면) 불리한 상황을 변명 없이 인정하라.

자기 단점을 먼저 인정하면 사람들은 그 단점을 더는 비난하기 힘들다. 미국의 유명 컨설턴트 데일 카네기는 '어떤 사태를 해결하기 위해서는 솔직하게 자기 실수를 인정하는 일이 무엇보다 중요하다'고 강조한 바 있다.

포드 자동차 사장으로 승승장구하다가 괴팍한 성격 때문에 1978년에 해임되고 그 뒤 크라이슬러 자동차에서 재기에 성공한 아이아코카는 훗날 다음과 같이 술회했다.

"내 성격 깊숙한 곳에 약점이 있던 것이 틀림없다."

둘째, 품위 있게 대답하고 유머를 섞어라.

비난에 비난으로 맞서면 제3자는 시끄럽다는 반응을 보이게 마련이다. 하지만 품위를 지키는 사람에게는 귀를 기울이는 경향이 있다. 이때 상대가 지적한 바에 임기응변으로 웃음을 유발하면 친근감마저 얻을 수 있다. 사람들은 함께 웃을 때 서로 가까워짐을 느낀다.

여기에 재치 있는 말을 활용한다면 금상첨화다. 재치 있는 말을 하는 데에는 여러 가지 방법이 있다. 그 하나는 대조적인 문구를 사용하는 방법이다. 예컨대 '사랑은 눈을 멀게 하고, 결혼은 눈을 뜨게 한다'는 격언을 보면 눈의 열고 닫음을 절묘하게 대비해놓아 사랑과 결혼의 특징을 잘 나타냈음을 알 수 있다.

재치 있는 말을 하기 위한 두 번째 비법은 두운(첫머리에 같은 음을 되풀이하여 쓰는 수사법)을 사용하는 것이다. 두운은 리듬감이 있어서 귀에 쏙 들어온다. 특히 '공존공영'을 의미하는 '나도 살고 남도 살게 하자Live and let live'라는 말은 1973년에 개봉된 007시리즈 〈죽느냐 사느냐Live and let die〉에서 응용한 표현으로 리듬감 있는 말과 듣는 재미로 널리 퍼졌다.

마지막으로 재치를 키우는 비법이 하나 더 있으니, 그것은 열린 마음이다. 경직된 마음에서는 포용력도 창의력도 생길 수 없음을 명심하자.

오고가는 도움 속에 친분을 쌓는 한마디

목사를 웃게 만든 할머니의 독특한 치료법

"목사님, 목사님!"

17세기 스코틀랜드 교회의 총회장 목사에게 어느 날 시골 할머니가 뛰어왔다. 목사는 무슨 일인가 싶어 나가보니 할머니가 다음과 같이 말했다.

"큰일 났습니다. 저희 집 귀한 소가 병이 나서 죽게 생겼답니다. 같이 가셔서 봐주세요."

"저런, 안됐군요. 그런데 저는 수의사가 아니라서 가봐야 아무 소용이 없습니다."

목사는 정중히 말했으나 할머니는 막무가내로 다시 부탁했다.

"제발, 목사님이 와서 봐주세요. 불쌍한 우리 소를 살려주세요!"

목사는 미안해하며 다시 한 번 완곡히 거절했다. 그래도 할머니가 간곡히 부탁하자, 목사는 마지못해 할머니를 따라나섰다. 가보니 소는 지친 기색으로 엎드려 있었다. 목사는 그저 소를 바라보기만 했다.

그때였다. 허리 굽은 할머니는 씨근거리는 소의 둘레를 빙글빙글 돌며 뭔가 중얼거렸다. 목사가 주의 기울여 들어보니 다음과 같이 말하고 있었다.

"소가 살면 소가 산다. 소가 죽으면 소가 죽는다. 어쩔 수 없는 일이다."

할머니는 목사가 지켜보는 가운데 나름대로 최후의 바람을 기도하는 모양이었다.

그로부터 며칠 후 할머니가 찾아와서는 소가 다 나았다며 목사에게 감사 인사를 했다.

"목사님 덕분이에요. 정말 고맙습니다."

"아이고, 제가 뭘 한 게 있나요. 어쨌든 소가 건강해졌다니 축하드립니다."

할머니는 목사와 맺은 새로운 인연을 소중하게 생각했고 아주 밝은 얼굴로 돌아갔다. 목사는 어찌된 일인지 모르지만 다행이라고 생각했다.

그 일이 있고 얼마 지나지 않아 이번에는 목사가 앓아누웠다. 목에 종기가 생겨 퉁퉁 부어 말도 하지 못했다. 그 소식을 듣고 그 할머니가 찾아왔다. 할머니는 목사가 누워 있는 침대 주변을 빙빙 돌며 들릴 듯 말 듯한 목소리로 이렇게 중얼거렸다.

"목사님이 사시면 목사님이 사신다. 목사님이 돌아가시면 목사님이 돌아가신다. 나도 어쩔 수 없는 일이다."

할머니는 일전에 그 기도 덕분에 소가 나았다고 믿었기에 그리 외운 것이었다. 목사는 그런 할머니의 모습에 큰소리로 웃었다. 그 순간 목 안의 종기가 터지는 바람에 목사의 병은 씻은 듯이 나았다.

아리스토텔레스가 말했듯이 인간은 사회적 동물이다. 한자어 '인간人間'은 사회 속에서 서로 어울리며 살아가야 하는 운명을 말해준다. 이 같은 사회구조에서는 누군가를 도와주고 누군가로부터 도움을 받는 일이 허다하다. 다만 어떤 이는 그런 관계를 당연하게 여기고, 어떤 이는 작은 일도 고맙게 생각하는 차이가 있을 뿐이다.

그런데 도움을 받는 데에는 기본적인 조건이 있다. 우선 스스로 최선을 다해야 한다. 고대 그리스 신화에 그와 관련한 이야기가 나온다. 어느 게으른 마부가 마차를 끌고 길을 가다가 진흙에 빠져 오도 가도 못했다. 마부는 별 수 없다는 듯 마차에서 내려 무릎을 꿇고는 신에게 간절히 빌었다.

"힘의 신 헤라클레스여, 곤경에 빠진 저를 도와주소서."

그러자 헤라클레스가 하늘에서 내려와 마부에게 이렇게 말했다.

"쯧쯧, 참으로 한심하구나. 어서 일어나 네 머리와 힘을 써라. 어깨로 바퀴를 밀든지, 주변의 단단한 돌을 구해 바퀴 밑에 받치든지 해야지 그저 신만 찾으면 되겠느냐!"

말에게만 힘쓰라고 채찍질할 게 아니라 자기도 같이 애쓰면 진흙에서 빠져나올 수 있는데 마부는 그저 다른 누군가의 도움만 바랐기에 헤라클레스가 화를 낸 것이다.

이 이야기에 연유하여 '하늘은 스스로 돕는 자를 돕는다'는 격언이 생겼다. 그리스 극작가 아이스킬로스는 이와 비슷한 말을 했다.

"스스로 열심히 노력하려는 사람에게는 하느님도 도움의 손길을 빌려주신다."

이처럼 관점을 달리 하면 도움을 통해서 사람들은 친분을 느낀다. 등산 중 험한 길에서 낯선 이에게 손을 내밀어 도와주면 두 사람은 이내 심정적으로 가까워졌음을 느끼게 되는 이치다. 예부터 친해지려면 함께 산에 가고, 여행을 함께 가라는 말도 이러한 의미와 큰 차이가 없다. 19세기 영국의 변호사 로버트 G. 잉거솔도 '친절은 햇빛이며 그 속에서 미덕이 자란다'고 했다. 프랑스 농아교육자 장 마시우는 다음과 같이 말했다.

"감사는 마음의 기억이다."

이 말은 누군가로부터 도움을 받으면 도와준 사람을 기억하게 된다는 뜻이다. 친한 사이라면 한층 절친함을 느끼게 되고, 낯설거나 서

먹한 사이라면 마음의 경계심을 풀고 좀 더 가까운 사이로 발전한다.

이때 주의해야 할 점은 도와줄 만하거나 도움이 필요한 상황에서 실천해야 한다는 사실이다. 섣불리 나섰다가는 간섭이나 참견으로 오해받을 가능성이 크다. 곤경에 빠졌을 때 손을 내밀라는 의미의 다음 격언을 마음에 새겨두고 실천하자.

'친구가 혼자 힘든 일을 하게 하지 마라.'

스치는 인연도 소중히 여기는 한마디

감옥을 탈출하게 한 생텍쥐페리의 미소

1936년 에스파냐 내란에 특파원으로 종군한 생텍쥐페리가 전투 중에 붙잡혀 적군 감방에서 죽음을 기다리는 처지가 됐을 때 일이다. 절망감에 빠진 생텍쥐페리는 불안한 마음을 진정시키고자 몸수색에서 발각되지 않은 담배 한 개비를 피우려고 했다. 하지만 성냥이 없던 그는 창살 너머 간수에게 조심스레 말했다.

"혹시 불이 있으면 좀 빌려주겠소?"

간수가 무표정한 얼굴로 쳐다보더니 가까이 다가와 담뱃불을 붙여줬다. 그때 두 사람 눈길이 무심결에 마주쳤다. 순간 생텍쥐페리는 미소를 지었는데 그 속에는 슬픔과 어색함이 묻어 있었다. 그래서였을까. 그때까지 생텍쥐페리의 시선을 외면했던 간수가 이렇게 물었다.

"당신에게도 자식이 있소?"

"그럼요. 있고말고요."

생텍쥐페리는 대답을 하자마자 얼른 지갑 속의 가족사진을 꺼내 간수에게 보여주었다. 간수는 그 사진 속 아이를 들여다보더니 이내 자기 아이들 사진도 꺼내 생텍쥐페리에게 보여주었다. 간수는 이어 앞으로의 계획과 자식에 대한 희망을 얘기했다.

간수의 말을 듣는 생텍쥐페리의 눈은 이내 눈물로 젖었다. 생텍쥐페리가 용기를 내어 말했다.

"내 자식이 커가는 걸 못 볼지도 모른다는 사실이 두렵소."

이윽고 간수의 눈에도 눈물이 어른거렸다. 간수는 뭔가 결심한 듯 갑자기 감방 문을 열어주었다. 그러더니 아무 말 없이 생텍쥐페리에게 조용히 따라 나오라고 손짓했다. 간수는 감옥을 빠져나가 뒷길로 마을 밖까지 생텍쥐페리를 안내했다. 그런 다음 간수는 한마디 말도 없이 뒤돌아서서 마을로 걸어갔다.

훗날 생텍쥐페리는 이때의 체험을 바탕으로 〈미소〉라는 제목의 단편소설을 썼다. 감옥에서 보인 슬픈 미소가 간수의 감성을 자극하여 생텍쥐페리의 목숨을 구해주고, 생텍쥐페리는 글로써 세상에 감동을 전했다.

옷깃만 스쳐도 인연이라는 말이 있다. 이는 본래 불가에서 말하는 '오다가다 옷깃만 스쳐도 전생의 인연이다'는 말에서 비롯되었다. 인간이 살면서 부딪치는 사소한 만남이라도 전생의 인연에서 비롯됐으니, 살면서 겪게 되는 사람들과의 만남을 소중하게 여겨야 한다는 뜻이다.

사실 불가의 인연법에서 말하는 '옷깃을 스치는 인연'은 가벼운 접촉을 의미하지도 육체에 걸치는 옷을 가리키지도 않는다. 현세에서 옷깃만 스치는 인연을 맺으려면 전생에서 500겁 만남이 있어야 하는 까닭이다.

　대승불교 계율사상을 담은 《범망경》을 보면 옷깃을 한번 스치는 일은 500겁 인연의 결과다. 여기서 '겁'은 1000년에 한 방울씩 떨어져 바위를 뚫는 물방울을 의미하므로 500겁은 수억 년의 시간 혹은 500차례의 만남인 셈이다. 따라서 옷깃을 스치는 인연은 아주 가벼운 우연한 스침이 아니라, 오랫동안 의식하지 못한 채 이어져온 만남을 문득 느끼게 된 의식의 순간이다.

이런 맥락에서 속세에서는 인연을 모든 만남, 나아가 서로 의존하여 관계 맺는 일을 의미하는 말로 쓰이게 되었다. 또한 우연의 작용이 아니라 필연적 결과로 해석하기도 한다.

그렇다면 인연에 대한 마음가짐은 더욱 명확해진다. 과거의 인연이 오늘을 만들고 오늘의 인연이 미래를 만드니 말이다. 더는 볼일 없는 사람이라 해서 함부로 대하거나 무시한다면 자신도 모르는 사이에 좋은 기회를 놓칠 수 있고, 친절히 대한 사람은 그 반대로 뜻밖의 행운을 만날 수 있다.

19세기 말엽 미국의 강철 왕 카네기 일화에서 그런 인연을 확인할 수 있다.

카네기의 어머니가 가구점 거리를 걷다 갑작스런 소낙비를 맞게 됐는데 한 가구점의 젊은 주인이 들어와서 비를 피하라며 친절을 베풀었다. 가구점 주인은 여러 차례 밖으로 나가 할머니가 기다리는 자동차 번호를 살펴주기까지 했다. 할머니가 누구인지 모르지만 따뜻한 마음으로 친절을 베푼 것이다. 후에 그 이야기를 듣게 된 카네기는 가구점 주인에게 편지를 보내 감사 인사를 전하고 회사에서 필요한 가구를 주문하는 것으로 답례를 표했다. 덕분에 젊은이는 피츠버그에서 으뜸가는 가구점 주인으로 성공했으니 스치는 인연이 아주 중요한 인연이 된 셈이다.

문화 마케팅을 강조하는 한마디

식후껌 서비스를 문화로 만든 리글리

미국 껌의 대명사는 리글리^{Wrigley}이지만, 그 상품명의 주인공인 윌리엄 리글리 주니어가 껌을 발명한 것은 아니다. 그런데 어째서 리글리가 껌의 대명사가 됐을까?

1861년에 태어난 윌리엄은 소년 시절 가출을 일삼으며 악동으로 이름을 떨쳤다. 학교는 물론 집에서도 말썽꾸러기였다. 참다못한 부모는 번번이 학교에서 쫓겨나는 아들의 버릇을 고치기 위해 공장에서 일을 하게 했다. 가업인 비누공장에서 힘든 일을 하게 된 윌리엄은 처음에는 아버지가 시키는 대로 비누 젓는 일을 하다가 이내 비누를 팔아보겠다며 집 밖으로 돌아다녔다.

부모는 여전히 한심한 눈으로 바라보았으나 윌리엄은 뜻밖에도 판촉활동을 잘해나갔다. 더욱이 윌리엄은 공손한 태도와 포기하지 않는 끈기로 계속 주문을 받아왔기에 부모는 무척이나 놀라워했다.

윌리엄은 어린 나이지만 사회활동을 하면서 일을 통한 기쁨과 보람을 느꼈고 세상의 변화를 감지했다. 당시 미국은 급속히 산업화되면서 도시에 유동인구가 많아졌고 생활용품 사용량도 함께 늘어났다. 윌리엄은 그 점을 주목했다.

1891년 서른이 된 윌리엄은 독립하여 시카고에 독자적인 비누 판매 대리점을 열었다. 첫 상품은 아버지가 만든 비누였다. 윌리엄은 판촉 전략으로 경품을 생각해냈다. 그 당시만 해도 일정한 금액 이상 상품을 사는 손님에게 다른 상품을 끼워주는 상행위가 없었다. 다시 말해 경품은 윌리엄이 처음으로 고안한 판촉행위였다.

'생활에 필요한 물품을 준다면 좋아할 거야.'

윌리엄의 예상은 적중했다. 베이킹파우더, 화장품, 요리책, 껌 등을 경품으로 나눠주자 고객들의 반응이 대단했다. 특히 껌에 대한 반응이 뜨거웠다. 1892년 밀가루 한 포대마다 껌 두 개를 주었더니 얼마 지나지 않아 고객들은 밀가루 말고 껌만 팔 수 없느냐는 문의를 해왔다.

'왜 껌을 많이 찾을까?'

윌리엄은 곰곰이 추리한 끝에 도시인은 점심을 밖에서 먹으므로 식사 후 입 안을 개운하게 하기 위해 껌을 씹는다는 데서 그 이유를 찾았다.

어쨌거나 윌리엄의 경품 판촉이 큰 인기를 끌자 다른 상인들도 경품을 붙여 팔기 시작했다. 그러자 윌리엄은 결단을 내렸다.

'어쩌면 껌이 세계적인 상품으로 발전할지도 몰라. 껌을 씹는 사람들이 점점 많아진다면 이런 문화는 더욱 확산될 게 틀림없어.'

그해 말 윌리엄은 다른 모든 상품을 정리하고 껌을 파는 데 주력했다. 윌리엄은 전국의 잡화상을 돌아다니며 상품 진열대마다 껌을 놓을 수 있도록 협상을 벌였다. 또한 껌 판매를 늘리기 위해 저울을 경품으로 주기도 했다. 한때는 작은 경품에 불과했던 껌이 몇 해 만에 주력 상품이 된 것이다.

윌리엄은 또 다른 판매기법을 창안했다. 각 음식점 계산대 옆에 껌을 진열해 식사하고 나오는 손님들의 눈에 잘 띄게 한 것이다. 윌리엄의 예상대로 손님들은 음식 값을 계산하다가 껌을 보고 같이 구입하곤 했다. 예상보다 손님들의 반응이 좋자, 일부 음식점에서는 식당 손님에게 리글리 껌 한 개씩을 제공하기도 했다. 오늘날 식당에서 서비스로 주는 껌이나 사탕 문화는 바로 윌리엄에게서 비롯된 문화이다.

1893년 윌리엄은 박하향이 나는 스피어민트와 달콤한 맛을 넣은 주시프루트를 만들어 팔았고 그 판매량은 급속히 늘었다. 이전의 껌은 그저 씹는 재미밖에 없었으나 리글리 껌은 상쾌하고 달콤한 맛으로 차별화를 시도했다.

윌리엄은 1911년 껌 제조회사를 인수해서 윌리엄리글리주니어사를 설립했으며 이 회사는 세계에서 가장 큰 껌 생산업체이자 판매업체가 되었다.

문화란 특정한 지역에 사는 사람들의 공통된 행동이나 생활양식을 가리킨다. 이에 비해 '풍속'이란 옛날부터 그 사회에서 이어져온 문화를 일컫는다. 따라서 '문화풍속'은 과거와 현재가 어우러진 그 지역의 독특한 생활양식을 가리키며, '문화'는 시대에 따라 조금씩 달라지거나 혹은 갑자기 변할 수도 있다.

대부분의 사람이 문화를 그저 따라야 할 관습이나 고정된 습관으로 생각해왔지만 윌리엄 리글리는 달랐다. 그는 사람들의 행태와 관심 사항을 분석하여 동시대의 문화를 읽고 나아가 새로운 문화를 만들어냈다.

예컨대 리글리는 1919년 메이저리그 프로야구팀인 시카고 컵스를 사들였는데 이것은 전적으로 껌 판촉을 위한 전략이었다. 프로야구 경기를 보러 야구장을 찾는 미국인이 점점 많아지자, 리글리는 아예 야구단을 인수해 홍보 수단으로 삼았다. 리글리는 선수들에게 껌을 씹게 했으며, 자연스레 다른 구단 선수들도 껌을 씹으며 경기했고, 그 모습을 지켜본 관중도 덩달아 껌을 씹었다.

리글리는 1921년 당시 시카고에서 가장 높은 30층 빌딩의 사옥을 세웠다. 이 역시 고층건물에 대한 사람들의 환상을 판촉에 활용하기 위함이었다. 그가 예상한 대로 리글리 빌딩을 보려는 사람들이 구름처럼 몰려들었다. 이와 함께 사람들은 은연중에 화려한 첨단빌딩처럼 리글리 껌도 고급 껌일 것이라고 인식하게 되었다.

앞서 말했듯이 문화는 한곳에 머물러 있는 호수가 아니라 계속 흐르는 강물과 비슷하다. 또한 문화는 지역에 따라 조금씩 다른 모습을 가지고 있는데 이는 공간적 제한으로 생기는 자연스러운 현상이다. '모든 국가엔 그 나라의 습관이 있다'거나 '많은 나라가 있으면 많은 습관이 있다'는 영국 격언은 서로 가치를 존중해야 함을 말해준다.

세속적인 성공 비법을 담은 《아들에게 보내는 편지》로 유명한 18세기 영국의 정치가 필립 체스터필드는 다음과 같이 말했다.

"문화는 천부적 재능을 향상시키고 기회가 그것을 이끌어낸다."

문화는 어떻게 바라보느냐에 따라서 같은 모습이라도 다르게 풀이할 수 있으며, 별다른 의미 없는 행위에 특별한 상징을 부여할 수도 있다. 이를 비즈니스 관점으로 보면 소비자의 욕구를 읽어낼 수 있다. 독일 철학자 니체는 1888년 출간한 《권력에의 의지》에서 이렇게 말했다.

"필요는 기정사실이 아니라 해석이다."

폴란드 출신의 사회인류학 창시자 말리노프스키는 "문화가 각각 다르기 때문에 가치도 약간 다르다. 사람들은 다른 목적을 추구하고, 다른 충동을 갖고 다른 형태의 행복을 그리워한다"라고 말했다. 그러므로 있는 그대로 문화를 향유하든 새로운 문화를 창조하든 각자 선택할 일이다.

상대의 공감을 이끌어내는 날씨 관련 한마디

똥약볕에 줄 서기를 마다 않은 마쓰시타 고노스케

1970년 여름, 일본 오사카에서 만국박람회가 열렸다. 일본에서 처음 열리는 대규모 세계박람회인 만큼 여러 나라의 기업이 독자적인 전시관을 열었다. 당시 대부분 사람이 해외여행을 즐길 형편이 아니었으므로 박람회장을 기꺼이 찾아가 첨단기술과 다양한 문화축제를 즐겼다.

일본의 기업 중에는 미쓰비시그룹과 마쓰시타그룹 등이 전시관을 열었는데, 어느 곳이든 적어도 한 시간에서 길게는 다섯 시간을 기다려야 관람객이 입장할 수 있었다. 무려 1100만 명이 박람회를 찾았기 때문이다. 그 열기가 얼마나 대단했는지 이후 일본 미래를 다룬 만화에는 박람회가 종종 소재로 등장했고, 연주를 위해 박람회를 찾은 캐나다 출신의 피아니스트 앙드레 가뇽은 아예 일본에 정착하기도 했다.

이러한 뜨거운 열기 속에 마쓰시타그룹의 창업주 마쓰시타 고노스케가 박람회 상황을 점검하러 마쓰시타 전시관에 나타났다. 소문대로 박람회장은 인산인해였다. 나이 여든을 훌쩍 넘긴 마쓰시타는 아무 말 없이 관람객 줄에 섰다. 깜짝 놀란 직원이 조심스레 말했다.

"회장님, 전용문으로 들어가시지요. 날씨가 무척 덥습니다."

그러자 마쓰시타는 미소를 지으며 고개를 가로 저었다. 그러더니 안절부절못하는 직원들의 시선을 외면한 채 두 시간 남짓 기다렸다. 마침내 차례가 되어 전시관에 들어간 마쓰시타는 직원을 불러 이렇게 지시했다.

"군데군데 파라솔을 배치하고, 기다리는 분들에게 방수 처리가 된 종이모자를 나눠 드리게."

마쓰시타는 기다리는 동안 겪은 관람객의 불편을 조금이라도 덜어주고자 이 같은 지시를 내렸다. 직원들은 회장의 지시를 즉시 이행했다.

이 조치는 의외의 결과를 가져왔다. 섬세한 배려에 감동한 관람객들은 마쓰시타라는 회사가 '고객을 배려하는 좋은 기업'이라고 생각하여 이후 자진해서 마쓰시타를 홍보했다.

마쓰시타는 오늘날 내셔널, 파나소닉, 테크닉 등의 상표로 유명한 일본 기업이지만 작은 전기용품 가게에서 출발하여 세계적 대기업으로 성장한 배경에는 기술력 못지않은 인간애가 자리 잡고 있다. 창업주 마쓰시타 고노스케는 직원을 한 가족처럼 생각하는 마음으로 기업을 이끌었으며, '나와 내 기업이 아니라 손님, 즉 남의 행복부터 생각하라'는 '인덕 경영'을 펼쳤다.

박람회 때 그가 보여준 서비스는 잔꾀가 아니라 진심으로 관람객의 더위를 식혀주려는 배려였다. 마쓰시타가 남긴 유명한 말 가운데 "서로 감동의 교류가 이루어지면 가슴에 눈물이 흐릅니다"는 이러한 서비스 정신을 잘 말해준다.

마쓰시타 고노스케의 일화 외에도 날씨와 관련한 이야기는 수없이 많다. 네로 황제 시대에는 무더운 더위와 돌풍 때문에 작은 불씨가 순식간에 로마를 불태워버린 대참사로 번졌고, 과학자 뉴턴은 어느 따뜻한 날 오후 사과나무 밑에서 졸다가 만유인력의 법칙을 깨달았으며, 음악가 모차르트의 장례식 때는 날씨가 너무 험해서 묘지 작업 인부들이 아무 표지도 남기지 않은 채 서둘러 마을로 돌아가는 바람에 지금까지도 모차르트의 진짜 무덤이 어디인지 아무도 알 수 없게 되었다.

이처럼 날씨는 인간에게 지대한 영향을 끼쳐왔지만 사람들은 날씨의 영향력을 말할 뿐 주어진 환경을 이겨내고자 노력하는 사람은 많지 않다. 그래서일까. 마크 트웨인은 이렇게 말했다.

"누구나 날씨에 대해 이야기하지만, 날씨에 대해 뭔가를 하는 사람은 아무도 없다."

날씨는 인간을 지배하는 환경이기에 때로 사회적 환경에 빗대어 언급되기도 한다. 다음《논어》의 구절은 이를 잘 말해준다.

"겨울이 되어 날씨가 추워진 연후에라야 비로소 소나무와 전나무가 얼마나 푸른가를 알 수 있다. 사람도 큰일을 당한 때에라야 그 진가를 나타낸다."

자연환경이든 사회적 환경이든 언제나 운명을 결정하는 주인공은 자기 자신이며, 변화무쌍함은 오히려 삶을 능동적으로 만들어준다. 물론 게으르거나 부정적인 사고방식을 가진 사람은 환경을 탓하겠지만, 날씨에 대해 어떻게 생각하고 반응하며 어떤 결과를 얻느냐는 모두 자신의 몫이다. 다음 네 사람의 명언을 새기며 각자 판단해볼 일이다.

'세상 경험을 많이 쌓은 사람들의 이야기를 들으면 인생에서 정말 견디기 어려운 일은 나쁜 날씨의 연속이 아니라 오히려 구름 없는 날씨의 연속이다.' – 카를 힐티 19세기 스위스 사상가

'변화하는 각 계절은 제각기 독성을 가져온다. 콧물감기는 겨울을 오싹하게 만들고, 학질은 봄을 망친다.' – M. 프라이어 18세기 영국의 시인

'봄비는 독서하기에 좋고, 여름비는 장기 두기에 좋고, 가을비는 가방 속이나 다락방 속을 정리하는 데 좋고, 겨울비는 술 마시기에 좋다.' – 린위탕林語堂 중국 소설가

'우리에게는 모든 계절이 필요하다. 진실한 사람은 모든 기후를 가진다.' – 오쇼 라즈니쉬 인도 사상가

옷맵시 조언에 필요한 한마디

이탈리아가 명품의 나라가 된 까닭은?

1953년 개봉된 영화 〈로마의 휴일〉은 무명 배우 오드리 헵번을 단숨에 정상급 스타로 만들었다. 뿐만 아니라 이 영화로 에스파냐 광장, 트레비 분수, 콜로세움, 진실의 입, 포로 로마노 등은 세계적 관광명소가 되었다.

영화가 성공을 거둔 배경에는 애틋한 그리움을 자극하고자 일부러 흑백필름으로 제작하고, 당시 여건으로는 드물게 100퍼센트 현지 촬영이라는 제작 전략이 숨어 있었다. 로마가 역사적 전통이 물씬 느껴지는 도시이자 화려한 세월의 흔적이 남아 있는 곳임을 감안한 전략이었다.

꼭 영화 때문만은 아니지만 오늘날 이탈리아는 로마를 비롯해 나라 전체가 관광객으로 붐빈다. 여기에 이탈리아는 관광객에게 명품 쇼핑 마케팅으로 구매욕을 일으켜 지갑을 열게 만든다.

"보세요. 전통 있는 이탈리아 명품 가죽가방입니다."

"기품이 돋보이는 명품 의상입니다."

흔히 상인들이 하는 말이지만 사실 이탈리아 명품의 역사는 그리 길지 않다. 현대적 형태의 가방만 하더라도 만든 지 200년이 넘지 않았고, 그나마 선구자는 이탈리아 브랜드가 아니라 프랑스 루이뷔통이다. 그런데 어떻게 이런 일이 가능할까?

지금은 이탈리아가 패션을 선도하는 나라로 유명세를 떨치고 있지만 패션 명품의 역사는 그리 오래되지 않았다. 1951년 조반니 바티스타 조르지니가 호화로운 피렌체 저택에 재능 있는 이탈리아 디자이너와 미국 백화점 구매담당자들을 초청하여 개최한 패션쇼를 계기로 이탈리아 의류 브랜드가 명품 대접을 받기 시작했다.

　그런데 놀랍게도 그 당시 패션쇼는 단순한 의류 디자인 홍보가 아니라 르네상스의 전통을 은연중 느끼게 하는 일종의 문화 마케팅이었다. 실제로 미국 수입업자들은 르네상스 시대의 분위기가 물씬 풍기는 호화 저택에서 패션쇼를 보며 이탈리아 문화를 격조 높게 받아들였고 고급문화를 지향하는 미국 상류층에 그러한 패션을 홍보하고 판매했다. 이는 밀라노가 '패션의 도시'라는 명성을 얻는 동시에 프라다, 구찌, 페라가모, 베르사체, 아르마니, 발리 등의 브랜드가 명품 대접을 받게 된 배경이기도 하다.
　그중 '구찌'는 '구찌오 구찌'의 세계적 가죽 브랜드로서 1906년 이탈리아

피렌체의 안장 가게에서 출발했고, '아르마니'는 조르조 아르마니가 1973년 창립한 브랜드로 매우 빠른 시간에 세계적 업체로 성장했다.

그렇다고 이탈리아의 명품 브랜드를 인위적 상술로만 평가하면 곤란하다. 역사적으로 고대 로마제국과 르네상스 시대의 예술은 이탈리아인에게 높은 예술적 안목을 키워주었고, 이런 배경에서 이탈리아인은 모방을 수치스럽게 여기며 창의성 있는 제품을 선호했다. 이 같은 국민성이 이탈리아 디자인산업을 세계적 수준으로 끌어올린 원동력이 되었다.

이탈리아는 제2차 세계대전에서 패전한 이후 경제 부흥을 위해 역사와 전통을 인정받는 분야에 눈을 돌려 조상에게 물려받은 심미안을 효과적으로 활용했다. 현재 그 결실을 누리는 셈이다. 이러한 이유로 바티칸의 경비병 옷이 미켈란젤로가 디자인했다는 이야기에 관광객들은 감탄을 금치 못한다.

이탈리아 패션이 명품으로 우뚝 서기까지 할리우드 영화를 이용한 효과도 컸다. 한 예로 구두업자 살바토레 페라가모는 비비안 리, 오드리 헵번, 마릴린 먼로, 소피아 로렌 등 당대 유명한 미국 여배우들에게 개성 있는 신발을 제공하여 관람객 눈길을 끄는 데 성공했다. 영화 〈7년만의 외출〉에서 먼로의 치마가 지하철 통풍구 바람에 날리는 유명한 장면에서 각선미를 살려준 신발이 바로 페라가모 구두였다. 헵번 역시 출연하는 영화마다 페라가모 신발을 신고 나와 페라가모를 비롯한 이탈리아 구두가 유명세를 얻는 데 일조했다.

이처럼 연예인을 이용한 효과적인 마케팅은 이탈리아뿐 아니라 현재 여러 나라의 기업에서 활용하고 있다.

패션이란 무엇일까? 우리말로 번역하면 '옷맵시' 또는 '유행'인데 그 의미는 특정한 시기에 유행하는 옷차림이나 머리 모양의 일정한 형식을 가리킨다. 패션은 인체의 아름다움을 극대화하는 노력의 하나지만, '아름다움'의 기준을 명확히 설명하기는 어렵다. 프랑스 사상가 파스칼이 말했듯, '아름다움은 흔히 유행과 지역에 따라 결정'되기 때문이다.

그렇지만 역사를 살펴보면 아름다움의 기준이 전혀 없지는 않았으니 이는 사회적 환경이나 유행과 관계가 깊다.

고대에는 풍요함이 곧 아름다움이었다. 식량 해결이 시급했던 당시 넉넉해야만 안심이 됐던 까닭이다. 때문에 아름다운 여인은 항상 가슴과 엉덩이가 큰 다산의 상징이었다. 그러나 사회와 식량체계가 어느 정도 안정되면서 아름다움의 기준과 대상도 달라졌다. 음식에서 쾌락으로 그 기준이 옮겨졌고, 관능미가 새로운 매력의 기준으로 자리매김했다. 이와 함께 옷차림에도 큰 변화가 일어났으며 여인들은 한껏 멋을 부렸다.

다만 이성을 유혹하는 관능미의 기준은 시대에 따라 차이가 있었다. 르네상스 시대는 가슴과 엉덩이가 큰 육감적인 몸매를 선호했다면, 쇠락하거나 부패한 시대에는 야윈 여성이 미인으로서 대접받았고 얼굴 또한 우수에 젖은 화장이 유행했다.

그런가 하면 14세기 유럽에서는 남녀를 불문하고 옷이 몸에 꼭 맞게 입었다. 16세기경에는 남녀의 신체 차이가 극명하게 드러나는 옷이 유행했다. 남성들은 '남자다움'을 강조하고자 어깨나 가슴의 소매 윗부분에 심을 넣어 부풀린 반면 여성의 속옷은 허리가 날씬해 보이도록 고래수염으로 뻣뻣하게 만들었다. 이처럼 허리를 꽉 조여서 입는 속옷은 19세기 말까지 이어졌다.

또한 19세기 이전까지 통치자의 사랑을 받는 상류층 여성이 유행을 이끌었다면 20세기 이후에는 매스미디어의 파급력이 큰 연예인이 그 자리를 대신했다. 뿐만 아니라 전파의 위력은 패션까지도 하나로 묶어 아름다움을 창출했으니 파리 패션쇼는 여성복을, 밀라노 패션쇼는 남성복의 유행을 이끌고 있다.

그런데 유행은 매우 빨리 변하는 특성이 있어서 조금만 시간이 지나면 촌스런 느낌을 주는 경향이 있다. 여성 패션의 선도자 중 한 명인 프랑스의 디자이너 코코 샤넬은 1957년에 〈라이프〉와 가진 인터뷰에서 그에 대해 당연하다는 듯이 말했다.

"유행은 한물 지나도록 되어 있다."

유행을 좇아가느냐 자기만의 개성을 찾느냐를 두고 예나 지금이나 결론을 내리기가 쉽지 않다. 패션에 대한 다양한 견해를 밝혀놓은 다음 명언들을 통해 어느 견해가 옳은지는 각자 판단해보기 바란다.

'패션은 사라지지만 스타일은 영원하다.' – 이브 생 로랑프랑스 디자이너

'우리는 패션때문에 어리석은 행동을 저지르는데, 가장 큰 어리석음은 패션의 노예가 되는 일이다.' – 나폴레옹 보나파르트프랑스 군인이자 정치가

'모든 세대는 지난 유행을 비웃는다. 그러나 새로운 유행은 종교처럼 따른다.' – 헨리 데이비드 소로미국의 사상가

'가끔 내 자신에게 묻는다. 옷이란 과연 무엇인가? 그때마다 내 대답은 같다. 나를 나 자신답게 만드는 것이다.' – 지아니 베르사체이탈리아 디자이너

헤어스타일 조언에 필요한 한마디

미용실 직원 시절 여성 심리를 배운 이브 몽탕

이브 몽탕은 어린 시절 가난 때문에 밀가루 공장에서 일해야 했다. 공장에 다니기 시작한 이브 몽탕은 처음에는 쉬운 일을 맡아 좋아했으나 곧 단순 반복되는 작업에 근육 통증과 무료함으로 힘든 시간을 보냈다. 결국 공장에서 일한 지 2년 만에 이브 몽탕은 공장을 그만두고, 누나가 운영하는 미용실에서 보조로 일했다. 누나의 솜씨가 좋았는지, 미용실은 날로 인기가 더해갔다.

이브 몽탕은 누나로부터 파마 기술을 배우며 어떤 희망을 느꼈다. 여자들의 쭉쭉 뻗은 머리카락이 뜨거운 열로 갖가지 새로운 형태의 아름다움을 지니듯 사람도 의지에 따라 새롭게 변화될 수 있다는 깨달음이었다.

'사람도 마찬가지일 거야. 머리카락처럼 매만지고 변화를 주면 새로운 모습이 되듯 나 역시 변해야 해. 그래, 변할 수 있어!'

하루에도 몇 차례씩 이같이 다짐하던 이브 몽탕은 미용실을 찾아오는 손님에게서 두 가지 공통점을 발견했다. 미용실에서는 누구나 속마음을 털어놓고 얘기한다는 점과 대부분 화제의 중심이 연예인이라는 사실이었다. 이브 몽탕은 사람들이 잡지에 실린 연예인의 매력을 평가하고, 그들의 사생활에 관심이 많다는 사실을 알았다. 특히 여성 고객들이 연예인을 몹시 좋아한다는 사실도 알게 되었다.

이러한 배경은 이브 몽탕이 연예인이 되는 데 결정적 계기가 되었다. 훗날 그는 이 시절에 여자들의 심리적 특징인 여러 감정을 배웠다고 술회했다.

'가수나 배우가 되는 거야. 아무리 가능성이 낮더라도 찾아보자. 성공한 연예인은 다들 보잘것없는 직업에서 시작했잖아.'

이브 몽탕은 쉬는 날이면 거리무대를 찾아 뒷골목을 헤매고, 삼류극장에 드나들며 영화에 열중했다. 그러던 어느 날 거리에서 낙서와 그림들로 마구 더 럽혀진 가요 대회 포스터를 우연히 발견했다. 이브 몽탕은 비록 그 대회에서 입상하지는 못했으나 캐러멜 봉봉이란 별명을 가진 공연 기획자를 만나 연예 계에 데뷔할 수 있었다. 이후 이브 몽탕은 파리로 진출해 운 좋게 샹송 가수 에디트 피아프의 도움을 받았다.

"진정한 샹송은 목소리나 춤에 있는 것이 아니라 시인의 마음을 갖는 거예요."

에디트 피아프는 이브 몽탕에게 이 같은 충고를 해주며 시인이자 시나리오 작가인 자크 프레베르를 소개해주었다. 프레베르의 시에 곡을 붙인 〈고엽〉은 이브 몽탕을 인기 스타 자리에 올려놓았다. 이때부터 한때 미용실 직원이었던 이브 몽탕은 프랑스 최고의 가수이자 배우로 큰 인기를 누렸다.

머리털은 일찍부터 인류의 주목을 받아왔다. 다른 곳보다 눈에 잘 띄고 그 형태에 따라 독특한 아름다움을 표현할 수 있었던 까닭이다.

다시 말해 머리털은 '새로운 아름다움의 창조'라는 점에서 관심과 사랑을 받아왔다. 갖가지 머리 형태로 얼굴 윤곽을 다양하게 표현하고, 다양한 색깔로 색다른 아름다움을 만들어낼 수 있기에 아주 오래 전부터 그러한 노력이 시작될 수 있었다.

헤어스타일 역사에서 단연 돋보이는 시대는 기원전 1세기 무렵부터 서기 1세기경 사이에 나타난 고대 로마의 유행이다. 그 무렵 로마인의 관심은 남녀를 가리지 않고 머리털 다듬기에 있었다. 남자들도 여러 가지 헤어스타일을 선보였는데 이에 관심이 없는 남자는 교양 없는 사람으로 여겨지는 분위기였다. 또한 헤어스타일의 유행 주기도 매우 짧았다.

로마 여인은 인두, 헤어네트, 염료, 헤어핀 등을 사용하여 머리 장식을 했으며, 머리털 색깔이 검은 라틴계 여성은 게르만족 여자 노예의 머리털을 잘라 가발을 만드는 등 현대 여성 못지않게 헤어스타일에 신경을 썼다.

특히 로마 여성들은 금발처럼 보이기 위해 속이 빈 통 둘레에 머리를 나선모양으로 꼬아 고수머리를 만든 다음 높이 쌓아올려 빗이나 금실로 짠 그물로 고정하는 헤어스타일을 선호했다. 형편이 나은 상류층 여성은 머리에 금가루를 뿌려서 금발처럼 모양을 냈다. 이런 금발 열풍에 힘입어 로마에서는 금발 가발이 크게 유행했다.

르네상스 시대의 최고 유행도 금발이었다. 당시 이탈리아 여성은 사프란과 양파 껍질을 섞어 만든 물감으로 머리를 노랗게 염색했으며, 이탈리아의 화가 보티첼리는 〈비너스의 탄생〉을 그릴 때 비너스 머리색을 당시 유행에 맞춰 금발로 묘사할 정도였다.

16세기 프랑스에서는 백설처럼 흰 머리를 만들기 위해 '머리카락 가루'를 사용했다. 머리카락 가루란 표백 밀가루에 강한 향을 입힌 것으로 머리에 듬뿍 끼얹어 멋을 냈다. 이 때문에 빵을 만들 밀가루가 부족한 상황까지 일어났다.

머리에 대한 미의식과 관련하여 흥미로운 사실은 이집트 시대 클레오파트라의 조각에서 알 수 있듯 머리장식이 선정적인 신비주의를 돋보이게 하는 효과를 지녔다는 점이다.

특히 길고 곱게 가꾼 머리는 섹시한 여성의 상징으로 간주됐으며, 유럽에서 긴 머리카락은 항상 젊다는 사실과 연관되었다. 긴 머리카락이 낭만적이고 정서적으로 따뜻하게 느껴지기 때문에 오늘날에도 젊은 여성 중에는 머리카락을 기르는 경우가 많다.

20세기에 들어서서는 혁명적인 변화가 나타났다. 제1차 세계대전

직후인 1920년대에 선보인 여성의 짧은 단발은 남성미를 겨냥한 최초의 헤어스타일이자 활동성을 강조한 머리모양으로 큰 화제를 낳았다. 제2차 세계대전 이후 여성의 사회 진출이 늘면서 손질이 간단한 단발 파마가 유행했으며, 이는 배우들이 영화에서 선보인 머리 모양이 유행의 진원지가 되었다. 이를테면 〈로마의 휴일〉에서 오드리 헵번이 선보인 헤어스타일은 영화의 성공과 더불어 세계적인 유행으로 이어졌다.

이처럼 헤어스타일은 언제나 관심의 대상이 됐는데, 이는 그만큼 아름다움에 대한 기준이 자주 바뀐다는 사실을 알려준다. 자연주의 생활을 강조한 헨리 데이비드 소로는 1854년에 출간한 수필집 《숲속의 생활》에서 인간의 변덕에 대해 다음과 같이 지적한 바 있다.

"사물이 변하는 것이 아니라 우리가 변한다."

어떤 면에서 보면 세월이 흐르면서 시대가 변하고 우리가 더불어 변하는 것인지도 모른다. 사람들은 이미 본 것에 대해서 금세 식상해 하기에 변화를 도모하는데, 인체의 아름다움에서는 헤어스타일이 그 변화의 상징으로 작용한다. 흔히 무엇인가를 결심했을 때 머리 모양을 바꾸거나 삭발하는 이유도 여기에 있다.

마지막으로 머리와 관련한 명언으로는 다음과 같은 것들이 있다.

'인간은 매일 아침 머리를 빗는다. 그런데 어찌하여 마음은 빗지 않을까?' – 서양 격언

'아름다운 머리카락이 되기 위해서는 아이들에게 그들 손으로 머리카락을 만질 수 있도록 하라.' – 오드리 헵번 미국 영화배우

'여자의 머리카락 하나는 종을 매단 밧줄보다 매혹적이다.' – 독일 속담

비즈니스 2단계 _ meeting
미팅과 모임

3. 음식점과 술집에서

식사라는 행위 자체에 서로 우호적인 심리로 변화시켜주는 '필링 굿' 효과가
있더라도 대화할 때 연예인 가십거리나 예능 프로그램 이야기만
늘어놓는다면 매력 없는 사람으로 비춰지기 십상이다.
그날의 장소와 분위기에 맞춰 다음에 소개하는 이야기를 꺼낸다면,
식사 자리의 이야깃거리는 더욱 풍성해질 것이다.

음식에 대한 탐닉을 다룬 한마디
맛의 취향에 대한 한마디
계산할 때 상기해야 할 한마디
음료를 함께 나눌 때 좋은 한마디
동창회에서 말하면 좋은 한마디
음주를 권하는 한마디
과음의 자제를 권하는 한마디

음식에 대한 탐닉을 다룬 한마디

맛의 대중화에 성공한 허쉬 초콜릿과 던킨 도넛

"참으로 묘한 세상이야."

1880년대 초 미국의 밀턴 허쉬는 더럽고 불결한 환경 때문에 수많은 아이가 목숨을 잃어갈 때 다른 한편에서는 상류층 사람들이 값비싼 스위스 수입 초콜릿을 즐기는 걸 보며 이렇게 말했다. 당시 가난한 집 아이들에게 초콜릿은 감히 꿈도 꿀 수 없는 고급품이었다. 허쉬는 이런 현실 속에서 다음과 같이 생각했다.

'초콜릿을 대량 생산하면 값을 낮출 수 있고 그러면 서민도 초콜릿을 사먹을 수 있지 않을까? 아쉬운 대로 배고픔은 면할 수 있을 거야. 그런데 초콜릿 제조 기계를 어디서 구하지?'

허쉬는 1893년 미국 시카고에서 열린 만국박람회에서 초콜릿 제조 기계를 발견하고는 곧바로 사들여 1894년 펜실베이니아 허쉬 타운에 초콜릿 회사를 차렸다. 그리고 한꺼번에 많은 양을 생산할 수 있는 컨베이어벨트를 도입해 제조원가를 대폭 낮추는 데 성공했다. 이렇게 생산된 값싼 초콜릿은 잘 팔렸고 이제 서민도 달콤쌉싸름한 초콜릿을 즐기게 됐다.

허쉬는 잠시 사업에서 손을 놓았다가 다시 복귀하면서 막대 모양의 초콜릿 바와 작은 종처럼 생긴 키세스를 선보여 큰 인기를 끌었다. 허쉬가 만든 초콜릿 중 키세스는 제품 이름과 그 모양 덕분에 인기 상품이 됐다. '키세스'는 초콜릿 만드는 기계가 컨베이어벨트를 키스하는 것처럼 보인 데서 착안된 이름이다. 키세스 초콜릿에는 구매자가 간단한 메모를 할 수 있게 종이를 꼬리처럼 매달아 장식했다.

허쉬는 이익만 추구하는 장사꾼이 아니었다. 그는 도덕 경영을 내세우며 초콜릿 공장의 주변에 학교, 병원, 테마공원, 체육시설 등을 차례로 세우고 근로자들이 만족해할 만한 도시를 꾸몄다. 그러자 이를 구경하려는 사람들이 몰려들었고 그에 맞춰 호텔과 박물관을 지어 그야말로 초콜릿을 위한 초콜릿에 의한 초콜릿의 마을로 유명세를 떨치게 되었다.

허쉬가 초콜릿의 대중화를 통해 사업에 성공했다면, 윌리엄 로젠버그는 도넛을 식사 대용식으로 판매하여 큰돈을 벌었다. 로젠버그는 미국이 경제적으로 어려웠던 대공황 때 공장과 공사장을 돌아다니며 손쉽게 먹을 수 있는 음식을 팔면서 한 가지 사실을 깨달았다.

'품목이 단순해야 경비도 절약되고 이익을 많이 남길 수 있다.'

이 같은 자신감을 바탕으로 로젠버그는 1946년 식품 매장을 열었고, 누구나 좋아할 만한 네 종류의 도넛을 팔았다. 기름에 튀기고 달콤한 고명을 뿌린 도넛은 바삭하면서도 맛있어서 간식으로 큰 인기를 끌었다. 로젠버그의 예상은 적중했고 매출은 크게 늘었다. 로젠버그는 1950년 상호를 '던킨 도넛'으로 바꾸고 프랜차이즈^{독점 판매를 보장해주는 지역 영업권 양도 사업} 방식으로 미국 전역에 지점을 냈다. 이와 더불어 도넛 종류를 다양화해 전문점임을 강조했다. 미국인들은 바쁜 출근 시간을 절약할 수 있는 아침식사로 도넛과 커피를 먹었고, 던킨 도넛은 어느새 도넛 판매점의 대명사가 되었다.

허쉬와 로젠버그, 두 사람에게는 몇 가지 공통점이 있다. 그들은 모두 유대인이고, 값싸면서도 간편한 걸 좋아하는 미국인 기질을 정확히 꿰뚫어 성공을 거뒀다. 또한 미국 경제가 힘든 상황에서 사람들이 원하는 게 뭔지 재빨리 파악했으며, 식품에 대한 기존 관념을 바꾸었다. 그들의 사업 철학에는 '입과 관련된 품목을 중요하게 여기는 유대인 상술이 있음은 물론이다. '사람은 먹어야 산다'는 당연한 진리를 염두에 두고 거기에 미각을 자극하는 요소를 더하여 별식의 대중화에 성공한 것이다.

'먹기 위해 살지 말고, 살기 위해 먹으라.'

고대 로마 정치가 키케로는 이같이 말하며, 음식에 대한 탐욕을 경계했다. 여기에는 이유가 있었다. 당시 로마제국의 상류층 사람들은

경쟁적으로 날마다 연회를 벌이고 음식을 토하면서까지 계속 탐식하는 게 관습이었다. 키케로는 그런 과시욕을 비판한 것이다.

연회를 통해 미각의 쾌락을 추구하는 풍속은 로마 시대 이전에 고대 그리스부터 이미 시작되었다. 그리스의 부자들은 만찬을 열어 손님들과 맛난 음식을 즐기며 사교적 대화를 나누었다. 이런 연회 문화는 철학적 사유를 발전시키는 긍정적 기능도 있었지만 음식 탐욕을 부채질하는 부작용도 있었다. 이러한 이유로 그리스 철학자 소크라테스도 '다른 사람들이 먹기 위해서 산다 해도, 나는 살기 위해 먹는다'고 말하면서 다음과 같은 말도 남겼다.

"음식에 가장 좋은 양념은 배고픔이고, 마실 것에 가장 좋은 향료는 갈증이다."

음식에 대한 욕망은 가장 기본적이며 원초적 인간의 욕망이다. 그런데 원시시대 인간은 배고픔을 면하고자 음식을 먹었지만 문명사회를 이루면서 더 맛있는 음식을 찾게 되었다. 물론 이런 쾌락은 지배층만의 몫이었고 일반 백성은 그날그날 끼니를 때우기도 벅찼다.

그렇다면 인간은 왜 음식을 탐닉할까? 그 이유로 크게 두 가지를 생각해볼 수 있다. 이왕이면 더 맛있게 먹고 싶은 향상 욕구, 다른 사람들보다 우월하다는 과시 욕구가 그것인데 두 경우 모두 식탁에서의 만족감을 높여준다. 그에 대해 17세기 영국의 시인 R. 헤리크는 〈산해진미 아닌 만족〉에서 이렇게 말했다.

"식탁에서 느끼는 즐거움은 음식이 아니라 만족이다."

요컨대 음식에 대한 관심과 은근한 과시욕은 인간의 본능이다. 그 점을 간파한 영국 비평가 버나드 쇼는 《인간과 초인간》에서 다음과 같이 말했다.

"음식에 대한 사랑보다 더 숨김없는 사랑은 없다."

맛의 취향에 대한 한마디

채만식의 유별난 고기 사랑

채만식은 1938년에 《태평천하》와 《탁류》로 인기를 얻었고 일제강점기 말기에 친일 소설 《아름다운 새벽》과 《여인전기》를 발표했다. 그리고 광복 후인 1947년 자전적 성격의 《민족의 죄인》을 통해 자신의 친일 행위를 고백하고 친일을 최초로 인정한 작가이기도 하다.

채만식은 부농 집안에서 태어났으나 일본의 토지수탈정책으로 젊은 시절에 경제적 어려움을 겪었다. 그는 개성, 경성, 안양, 광나루 등을 전전하며 살아가야 하는 궁핍한 생활이었음에도 육식을 무척 좋아했다. 어려서부터 고기를 즐겨 먹은 터라 어른이 되어서도 여전히 고기를 찾은 것이다.

채만식이 광나루에서 살던 시절의 이야기다. 그 당시 채만식은 하루도 빠짐없이 잉어를 먹었는데 그 사실을 후배 소설가 최태응에게 편지로 자랑하며 놀러오기를 권했다. 최태응은 그에 응하여 채만식의 집을 찾아갔다.

"잉어요! 싱싱한 잉어가 있어요!"

최태응이 채만식 집에 들어선 직후 잉어 장사꾼들이 연이어 집 앞을 지나면서도 안으로 들어오지는 않았다. 채만식은 가끔 잉어 장사를 불러 세우며 들어오라고 손짓했으나 아무도 들어오지 않았다. 잉어 장사들의 표정도 그다지 좋지 않았다. 최태응이 의아해하며 까닭을 묻자, 채만식이 개탄하는 말투로 대답했다.

"외상을 갚지 않아서 저렇다네. 허, 참."

어쨌거나 그날도 잉어는 밥상에 올라왔다. 채만식의 부인은 식사 때마다 크건 작건 잉어가 오른다며, '살림이 아무리 궁해도 고기가 없으면 절대로 수저를 드는 법이 없는 식성'이라는 말을 덧붙였다. 그 말을 듣고 최태응이 웃으며 말했다.
"선생님 이름과는 정반대시군요. 채만식^{야채만 먹는다는 뜻}이 아니라 고기만식이 아닙니까, 허허허."

세 살 버릇 여든까지 간다는 말처럼, 어릴 때 길든 입맛은 좀처럼 바뀌지 않는다. 이때 입맛이란 단순한 미각이 아니라 한 사람의 삶을 말해준다. 진귀한 음식이든 보잘것 없는 음식이든 맛의 취향은 달라도 음식을 통해 과거와 현재의 시간을 공유하는 셈이다. 또 음식은 시간의 궤적뿐 아니라 사람들의 식습관을 통해 성격이나 성향을 알게 한다.

《보바리 부인》을 쓴 19세기 프랑스의 소설가 플로베르는 대식가로 유명하다. 그는 젊은 시절 미남으로 통했으나 나이가 들어가며 뚱뚱해졌다. 그 원인은 과식과 운동 부족이었다. 플로베르는 기회 있을 때마다 왕성한 식욕을 드러내며 마구 먹어댔다. 친구들은 그와 함께 레스토랑에 갈 때면 따로 작은 별실을 요구하기도 했다. 여기에는 플로베르가 편히 먹어야 한다는 이유로 주위 시선을 의식하지 않은 채 웃옷을 벗고 와이셔츠 단추를 풀고 구두까지 벗었던 까닭이다.

코믹 오페라의 전형인 〈세비야의 이발사〉를 작곡한 조아키노 로시니도 대단한 대식가였다. 로시니는 당대에 가장 돈을 많이 번 음악가였으며, '배가 부르니 일을 안 한다'는 주위의 따가운 시선에도 아랑곳하지 않은 채 40대 이후로 거의 창작을 하지 않고 음식을 즐기며 유유자적 살았다. 로시니는 끼니마다 5인분 식사를 거뜬히 해치웠고 자연스레 거구 몸집이 되었다.

비단 플로베르와 로시니의 예를 들지 않더라도 식도락은 많은 사람이 꿈꾸는 환상적인 쾌락이다. 그런데 희한하게도 사람마다 좋아하는 음식은 대체로 정해져 있어서 여간해서는 싫어하는 음식을 먹지 않는다. 여러 차례 식사를 해도 비슷한 종류의 음식을 즐기는 것이다.

왜 그럴까? 그 이유는 식습관이 가장 고치기 힘든 습관이라는 데 있다. 이민을 간 사람들이 그 나라 음식에 적응하지 못해 고국에서 먹던 음식을 계속 먹는 것이나, 결혼한 남녀가 서로 다른 입맛 때문에 한동안 불편을 겪는 이유도 여기에 있다. 바꿔 말해 식습관은 오랜 세월 길든 일종의 음식 세뇌이자 중독이다. 또한 사람마다 성장 환경이 다르므로 당연히 먹어온 음식이 다르기 마련이며 특정한 음식에 대한 선호도 역시 다를 수밖에 없다.

'누구나 특유의 습관을 지니고 있다.'

이 같은 서양 격언은 정확히 식습관에만 국한된 말은 아니지만 상당 부분 식습관의 특징을 표현한 말이기도 하다. 그럼에도 일부 사람들은 타인의 식습관이나 미각을 이해하지 못하고 흉보는 경우가 있는데, 이를 두고 17세기 영국 작가 제레미 테일러는 《조롱의 반성》에서 다음과 같이 말했다.

'맛에는 논쟁이 있을 수 없다.'

계산할 때 상기해야 할 한마디

자린고비와 더치페이는 쩨쩨함의 대명사가 아니었다?

"저 사람은 계산할 때마다 구두끈을 매네. 완전히 자린고비야."

이같이 말할 때의 '자린고비'는 다라울 정도로 인색한 사람을 낮잡아 이를 때 쓰인다. 다시 말해 '자린고비'는 몹시 인색한 사람, 즉 구두쇠의 대명사이다. 그 어원에 대해서는 보통 '절인고비'에서 유래되었다고 알려져 있다.

근검절약이 몸에 밴 한 구두쇠 양반이 부모 제사 때 쓰고 그때그때 태워 없애야 할 지방(紙榜)을 태우지 않고 여러 해 되풀이해 쓰는 바람에 지방이 낡을 대로 낡아 지방에 쓰인 아비 '고(考)'자와 어미 '비(妣)'자가 기름에 흠뻑 절어들어 '절인고비' → '저린고비' → '자린고비'로 발전했다는 것이다.

그러나 충북 충주 사람들은 자린고비의 실제 주인공이 조륵(趙玏) 선생이라고 주장하며, 1995년 10월 25일 충주시 신니면 화치 마을에 있는 선생의 묘소 앞에 묘비를 세워놓았다.

조륵의 후손에 따르면, 조륵은 반찬값을 절약하기 위해 굴비를 천장에 매달아놓고 가족들에게 밥 한술 뜰 때마다 한 번씩 쳐다보도록 했다. 혹여 아들이 두 번 이상 쳐다보면 '짜게 먹지 말라'며 혼냈다고 한다. 그는 이렇게 절약한 돈으로 어려운 사람들을 도왔고, 그에게 도움을 받은 사람들은 선생이 세상을 떠난 후 '자인고(慈仁考) 돌아가신 어질고 인자했던 아버지'라 부르며 추모했다고 한다.

이들이 말하는 자린고비 어원도 차이가 있다. 당초 영남 사람들이 '낳아준 이도 아버지이지만 곡식을 나눠줘 목숨을 살린 사람도 아버지'라는 뜻에서 '자인고'를 지어냈는데 이 말이 자린고비로 와전됐다는 것이다.

어쨌든 오늘날 자린고비란 쏨쏨이가 인색한 사람으로 통용된다. 흥미롭게도 서양의 이와 비슷한 사례가 이른바 '더치페이(Dutch pay)'다.

"네덜란드인들은 불쾌해!"

17세기경 영국과 네덜란드는 해외 영역 확장에 열을 올렸는데, 영국은 네덜란드가 몹시 못마땅했다. 작은 나라가 영국 일에 사사건건 끼어들어 방해한다고 여겼기 때문이다. 그리하여 영국인은 이때부터 네덜란드인을 더치맨Dutchman이라 불렀고, 나쁜 의미의 일에 '더치dutch'라는 접두사를 사용하기 시작했다. 예컨대 잔소리 심한 아저씨를 '더치 엉클Dutch uncle', 여러 사람이 제각기 다른 노래를 동시에 부르는 '더치 콘서트Dutch concert', 술김에 부리는 허세를 '더치 커리지Dutch courage'라고 표현했다.

영국인은 심지어 좋은 일이 있을 때 함께 모여 음식을 먹으며 축하해주는 네덜란드의 관습마저 '더치 트리트Dutch treat'라 비웃었다. 네덜란드인은 어느 한 사람에게 부담 주는 걸 피하고자 자기가 먹은 만큼의 비용을 내는 것인데, 영국인은 축하 자리조차 야박하게 각자 비용을 계산하는 네덜란드인의 옹졸한 모습으로 표현한 것이다.

한편 우리나라에서 많이 쓰이는 '더치 페이Dutch pay'는 잘못된 콩글리시로, 올바른 영어로는 '레츠 고 더치Let's go Dutch' 혹은 '더치 트리트Dutch treat'로 말해야 한다.

네덜란드에서는 왜 음식점에서 각자 계산하는 정서가 형성됐을까? 앞서 말했듯 네덜란드는 무역을 해야만 살 수 있는 작은 나라였기에 네덜란드인은 끊임없이 외부 세계와 접촉하며 살았다. 자기 물건을 팔기 위해 다른 나라를 드나들었고, 현지 외국인에게 우호적으로 보이고자 외국 문화를 이해하려 애썼다. 사람은 자신을 알아주는 이에게 호감을 느끼기 마련이므로 상대국 문화를 파악하려 노력한 것이다.

네덜란드인이 보통 두세 개의 외국어를 익히는 이유도 여기에 있다. 자기 의사를 정확히 전달하고 상대의 뜻을 명확히 파악하려면 직접 대화를 나눠야 하는 까닭이다. 이런 네덜란드의 분위기는 자연스레 서로 다른 세계를 인정하는 자유와 관용의 정신을 낳았다.

'상대를 무시하거나 차별하지 않는 게 개방적인 마음이다.'

네덜란드는 피부색이 다른 사람도 종교나 국적이 다른 사람도 차별하지 않고 존중하는 까닭에 유럽에서 매우 개방적이며 진보적인 국가로 인식된다. 거기에 네덜란드인은 부지런하고 검소하며 매우 가정적인 생활로도 유명하다. 그런 까닭에 외식도 잘 하지 않는 편이다.

'돈을 아끼고 사치를 멀리 한다.'

이러한 경제관념을 지닌 네덜란드인은 신세지는 걸 싫어하고 상대에게 부담 주는 일을 결례로 여긴다. 그렇다 보니 네덜란드인은 남녀가 데이트하거나 결혼 후 생활비까지 각자 분담하는 일을 당연하게 생각한다.

네덜란드인의 근검절약 정신은 오래된 전통 주택에서 확인할 수 있다. 예전에 네덜란드에서는 집 앞면의 너비에 비례해 세금을 내야 했다. 큰 집에서 사는 사람은 세금을 조금 더 많이 내라는 뜻이었다. 하지만 네덜란드인은 되도록 세금을 적게 내고자 좌우 너비가 좁고 앞뒤를 기다랗게 집을 지었다.

오늘날에도 네덜란드인은 인색하단 말을 들을 정도로 절약하며 사는데 이는 '사치하지 말라'는 신의 뜻을 따르면서 언제 닥칠지 모르는 재난에 대비하기 위한 경제관념에 따른 생활태도이다.

얼핏 생각하면 네덜란드식 계산 방식은 옹졸해 보이지만, 다시 한 번 생각해보면 오히려 대인관계에서 적잖은 힘을 발휘한다는 사실을 깨닫게 된다. 대개의 경우 사람들은 손해 보지 않으려 하고, 자기에게 손 벌리는 사람을 좋아하지 않는다. 금전적 부담이 없으면 상대의 접촉을 불편해하지 않기 때문이다. 고대 로마 극작가 플라우투스는 그런 인간 속성을 간파하여 다음과 같이 말했다.

"돈을 벌고 싶으면 돈을 써야 한다."

음료를 함께 나눌 때 좋은 한마디

프리드리히 대왕을 살린 코코아

'프리드리히 대왕'으로 불리는 18세기 프로이센 국왕 프리드리히 2세는 손수건을 유난히 좋아하여 여러 일화를 남겼다. 그는 평소 미인을 멀리하는 대신에 잘생긴 사관이나 시종을 늘 곁에 두었는데 여러 젊은이 중에서 마음에 드는 사람을 발견하면 손수건으로 낙점하는 특이한 버릇이 있었다. 예컨대 아침마다 청년사관들과 어울려 커피를 마시다가 그들 중 어느 한 사람에게 손수건을 던지면 그 사람은 끝까지 자리에 남아 왕을 모셔야 했다.

프리드리히 2세는 손수건을 항상 가지고 다니는 습관 덕분에 목숨을 구한 일이 있었다. 어느 날 코코아를 마실 때의 일이다.

프리드리히 2세는 코코아 음료나 커피를 즐겨 마셨는데 그날도 평소처럼 시종이 코코아를 가져왔다. 왕은 코코아를 마시려다가 문득 손수건이 없음을 깨닫고는 잠시 자리를 비웠다. 프리드리히 2세는 손수건을 항상 지니고 있어야 마음에 안정을 느꼈다.

"음, 이제 맛난 코코아를 즐겨볼까. 아니 이게 뭐야?"

프리드리히 2세는 잔을 들던 도중 거미가 빠져 죽어 있는 걸 발견했다.
"여봐라! 코코아를 다시 가져오너라!"
왕의 부름을 받은 시종은 거미가 빠져 죽은 코코아 잔을 들고 황급히 자리를 물러났다. 그리고 시종은 코코아를 새로 가져가는 대신에 권총으로 자기 머리를 쏘아 목숨을 끊었다. 시종은 왜 그랬을까?

사실 시종의 자살은 착각이 가져온 공포심의 결과였다. 시종은 국왕의 정적으로부터 큰돈을 받고 왕이 마실 코코아에 독약을 넣었다. 그리고는 아무렇지도 않은 척 코코아를 바치고 두근거리는 가슴을 진정시키며 국왕이 죽기를 기다렸다. 그런데 뜻밖에도 국왕이 코코아를 다시 가져오라고 하니 시종은 독약 넣은 사실이 들킨 줄 알고 처형당할까 무서워 자살한 것이다. 결국 프리드리히 2세의 깔끔한 습관이 자기 목숨을 살린 셈이다.

'우리는 목이 마르지 않는데도 마시며 아무 때나 성관계를 맺는다. 바로 이 점이 인간과 동물이 다른 유일한 구분이다.'

격언에서 알 수 있듯 사람들은 먹는 즐거움에 유난스레 집착한다. 식사 이외에 간식, 새참, 디저트 따위의 식사문화가 그러한 사실을 잘 말해준다. 그중 '디저트'는 식사를 마친 뒤에 입가심 혹은 맛의 여운을 남기기 위해 별미를 즐기는 행위를 뜻하는데, 이때 먹는 음식은 적은 양임에도 뛰어난 맛을 자랑한다.

디저트 문화는 프랑스의 궁정 만찬 양식에서 비롯되었다. 프랑스식 만찬에서는 애피타이저인 오르되브르에서 메인 디시에 이르는 일련의 요리가 나온 후 마지막으로 달콤한 생과자나 과일, 치즈의 디저트를 맛보며 느긋한 대화 시간을 가진다.

식사를 최대한 즐기는 이 관행은 18세기 말에 시작되어 오늘에 이르고 있다. 이때 식사의 마지막에 먹게 되는 디저트 과자는 입에서 부드럽게 넘어가며, 위에 부담을 주지 않고, 적절한 감미와 깊은 맛이 있으면서 은근히 식욕을 돋우는 산뜻한 색깔에 보기 좋은 것이 특징이다. 곧 디저트는 식욕의 가장 사치스런 충족이자 많은 이의 입을 만족하게 하는 기호 식품이다.

인류는 근대에 들어서면서 음료를 기호 식품으로 즐겼다. 유럽인은 아메리카대륙에서 가져온 코코아를 강장 혹은 사랑의 음료로 마셨고, 아라비아를 거쳐 아프리카에서 들여온 커피를 우아한 사교 음료로 마셨다. 특히 커피는 1618년 터키 군대의 전투 패배로 유럽에 전해졌는데, 승리한 오스트리아 군대가 터키군 막사에서 발견한 초록빛 콩을 불에 볶아 가루로 만든 뒤 뜨거운 물을 부어 마시면서부터 신비한 음료로 사랑받았다. 커피 맛은 오스트리아 사람들뿐만 아니라 다른 외국인들에게도 인기를 끌면서 세계적인 음료가 되었다.

남다른 미각을 지녔던 프랑스 정치가 탈레랑은 《커피 요리법》에서 다음과 같은 말로 커피를 예찬하여 눈길을 끌었다.

'악마 같이 검고, 지옥 같이 뜨겁고, 천사 같이 순수하고, 사랑처럼 달콤하다.'

차茶는 중국에서부터 그 문화가 시작됐다. 중국인이 차를 선호한 이유는 수질이 좋지 않은 지역적 특성과 관계가 깊다. 중국은 내륙성 건조지역이 대부분인 까닭에 물맛은 물론 물의 상태 또한 매우 나빠서 끓여 마셔야 했는데 이때 맹물보다는 건강에 좋은 찻잎을 넣어 마시게 된 것이다. 그리고 음료로 차를 마시다 보니 그 양도 점점 늘어나 대량으로 마시게 되었다. 이러한 차가 유럽으로 건너가서는 특히 영국에서 여유로운 오후의 상징적 음료로 사랑받았다.

18세기 영국 소설가 헨리 필딩은 《여러 가지 가면의 사랑》에서 차

마시는 풍경을 이렇게 묘사했다.

'차 맛을 가장 돋우는 소재는 연애 이야기와 스캔들이다.'

19세기 미국 사상가 랠프 월도 에머슨은 차를 무척이나 좋아하여 《문학과 사회적 목적》에서 다음과 같은 말을 남겼다.

"차를 마시는 데에는 풍부한 시정詩情과 훌륭한 정감이 있다."

오늘날 현대인은 커피나 차, 또는 청량음료를 즐겨 마신다. 음료는 심심한 입을 심심치 않게 해주고 식욕을 돋우는 까닭이다. 그런 음료의 특성을 일찍이 간파한 19세기 영국 소설가 토머스 러브 피콕은 1817년에 출간한 《멜린코트》에서 다음과 같은 유머러스한 명언을 남겼다.

"마시는 데에는 두 가지 이유가 있다. 하나는 목이 마를 때 갈증을 풀기 위함이요, 다른 하나는 목이 마르지 않을 때 갈증을 예방하기 위함이다."

동창회에서 말하면 좋은 한마디

친구 슈파운 없이는 슈베르트도 없었다?

슈베르트의 아버지는 오스트리아 빈의 교외에 있는 리히텐탈 초등학교의 교장 선생이었다. 슈베르트의 형도 교직에 종사했다. 때문에 그의 아버지는 슈베르트 역시 선생이 되기를 바랐다. 그러나 소년 슈베르트는 학과 공부에 전혀 관심이 없었다.

'나는 노래 속에 파묻혀 있을 때 가장 행복해.'

슈베르트의 머릿속에서는 끊임없이 아름다운 선율이 맴돌았다. 더구나 그는 좋은 시를 발견하면 즉석에서 작곡할 수 있는 재능이 있었다. 슈베르트는 작곡할 때 가장 먼저 선율을 생각했는데 노랫말인 시에서 선율에 대한 착상을 자연스럽게 얻어온 결과였다. 비슷한 맥락에서 슈베르트는 음악의 외적인 세부 묘사를 중시하여, 물레로 실을 잣는 모습이나 물방울 떨어지는 소리, 봄의 '화려한 옷' 등과 같은 회화적 이미지를 적극 묘사했다. 이러한 이유로 슈베르트는 '가곡의 왕'으로 불린다.

슈베르트는 학창 생활 내내 공책이며 휴지 할 것 없이 종이란 종이는 모조리 악보로 사용하며 창작 활동을 했다. 슈베르트 자신은 그런 순간을 행복해했지만, 이런 모습이 고지식한 교장 선생님의 눈에는 달갑게 보이지 않았다.

"한 번만 더 작곡하거나 오선지 운운하면 이제 용돈은 없는 줄 알아라!"

드디어 아버지는 슈베르트에게 작곡 금지령을 내렸다. 그럼에도 슈베르트는 용돈 쓰는 즐거움보다 돈줄 끊어지는 아픔을 택했다. 하지만 막상 용돈이 없다 보니 어려운 일이 한두 가지가 아니었다. 특히 그때그때 떠오르는 악상들을 정리할 오선지를 구할 수 없어 애를 태웠다.

"친구야, 걱정하지 마. 내가 도와줄게."

그때 친구 슈파운이 그를 위로했다. 슈파운은 자신 또한 넉넉지 못한 형편이면서도 주머니를 탈탈 털어 슈베르트에게 오선지를 기꺼이 사주었다. 슈베르트의 재능을 믿고 있었기에 격려도 잊지 않았다.

그런 가운데 가까스로 교직 과정을 이수한 슈베르트는 아버지의 뜻에 따라 아버지가 있는 초등학교에서 보조교사로 일하게 되었다. 그 당시 열일곱이었던 슈베르트는 이미 〈C장조의 교향곡〉을 완성해놓았다. 그는 수업 중에 학생들이 무슨 짓을 하든 상관하지 않고 작곡에만 열중했다. 이런 슈베르트를 본 아버지는 답답한 마음에 몇 개월간 유급 휴가를 주었다. 휴가를 보내는 동안 정신 차리라는 뜻이었으나 아버지의 기대와 달리 슈베르트는 영영 학교로 돌아오지 않았다.

슈파운은 학교에 얽매여 전전긍긍하는 슈베르트를 보며 안타까워하던 중에 휴가 소식을 듣고 무척 기뻐했다. 슈파운은 슈베르트의 재능을 인정하지 않는 가족으로부터 슈베르트를 떼어놓아야겠다고 생각했다. 슈베르트도 같은 생각이었다. 슈파운은 돈 많은 친구 쇼벨의 집으로 슈베르트를 데리고 가서 작곡에만 전념하게 했다.

"다른 일 신경 쓰지 말고 작곡만 해."

"정말 고맙다. 친구야, 이 은혜는 결코 잊지 않을게."

슈파운은 '슈베르티아데'라는 후원회를 만들어 슈베르트를 후원하는 데 앞장섰다. 슈베르티아데는 슈파운을 비롯한 동창생들과 시인·가수·화가·문인 등에 이르기까지 슈베르트를 사랑하는 지식인과 예술인의 모임으로, 회원들은 가볍게 술을 마시며 음악과 토론을 벌였다.

슈베르트는 거의 매일 밤 슈베르티아데 모임에서 자기 작품을 연주했고 신작을 발표했다. 이때부터 슈베르트가 서른한 살의 젊은 나이에 장티푸스로 사망하기까지 무려 600여 곡에 이르는 많은 가곡을 썼다. 짧은 생애 동안 그가 보여준 음악에 대한 열정도 대단했지만 이처럼 음악가로서 이름을 남길 수 있었던 데에는 친구 슈파운의 도움이 무엇보다 컸다.

'친구親舊'란 오랫동안 가깝게 지내온 벗을 일컫는다. 한자 '親'은 본래 핏줄이 섞인 가족을 뜻하며 친족親族·친부親父와 같이 쓰였다. 그 뒤 가족처럼 절친한 벗을 가리켜 친구 혹은 친고親故, 친붕親朋이라고 했다.

중국 고대 역사서 《전국책》에 친우親友라는 말이 처음 등장했으며, 이후 서기 7세기 중엽 당나라 이연수가 편찬한 《북사北史》에 '친한 벗'이라는 뜻의 '친붕'이 보인다.

우리나라 문헌에서 '친구'라는 말은 17세기경 《동신효》 문헌에 처음 등장하는데, '동무'라는 토박이 우리말을 대신해 친하게 어울리는

사람을 의미했다. 보통 '친구'는 주로 어른들 사이에 쓰였고, '동무'는 아이들 사이에서 쓰였으나, 분단 이후 북쪽에서 '동무'에 특별한 의미를 부여하면서 남쪽에서는 사실상 금기어가 되었다.

동무의 어원에는 몇 가지 설이 있다. 조선 후기 학자 조재삼은 《송남잡지》에서 '마주 서서 춤추듯 오랜 시간 짝이 되어 지낸 사람'이란 의미의 동무同舞라고 주장했다. 또 다른 설은 '짝이 되어 함께 일하는 사람'이란 뜻의 보부상褓負商 용어인 '동무同務'에서 그 기원을 찾는다. 봇짐장수와 등짐장수인 보부상은 함께 힘든 일을 하며 끈끈한 의리와 인정을 나누었기에 이로부터 보부상 용어인 '동무'가 늘 친하게 어울려 지내는 사람이란 뜻의 일반 단어가 됐다는 것이다. 이때 보부상 용어와 구별 짓기 위해 어린 시절 함께 어울린 단짝 친구를 '배꼽동무' 혹은 '어깨동무'라고 불렀다.

이에 비해 영어 '프렌드friend'는 '사랑하는 사람'을 뜻하는 고대영어 freond, 이탈리아어 '아미고amico'는 '사랑하다'라는 뜻의 동사 amare에 어원을 두고 있다. 서양의 경우, 친구의 본래 의미는 '연인 같은 사이'를 말한다. 이처럼 friend는 연인 못지않은 영혼의 동반자로서 일찍이 그리스 철학자 아리스토텔레스는 다음과 같이 말했다.

"우정은 두 사람의 몸에 있는 하나의 영혼이다."

좋은 친구는 인생의 길에서 더없는 응원군이자 편안한 휴식처와 같기에 독일 작가 괴테는 이렇게 말했다.

"우정이란 슬픔을 나누고자 할 때 휴식처와 같다."

그렇지만 같은 영혼을 가진 친구를 만나는 일은 쉽지 않다. 대부분 사람이 어린 시절부터 학창시절을 거쳐 사회생활에 이르기까지 많은 사람을 만나지만 허물없이 지낼 만한 친구는 세월이 흐를수록 줄어들고 심지어 아예 없어지기조차 한다. 처음에는 좋은 친구로 지내다가 (어느 누군가가) 점차 실망하여 우정에 대한 기대치가 서로 달라지는 까닭이다. 그런 현상에 대해 그리스 전기 작가 플루타르크는 다음과 같이 말했다.

"변함없는 친구는 얻기 힘들며 또한 귀한 것이다."

인간교유무상人間交友無常에 대해 로마 철학자 세네카도 비슷한 말을 했다.

"사람은 많아도 친구는 없다."

물론 이러한 격언은 허무적인 말일 수도 있으며 친구의 귀한 가치를 역설적으로 강조한 말일 수도 있다. 그 밖에 친구 또는 대인관계에 대해 한 번쯤 되돌아보게 하는 명언으로 다음과 같은 말들이 있다.

'친할수록 서로 예의를 지켜라.'

'어떤 사람을 만나거든 그 사람에 대한 당신의 존경을 설명하라, 하지만 그 사람이 도둑인지 잘 살펴봐라.'

'불에 태우기 좋은 것은 오래된 나무, 마시기 좋은 것은 오래된 포도주, 믿을 수 있는 것은 오래된 친구 그리고 읽기 좋은 것은 연륜 있는 저자의 작품.'

음주를 권하는 한마디

문인 중 최고 주호는 누구일까?

"자, 준비되셨습니까?"

한국전쟁이 한창이던 1952년 어느 가을날, 대구의 아담다방에서 주성酒聖을 뽑는 겨루기가 진행되었다. '주성'은 술을 잘 마시는 주호酒豪를 일컫는 말로,

혼란스럽고 불안한 시기에 잠시 낭만에 젖어보기 위한 작은 행사였다.

"어디 한번 겨뤄보자고!"

"좋지!"

술깨나 마신다는 문단文壇 술꾼들이 밤낮을 가리지 않고 술을 마셨다. 그리고 참여한 사람들끼리 인기투표를 했다. 그 결과 주성 칭호는 조지훈에게 돌아갔다.

조지훈은 술에 관한 일화가 많은 인물이다. 1951년 1. 4 후퇴 때 그가 수원에서 기차를 타고 대구로 향하던 중에 있었던 일이다. 지붕까지 사람들로 꽉 찬 기차는 작은 역에서 멈춰 섰다. 재빠른 사람들은 기차에서 내려 불 피워 밥을 짓느라 부산을 떨었다. 조지훈은 플랫폼 한쪽 귀퉁이에 불을 피운 채 약주 파는 여인을 발견하고 재빨리 그곳으로 달려가 한잔을 청해 마셨다. 그가 평생 잊지 못한 술맛이 온몸을 감쌌다. 조지훈은 한잔 더 청했다. 하지만 여인은 웃기만 할 뿐 더는 반응을 보이지 않았다. 그러자 곁에서 함께 한잔 마시던 신사가 술잔을 내려놓으며 말했다.

"선생도 술을 무던히 좋아하시는구려. 목마르신 것 같아 한잔 드렸지만 이 술은 파는 게 아니라오. 부산까지 가는 동안에 이렇게 아침저녁으로 한두 잔씩 하려고 가져온 겁니다."

술 파는 여인으로 여겼던 신사의 아내가 웃으며 말했다.

"글쎄, 이 양반이 피난 짐은 아무것도 꾸릴 필요 없다면서 약주 여섯 병만 들고 나섰지 뭐에요."

이처럼 술에 관해 일가견이 있었던 조지훈은 술꾼을 바둑에 비유하여 급수를 매겼다. 조지훈은 1956년 3월호 〈신태양〉에 기고한 '주도유단酒道有段'에서 음주에는 무릇 열여덟 계단이 있다며 다음과 같이 구분했다.

1. 부주不酒 : 술을 아주 못 먹진 않으나 안 먹는 사람(9급)
2. 외주畏酒 : 술을 마시긴 하나 술을 겁내는 사람(8급)
3. 민주憫酒 : 마실 줄 알고 겁내지도 않으나 취하는 것을 민망하게 여기는 사람(7급)
4. 은주隱酒 : 마실 줄 알고 겁내지 않고 취할 줄도 알지만 돈이 아쉬워서 혼자 숨어 마시는 사람(6급)

5. 상주商酒 : 마실 줄 알고 좋아도 하면서 잇속이 있을 때만 술을 내는 사람 (5급)
6. 색주色酒 : 성생활을 위하여 술을 마시는 사람(4급)
7. 반주飯酒 : 밥맛을 돕기 위해서 마시는 사람(3급)
8. 학주學酒 : 술의 진경眞境을 배우는 사람酒卒(2급)
9. 수주睡酒 : 잠이 안 와서 술을 먹는 사람(1급)
10. 애주愛酒 : 술의 취미를 맛보는 사람(1단)
11. 기주嗜酒 : 술의 진미에 반한 사람酒客(2단)
12. 탐주耽酒 : 술의 진경眞境을 체득한 사람酒境(3단)
13. 폭주暴酒 : 주도酒道를 수련하는 사람(4단)
14. 장주長酒 : 주도 삼매三昧에 든 사람酒仙(5단)
15. 석주惜酒 : 술을 아끼고 인정을 아끼는 사람酒賢(6단)
16. 낙주樂酒 : 마셔도 그만 안 마셔도 그만 술과 더불어 유유자적하는 사람 酒聖(7단)
17. 관주觀酒 : 술을 보고 즐거워하되 이미 마실 수는 없는 사람酒宗(8단)
18. 폐주廢酒 : 열반주涅槃酒, 술로 말미암아 다른 술 세상으로 떠나게 된 사람(9단)

'술은 적당히 마시면 약이 되지만 지나치면 독이 된다'는 말처럼, 조지훈은 그에 대해 아주 구체적이고 세부적으로 설명한 셈이다.

동서고금을 막론하고 술을 좋아한 사람은 무척 많다. 방탕하게 술을 마셔 폐인이 됐거나 절제하며 즐겨 장수를 누렸거나 하는 차이가 있을 뿐이다.

고려 말엽 문인이자 정치가 이규보는 시·술·거문고 세 가지를 좋아한다 하여 스스로 '삼혹호 선생三酷好先生'이라고 칭했는데, 스물아홉에 열병을 앓은 것 이외에 일흔넷에 죽을 때까지 아무 탈 없이

마음 놓고 술을 마셨다. 술을 좋아하는 이는 으레 여색을 밝힌다고 했으나 이규보는 오직 시와 술만을 즐겼다.

식사할 때 곁들이는 반주는 건강에 좋다고 알려져 있다. 18~19세기 프랑스 정치가이자 식도락가였던 브리야 사바랭은 《미각의 생리학》에서 이렇게 말했다.

"술 없는 식사는 햇빛 없는 낮과 같다."

술은 사람과의 거리를 좁히는 데에도 큰 역할을 한다. 현대그룹 창업자 정주영은 평소 직원들과 저녁식사를 하며 자주 어울렸는데, 주변을 살펴서 재미없어 하는 직원이 눈에 띄면 그 곁으로 가서 술을 따라주며 챙겨줬다고 한다.

고대 로마 시인 오비디우스는 〈사랑의 기술〉에서 다음과 같이 말했다.

"술은 용기를 주고 사람을 정열적으로 만든다."

17세기 영국 시인 존 펌프레트도 이와 비슷한 말을 남겼다.

"술은 기지機智를 자극하고 그 타고난 힘을 증진시키며, 대화에 즐거운 향기를 풍기게 한다."

과음의 자제를 권하는 한마디

시계공 루소, 술을 버리고 사상가가 되다

장자크 루소는 스위스 제네바에서 태어나자마자 불행을 겪었다. 어머니는 루소를 낳자마자 출산후유증으로 사망했고, 아버지는 프랑스 군인과 주먹다툼을 한 후 후환이 두려워 여섯 살 된 아들 루소를 숙부에게 맡기고 도망갔다. 숙부는 아버지가 경영하던 시계방을 팔아치우고, 어린 나이의 루소를 취업전선에 내보냈다.

루소는 열 살 이후에 집을 떠나 온갖 일을 하며 힘들게 생활했다. 그러던 중 루소는 열여섯 살에 공교롭게도 지난날 아버지가 경영했던 시계방에 종업원으로 취직했다.

'우리 아버지가 운영하셨던 곳이네.'

루소는 아버지의 체취를 느끼며 직업에 애착을 가졌고 장차 시계방을 경영하려 마음먹었다. 그러나 그 길을 걸어가기란 쉽지 않았다. 주인은 지독한 구두쇠인 데다 사소한 일에 화를 내고 손찌검도 서슴지 않는 고약한 사람이었다. 그럼에도 심약한 루소는 주인의 비위를 맞춰가며 지낼 수밖에 없었다.

'딱 하나만 팔아서 술값을 해야지.'

루소는 주인 몰래 시계를 훔쳐 팔다가 쉬는 날이면 종종 친구들과 어울려 술을 마셨다. 당시 루소에게 그것은 유일한 즐거움이었다. 그런데 주인은 루소에게 외박을 허용하지 않았기에 교외 밖으로 나갈 때는 성문이 닫히기 전에 돌아와야 했다. 루소는 이미 두 차례나 외박을 하여 몽둥이찜질을 당한 터였다.

어느 일요일, 루소는 여느 쉬는 날과 마찬가지로 친구들과 제네바에서 조금 떨어진 곳으로 소풍을 나갔다. 루소는 그날 친구들과 술을 마시며 즐거운 시간을 보내다가 문득 시간이 많이 지났음을 깨닫고 귀가를 서둘렀다. 그러나 제네바에 도착하기 전에 성문이 닫히는 북소리가 들려왔다. 루소는 낙심천만하여 어찌할 바를 몰랐다.

'아, 어떡해야 한단 말인가? 내일 새벽에 들어가면 또 몽둥이찜질을 당할 테고, 지금 성문 안으로 들어갈 방법은 없고…….'

어두운 밤하늘을 바라보던 루소는 제네바를 떠나기로 결심했다. 주인에게 몰매 맞기보다 객지에서 새로운 삶을 개척하는 것이 낫겠다는 판단에서였다.

겁쟁이 루소로서는 대단한 결심이었다. 그러나 정규 교육을 받지 못한 루소는 구두닦이·신문팔이·사무실 사환 등 수많은 직업을 전전해야 했다. 비록 거지 생활을 하며 좀도둑질까지 했던 시절이 있었으나 이후 루소는 공부의 필요성을 느끼고 독학으로 학문을 연구하여 《에밀》《사회계약론》 등의 명저를 남겼다. 결과적으로 젊은 시절 유흥과 과음이 루소의 인생을 완전히 바꾸어놓은 셈이다.

미국에서 남북전쟁이 한창일 때 북군 사령관 율리시스 그랜트 장군은 부하들의 사기 진작을 위해 칭찬을 많이 했다. 그런데 어찌된 일인지 북군이 서부에서 고전을 면치 못하자, 그랜트 장군이 술독에 빠져 있다는 소문이 떠돌았다. 그가 술을 즐긴 것은 사실이지만 작전에 영향을 줄 만큼 마시지 않았음에도 전투가 지지부진하자 그런 말이 떠돈 것이다.

마침내 그의 참모 로린즈가 용기 내어 그랜트에게 소문을 보고하기로 결심했다. 그랜트는 로린즈의 충언을 우정으로 받아들였다. 그러더니 강한 어조로 맹세했다.

"이제부터 술은 한 모금도 마시지 않겠네!"

그랜트는 아무리 사소한 오해일지라도 자기의 음주 때문에 군대 전체의 사기를 떨어뜨려서는 안 된다는 생각에 금주를 결심했다. 그는 이 약속을 굳게 지켰다. 수년 후 그랜트 장군 부부와 '강철 왕'으로 유명한 카네기가 자주 식사를 했는데 이때도 그랜트는 술잔을 아예 엎어놓았다고 한다. 훗날 그랜트는 미국 제18대 대통령을 지냈다.

술에 관한 이야기는 동서고금에 수없이 많다. 조선 시대에는 지체 높은 관리들이 쌀이나 수수로 빚은 소주를 즐겼으며 일반 백성은 막걸리를 마셨다. 보통 소주는 조금만 마셔도 취하고 막걸리는 배부른 까닭에 많이 마시기 힘들다. 따라서 술 마시고 취기를 즐긴 계층은 중상류층으로 이들은 술에 취해 갖가지 사고를 쳤다. 그래서 통치자들은 수시로 금주령을 내렸지만 효과는 별로 없었다.

예컨대 세종대왕은 신하들이 술 때문에 정무에 지장을 초래하자 한 자리에서 세 잔 이상 마시지 말라고 엄명을 내리기도 했다. 그럼에도 학문이 뛰어났던 남수문조선 시대 학자은 큰 잔으로 두주불사를 즐기다가 서른다섯에 세상을 떠나고 말았다.

　이처럼 술은 적당히 즐기면 이로우나 지나치면 부작용도 컸기에 술에 관한 격언 또한 다양하다.

　'술잔과 입술 사이에는 많은 실수가 있다.' - 팔라다스 고대 그리스 시인

　'술이 들어가면 기지機智는 나가버린다.' - 토머스 비컨 16세기 영국 성직자

　'술이 들어가는 곳으로 지혜가 나간다.' - 속담

　'처음에는 네가 술을 마시고, 다음에는 술이 술을 마시고, 다음에는 술이 너를 마신다.' - 피츠제럴드 미국 소설가

　'술에 취함은 바로 자발적으로 미치는 것이다.' - 세네카 고대 로마 철학자

　'비난할 것은 음주가 아니라 과음이다.' - 존 셀든 17세기 영국 법학자

　'나는 낮에는 결코 술을 마시지 않으며 해가 진 뒤의 술은 결코 거절하지 않는다.' - 헨리 루이스 멩켄 미국 저술가

4. 개업식과 송년회에서

새로운 출발을 알리는 개업식 자리나 한 해를 마무리하는 송년회 자리에서
대부분 형식적인 인사말을 나누는 경우가 많다. 이때 영업 전략에 도움이 될 명언이나
초심을 잃지 않는 데 도움이 되는 명언을 자연스레 이야기해보자.
사람들은 당신을 다시 볼 것이고 그 말을 음미하며 당신을 또 한번 기억할 것이다.

비즈니스 선물의 에티켓에 대한 한마디
론칭 홍보의 중요성에 대한 한마디
초심을 잃지 않게 하는 한마디
현명한 가격 정책에 대한 한마디
경품 기대 심리에 대한 한마디
잠재 고객을 위한 친절을 다룬 한마디

비즈니스 선물의 에티켓에 대한 한마디

그레이스 켈리를 설레게 한 선물 포장지

1950년대 초 그레이스 켈리는 우아함·지성미·섹시함을 겸비한 여배우로 뭇 남성들의 관심과 사랑을 받았다. 켈리를 흠모하여 자신이 감독한 영화 〈다이얼 M을 올려라〉〈이창〉〈하이눈〉〈상류 사회〉 등에 출연시킨 히치콕은 다음과 같이 말했을 정도다.

"그레이스 켈리는 눈 덮인 화산과 같다. 순백의 고결함 속에 다른 배우에게서는 찾아볼 수 없는 팽팽한 긴장감이 있다."

그런 켈리에게 1955년은 인생 최고의 해였다. 많은 유명 남성 배우, 특히 프랭크 시나트라와 모나코의 레이니에공으로부터 동시에 청혼을 받았기 때문이다. 영화 〈상류 사회〉를 촬영하며 많은 시간을 켈리와 함께 보낸 시나트라는 예쁘게 포장한 작은 상자를 선물하며 청혼했다. 켈리가 포장을 풀고 상자를 열어보니 거기에는 2달러짜리 지폐가 들어 있었다.

시나트라가 2달러 지폐를 선물한 데에는 나름의 이유가 있었다. 시나트라는 1928년에 발행됐으나 별로 사용되지 않아 희소성 있는 2달러 지폐로 가벼운 장난 겸 상징적 재력을 나타낸 것이다. 당시 시나트라는 인기 절정의 영화배우이자 가수였기에 그런 이벤트가 가능했다.

그즈음 레이니에도 켈리에게 선물을 전하며 사랑을 고백했다. 모나코 왕국의 명예를 담아 선물을 화려하게 포장하여 정성을 나타냈다. 켈리는 두근거리는 가슴을 진정시키며 상자를 열었다. 그 안에는 12캐럿짜리 다이아몬드 반지와 호화 요트 열쇠가 들어 있었다.

켈리는 인기 배우와 왕자, 연예인과 왕비를 비교해가며 고민 끝에 레이니에의 청혼을 받아들였다. 이후 '2달러 지폐는 행운을 낳는다'라는 속설이 생겼으니 켈리에 대한 사람들의 부러움이 어떠했는지 알 수 있다.

비단 청혼이 아닐지라도 선물은 받는 사람에게 기대감을 안겨준다. 선물을 받으면 그 내용물에 대해 상상의 날개를 펴고 포장지를 풀며 즐거운 기대감을 품게 하는 까닭이다. 이때 내용물이 포장에 비해 실속 없으면 실망하고, 기대 이상이면 만족감을 느낀다. 선물할 때 포장을 신경 써야 하는 이유가 여기에 있다.

한편 포장지에 색깔 있는 끈이나 리본이 인쇄된 경우가 많은데, 이런 전통은 제법 오래되었다. 서기 8세기경 중국에 갔던 일본 사신이 (뱃길이 평온하길 바란다는 의미에서) 붉은 실과 하얀 실로 묶인 선물을 받아오자, 일본도 이때부터 선물을 포장할 때 붉은 실과 하얀 실로 묶기 시작했다. '미즈히카水引'라 불린 이 포장 장식은 그 뒤 널리 퍼져 선물할 때의 관습이 되었다. 훗날 종이가 대중화되자 끈과 리본을 인쇄한 포장지로 대신하기에 이르렀다.

리본은 15세기 이탈리아에서 처음 발명했으나 선물 포장에 적극 활용한 것은 일본인이다. 선물 상자에 리본을 매달면 예뻐 보일뿐 아니라 정성까지 느껴진다는 점에 착안하여 일본인은 다양한 모양의 리본 장식을 고안해냈다.

선물膳物은 남에게 주는 어떤 물건을 가리킨다. 한자 '선膳'의 어원은 공동체에서 제사를 지낸 뒤 여러 사람이 나눠 먹은 고기를 뜻하는데 본디 선물은 신에게 바치는 정성스러운 공물이었다. 현재는 어떤 목적을 가지고 상대방에게 전해주는 것을 의미하지만 우정이든, 사랑이든, 비즈니스이든 간에 선물의 목적은 상대를 기쁘게 하는 데 있다.

대개 선물은 서로 주고받는 행위로 기분 좋은 일이며, 공짜를 싫어하거나 선물을 마다하는 사람은 드물다. 그런 까닭에 상대를 사랑해서 선물하는 경우도 있고 거래 관계를 좋게 다지고자 선물하는 경우도 있다. 물론 그 선물이 상대에게 부담을 줄 정도면 뇌물이 되겠지

만 큰 부담을 주는 것이 아니라면 정성이 전달되는 까닭이다.

일찍이 고대 그리스의 3대 비극작가 중 한 사람인 에우리피데스는 선물의 효용성을 간파하여 《메데이아》에서 다음과 같이 말했다.

"선물은 신도 설득시킨다고 한다."

그런데 선물을 주는 데에도 전략이 필요하다. 상대가 달가워하지 않을 선물은 피하거나 똑같은 선물이라도 더 기분 좋게 하려면 다음과 같은 사실을 염두에 두어야 한다. 세르반테스는 《돈키호테》에서 이렇게 말했다.

"주는 것과 유지하는 것에도 두뇌를 써야 한다."

우선 그를 기쁘게 하는 것과 두고두고 자신을 기억나게 만드는 것 중 하나를 선택한다. 대개의 경우 오래 간직하는 물건을 최우선으로 꼽지만 어떤 경우에는 이벤트가 더 큰 기억으로 남을 수 있으므로 상대 취향을 감안해서 결정해야 한다.

두 번째는 상대에게 필요한 것이 무엇인지 생각해야 한다. 이와 관련해《탈무드》에 이런 말이 있다.

"채소를 가진 친구한테는 고기를 주어라."

곧 현재 상대의 상황을 파악해서 그에게 필요한 것을 선물하라는 뜻이다. 로마 시인 푸블리리우스 시루스도《금언집》에서 이와 비슷한 말을 했다.

"필요할 때 주는 것은 필요한 자에게 두 배의 은혜가 된다."

마지막으로 선물 주는 자세를 빼놓을 수 없다. 따뜻한 미소와 다정한 목소리로 공손하게 내미는 선물은 정성까지 느껴지기 때문이다. 17세기 프랑스 극작가 피에르 코르네이유는 그가 쓴《거짓말쟁이》에서 선물하는 태도의 중요성을 다음과 같이 말했다.

"선물하는 태도가 선물보다 더 중요하다."

론칭 홍보의 중요성에 대한 한마디

'비단 장사 왕서방'의 기가 막힌 상술

범려가 월나라에서 재상으로 있을 때 일이다. 범려는 나라의 재산을 늘리고 훗날 오나라에 복수하기 위해 묘안을 짜냈으니 바로 미인계였다. 범려가 전국에서 어여쁜 처녀를 찾아 궁궐로 보내면 상을 내리겠다고 하자 각지에서 예쁜 처녀를 보냈다. 그중에는 월나라 서쪽 지방에서 빨래하던 여인 서시도 있었는데, 범려는 서시를 처음 본 순간 자신도 모르게 탄복했다.

"절세미인이로구나."

범려는 사람들을 시켜 '성 안에 대단한 미인이 있다. 장날에 가면 볼 수 있다'는 소문을 내게 했다. 며칠 후 장날이 되자 수많은 사람이 미인을 구경하려 성 안으로 몰려들었다. 이때 범려는 서시를 수레에 태워 사람들이 많이 있는 시장으로 데려가 말했다.

"미인을 구경하려거든 동전 한 냥을 내시오."

그러자 사람들은 앞 다투어 한 냥을 내고는 미인을 구경했으며, 보는 사람마다 감탄을 금치 못했다.

"정말 아름답다. 마치 선녀 같네."

"그렇게 예뻐? 어디 나도 좀 봅시다."

수레 주변에는 소문을 듣고 몰려온 사람들로 넘쳤고 한 사람당 한 냥씩 낸 동전은 순식간에 수북하게 쌓였다. 범려는 미인에 대한 호기심을 자극하고 관람료를 받았으니, 일종의 유료 전시회를 고안해낸 셈이었다.

"목표한 돈을 모았으니 이제 오왕 부차에게 선물로 보내야겠습니다."

범려는 월왕 구천에게 허락받은 뒤, 오나라에 사이좋게 지내자는 의미로 서시와 재물을 선물로 보냈다. 오나라 충신 오자서는 미인이 나라를 망칠 거라며 반대했으나 오왕 부차는 선물 거절은 옹졸한 처사라는 간신 백비의 말을 받아들였다. 결국 오왕 부차는 서시에게 푹 빠져 나랏일을 소홀히 했고 급기야 월나라의 공격을 받아 목숨을 잃었다.

이 이야기는 범려가 얼마나 뛰어난 지략을 지닌 참모였는지 일러주기도 하지만 한편으로 상술이란 사람들 관심을 끄는 데서 출발한다는 걸 일깨워주기도 한다. 사람들은 호기심이 많은 터라 그 호기심을 자극하여 물건을 구매하게 하거나 돈을 쓰게 하는 것이 상술이니 말이다.

중국 상인을 가리키는 '비단 장사 왕서방'이란 말만 해도 그렇다. 중국인은 다른 나라에 가서 장사를 시작할 때 대체로 포목점(옷감을 파는 가게)에서부터 출발했다. 옛날에 가장 좋은 옷감으로 인정받던 비단이 중국 특산물이란 걸 감안한 일이다.

"중국 비단 매우 좋다해. 살결처럼 부드럽다해."

비단은 큰 인기를 끌며 잘 팔렸다. 어느 나라에서든 경제적으로 여유 있는 사람들은 비단옷을 자랑했고, '돈 벌면 비단옷 한 벌 사 입어야지' 하고 생각하는 사람도 적지 않았다.

서민들이 바라보기에 그런 비단을 파는 중국인은 매우 팔자 좋은 상인이라고 여겼다. 농사짓거나 고기 잡는 일은 힘들게 땀 흘려야 하지만 그들은 건물 안에서 편하게 지냈기 때문이다. 그런 까닭에 왕씨가 중국에서 이씨 다음으로 흔한 성씨라는 데 착안하여 '비단 장사 왕서방'이란 말이 생겨났다. 이 말에는 좋은 상품을 마음껏 다루는 데 대한 부러움이 담겨 있다.

다시 말해 중국 상인은 범려의 지혜를 빌려 부러움의 대상인 비단 장사를 했고, 벌어들인 돈으로는 음식점이나 건강식품 사업을 하는 중국인이 많았다. 식료품은 항상 필요하고, 잘 먹어야 건강하다는 생각에서 이러한 사업이 번창했다.

'옛것에 집착하지 말고 새로운 것을 끊임없이 추구하라.'

비단 장사 왕서방이 실천한 성공적인 중국 상술이다.

"장사할 때는 전쟁하듯이 해야 한다."

기원전 4세기 중국 전국시대에 활약한 백규가 한 말이다. 백규는 농산물·특산품·귀중품 거래로 크게 성공하여 '상업의 성인'으로 불렸다. 그는 무역 이치를 꿰뚫어 사고파는 일에 능했으며, 다음과 같은 상업 경영 이론을 남겼다.

'거래에서는 20퍼센트 이익을 추구해야 한다. 큰돈을 벌기 위해서는 가격이 낮은 곡식을 취급해야 하고, 보석과 같은 고가품으로 돈을 벌기 위해서는 품질 좋은 물건을 취급해야 한다.'

곡식은 수많은 사람이 날마다 소비하므로 거래량이 많고, 고가품을 사는 사람은 값보다 품질을 중요하게 여긴다는 사실을 말해준다. 이 원리는 오늘날도 마찬가지여서 무역 상인들은 값이 싼 곳에서 물건을 구한 다음 물건이 귀한 지역에서 비싸게 팔아 이익을 낸다.

한편 백규의 말에서 가장 주목할 부분은 '전쟁하듯'에 있다. 병사가 많으면 전쟁에서 유리하듯이 많은 고객을 확보해야 판매 전쟁에서 승리할 수 있음을 의미한다. 병사, 즉 고객의 발길을 잡아끌려면 무엇보다 호기심을 자극해야 한다.

20세기 초 중국에서 큰 성공을 거둔 황추주黃楚九는 이러한 점을 잘 활용한 대표적 기업가로 다음과 같은 일화가 있다.

1917년 어느 날 중국 상하이 신문에 붉은 달걀 하나만 그려진 광고가 실렸다. 어떤 설명도 없었기에 그것이 무엇인지 아무도 알 수 없었다. 이튿날 같은 지면에 아이 뒷머리가 그려진 광고가 실렸다. 역시 설명은 보이지 않았다. 그 다음 날에는 어린이 모습이 광고에 등장했다.

'알 수 없는 그림만 계속 나오네, 도대체 정체가 뭐야?'

그 광고의 수수께끼는 4일 만에 풀렸다. '하루빨리 옥동자 낳기를 기원합니다'라는 문구와 함께 소입표 담배小囡牌香烟가 소개된 것이다. 소입小囡은 중국의 남부 지역에서 '아이'를 가리키는 말이고, 패牌는 '상표', 향연香煙은 '냄새 좋은 담배'를 뜻한다. 광고에는 회사 창립 기념으로 담배를 살 때마다 붉은 달걀 하나를 같이 준다는 내용도 있었다. 중국에서 빨강과 달걀은 모두 행운을 상징하므로 광고 효과를 감안한 상술이었다.

다시 말해 신생 담배회사가 티저 광고 형식으로 아이를 상표로 내세워 담배를 홍보한 셈이다. '티저 광고teaser advertising'는 소비자의 궁금증을 이끌어내고자 처음에는 상품을 밝히지 않다가 조금씩 드러내는 광고 기법을 말한다. 요즈음에는 흔히 볼 수 있지만 그 당시 중국에서는 처음 시도되어 큰 관심을 끌었다.

이 광고를 내보낸 황추주는 의약계에서 돈을 번 뒤 이처럼 독특한 판매 전략으로 담배사업에서도 성공을 거뒀다. 황추주는 책상에 가만히 앉아서 지시만 내리지 않고 직접 홍보에 나섰다. 그에 대한 다음과 같은 이야기도 전해진다.

황추주는 사위와 함께 최고급 자동차를 타고 시내를 달리다가 담뱃가게를 발견하면 일부러 '끼익' 소리가 날 정도로 급정차시킨 다음, 사위에게 큰소리로 말했다.

"장서방, 가게에 가서 담배 한 갑 사오게. 다른 담배 말고, 꼭 소입표야 하네."

그러면 사람들의 시선과 귀가 그에게로 쏠렸다. 중국 최고 부자가 유명한 외국 담배를 마다하고 갓 나온 소입표 담배만 피운다는 사실이 흥미로웠기 때문이다. 자연스레 이 일은 입소문을 타고 널리 퍼졌다.

황추주는 이미 1900년대 초에 두뇌 영양제를 팔아 큰돈을 벌었다. 그 무렵 중국인들은 과학적인 서양 문물을 높이 평가했는데 황추주는 그런 사회 분위기를 이용해 두뇌에도 영양제가 필요하다는 소문을 낸 것이다. 결과적으로 황추주는 사람들의 호기심과 궁금증을 교묘히 자극해 판매량을 늘릴 수 있었다.

기본적으로 사람들은 호기심이 많고 자기 것이 아닌 타인 것에 더 많은 관심을 보인다. 심지어 자신이 가지고 있는 물건도 마찬가지다. 이를테면 손목시계를 가지고 있어도 더 좋아 보이거나 성능이 뛰어나다는 말을 들으면 관심을 보인다. 영국 저널리스트 W. G. 베넘은 그런 심리를 다음과 같이 표현했다.

'담 너머 사과가 가장 달다.'

어떤 업종이든 간에 개업을 했다면 고객의 눈길을 끌 만한 홍보를 하거나 선전 문구가 필요하다. 이때 가게의 장점을 손님 편에서 생각한다면, 손님의 관심은 더 높아질 것이다. 세계적 기업 소니SONY의 공동 창업자 모리타 아키오는 다음과 같이 말했다.

"어떤 일을 이루려면 양쪽 모두에게 이익이 되는 공통 요소를 잘 활용해야 한다."

초심을 잃지 않게 하는 한마디

서비스맨이 된 코카콜라 세일즈맨들

1926년 어느 날, 코카콜라사의 CEO 로버트 우드러프는 세일즈맨 전원이 모인 자리에서 다음과 같이 선언했다.

"우리 회사에는 더 이상 세일즈맨이 필요 없습니다. 따라서 여러분을 모두 해고하겠습니다."

그 말을 들은 세일즈맨들은 크게 당황해했고 여기저기에서 웅성거렸다. 그런 분위기를 예상했는지 우드러프가 이어 말했다.

"한 가지 더 말할 게 있습니다. 나는 우리 회사에 완전히 새로운 보직을 신설하기로 결정했습니다. 그 일에 관심 있는 사람들은 내일 아침 회의에 참석해주기 바랍니다."

다음 날 아침, 대부분의 세일즈맨이 불안한 얼굴을 한 채 회사로 모여들었다. 다른 직장을 알아보기 전에 기존 회사의 새로운 보직이 무엇인지 알기 위해서였다. 시간이 되자 우드러프가 나타나 새로운 계획을 힘찬 목소리로 발표했다.

"여기 있는 여러분은 오늘부터 '세일즈맨'이라는 이름을 버려야 합니다. 그 대신에 '서비스맨'으로 다시 태어나기 바랍니다. 우리 회사 상품이 미국 전역에서 승리하기 위해서는 단순히 판매만 하는 데 그치지 않고 서비스를 잘해야 합니다. 서비스에서도 1등을 하면 판매는 자연스럽게 1등을 유지할 테니까요."

그러자 세일즈맨들은 안도의 한숨을 내쉬고 나더니 곧바로 우드러프의 말을 충실히 수행했다. 그전에는 콜라만 배달하면 그만이었으나, 이날 이후 코카콜라가 마시기 좋은 상태인지 기계 위생 상태를 점검하고 손님들의 불편 사항을 파악하려 애썼다. 직원들은 이제까지 타성에 젖어 일했던 태도에서 완전히

벗어나 마치 새롭게 출발하는 신입 사원처럼 일했다. 당연히 코카콜라 영업인들의 서비스에 대한 현장 만족도 또한 높아졌다.

세일즈맨들은 코카콜라 판매를 위한 다양한 아이디어를 회사에 제출했다. 회사에 애착을 가지다 보니 이전에는 느끼지 못한 문제점이 눈에 띄기 시작한 것이다. 직원들의 보고를 바탕으로 우드러프는 특별 제작한 코카콜라 전용 컵을 판매 상점에 제공하는 등 차별화된 서비스 전략으로 해마다 판매 1위를 차지했다.

우드러프는 1923년 코카콜라사의 경영자가 된 이후 무려 31년 동안 CEO로서 활약했는데, 코카콜라를 단순한 음료가 아니라 삶의 방식이라는 관점에서 판매 전략을 실행하여 성공을 거두었다. '상쾌한 휴식' '언제나 맛있게' 같은 광고 문구는 콜라를 일상의 일부로 인식하게 했고, 1931년에는 빨간 옷을 입은 뚱보 산타클로스를 광고 모델로 등장시켜 행복한 이미지를 연출했다.

이처럼 우드러프의 지도력은 생각하기에 따라 마음이 달라진다는 점을 명확히 보여준다.

자본주의 사회에서는 생존에 필요한 돈을 벌기 위해 누구나 일을 해야 하지만 일하는 자세는 사람마다 차이가 있다. 피고용인들의 경우 대부분 적당히 일하려는 경향이 있다. 회사 일을 자기 일처럼 생각하지 않거나 업무 자체를 귀찮은 일로 여기거나 혹은 열심히 일해도 받는 급여가 똑같을 경우에 그러하다. 조직에 이런 의식이 만연하면 회사가 성장할 리 없다.

이에 비해 회사 일을 자기 일처럼 여기거나 즐거운 마음으로 일하는 사람이 많은 조직은 언제나 활기차고 성장률도 높다.

18세기에 신가쿠心學라는 도덕교육운동을 창시한 이시다 바이간은 곳곳을 여행하면서 서민 및 도시 상인의 정신 자세를 일깨우는 데 힘쓰며 다음과 같은 말을 강조했다.

"일은 결코 힘들고 피곤한 괴로움이 아닙니다. 부지런히 일하면 오히려 정신이 맑아지고 인격 수양에도 도움이 됩니다."

이시다 바이간의 가르침은 '노동이야말로 인격 수양의 길'이라는 데 그 핵심이 있다. 사실 놀기 좋아하는 자는 게으르기 마련이며, 게으른 사람은 남의 도움을 받지 않고는 만족한 생활을 하기 어렵다.

반면에 부지런한 사람은 혼자 힘으로 얼마든지 세상을 살아나갈 수 있고 자신감도 넘친다. 즐기며 일하는 태도도 부지런한 사람의 특징이다. 이시다는 바로 그 부지런함을 강조한 것이다.

"어떤 일이든 자기 일을 해나감이 곧 수행이고, 수행을 통해서 자아발전을 완성하게 됩니다."

이시다의 가르침은 얼마 지나지 않아 일본 정신문화에 큰 영향을 끼쳤다. 부지런히 일하니 돈을 더 벌고 때에 따라서는 자기 시간도 늘어나며 매사에 긍정적 마음을 갖게 해주는 까닭이다. 다시 말해 근검, 절약, 정성의 일본 정신은 이시다에 의해 학문으로 자리 잡았다. 한편 이시다는 지나친 이익을 꾀하는 건 상인의 도리가 아니라고 가르쳤다.

"상인은 고객에게 좀 더 싼값에 좋은 물건을 제공하기 위해 노력해야 합니다."

즉, 이익을 좀 더 남기고자 원가가 싸고 품질 나쁜 재료를 구매하지 말고, 발로 뛰어 좋은 재료를 구하여 이익은 조금만 붙여 팔아야 한다는 뜻이다. 속여 팔면 당장의 이익은 얻을 수 있을지언정 훗날 이 사실을 알게 된 소비자가 다시 물건을 찾을 리 없지 않겠는가. 소비자 편에 서서 정성을 다한 물건은 소비자에게 인정받아 결과적으로 또 오게 만든다는 말이다. 눈앞의 이익보다 사람을 중시하는 마음, 단골을 만드는 일본 상술의 핵심이다.

러시아 작가 막심 고리키는 1903년에 발표한 《빈민굴》에서 이렇게 말했다.

"일이 즐거움일 때 인생은 기쁨이다. 일이 의무일 때 인생은 노예이다."

어차피 해야 할 일이라면 자기가 하는 일에 자부심을 가지고 열심히 하는 게 여러모로 좋다. 애플의 공동 창업자인 스티브 잡스는 다음과 같이 말했다.

"위대한 결과를 만드는 유일한 방법은 자신이 하는 일을 사랑하는 것이다."

토머스 제퍼슨 정부에서 부통령을 지낸 애런 버도 비슷한 말을 남겼다.

"내 인생의 규칙은 업무를 즐거움으로 만들고, 즐거움을 나의 일로 만드는 것이다."

현명한 가격 정책에 대한 한마디

유대인의 특별한 가격 책정법

한 유대인 남자가 길을 걷다가 계곡에서 나무로 만들어진 다리를 만났다. 돌아갈 방법이 없었으므로 어쩔 수 없이 다리를 건너야 했다. 몇 걸음을 옮기자 나무다리에서 삐걱거리는 소리가 났다. 그는 다급한 목소리로 하늘을 향해 기도했다.

"하느님, 무사히 건너가게 해주신다면 금화 열 개를 자선함에 넣겠습니다."

남자는 조심스레 걸었고 맞은편 도착 지점이 눈앞에 보였다. 다소 안심이 되자 남자는 조금 낮은 목소리로 말했다.

"하느님, 금화 열 개는 많으니 다섯 개로 줄여도 되겠지요?"

우연히 불어온 강한 바람 탓인지 변덕스런 말 때문인지 알 수 없으나, 남자의 말이 떨어지자마자 나무다리가 삐걱거리며 심하게 흔들렸다. 그러자 남자가 황급히 외쳤다.

"아이쿠 하느님! 알겠습니다. 에누리가 안 된다니 약속대로 금화 열 개를 내놓겠습니다."

이 이야기는 인간의 얄팍한 이기주의를 비판한 것이지만 한편으로 유대인 상술의 특징을 잘 보여준다. 이들 유대인은 물건 값을 깎지 않고 정가대로 파는 걸로 유명하다. 다시 말해 값이 적힌 물건을 두고 흥정하지 않는 대신 가격을 높게 책정하는 편이다. 왜 그럴까?

'물건은 필요한 사람에 따라 그 가치가 달라진다.'

유대인은 같은 물건이라도 모든 사람이 똑같은 가치로 받아들인다고 생각하지 않는다. 학생에겐 공책과 필기구, 농부에겐 낫, 일꾼에겐 망치가 더 필요하듯 자기 처지에 따라 필요한 물건을 더 높게 평가하기 마련이다. 또한 유대인은 같은 물건이라도 필요성이 생기면 누구라도 그 물건의 가치를 인정한다고 생각한다. 가령 평소 반지에 관심 없던 사람도 결혼을 앞두고 결혼반지를 찾는 이치와 같다. 그래서 유대인은 비싸더라도 언젠가는 사게 되는 값비싼 상품 혹은 그 지역 사람이 자주 찾는 상품을 주로 판매한다.

뿐만 아니라 유대인은 세금을 내고도 넉넉히 남는 장사를 선택한다. 동양 상인이 물건 원가에 자기 이익을 붙여 판매 가격으로 정한다면 유대인 상인은 거기에 세금을 미리 더해 가격을 매긴다. 예컨대 동양 상인이 5만 원에 구매한 물건을 10만 원에 팔았다면 5만 원 이익이라고 생각하지만, 유대인 상인은 거기에서 세금을 더 뺀 금액을 이익이라고 생각한다. 따라서 정가에서 물건을 깎을수록 자기 이익이 줄어들므로 유대인은 웬만해선 에누리를 해주지 않는다.

이 밖에 많은 유대인이 부자가 된 핵심 비결을 정리하면 다음과 같다.

· 지식과 교육을 가장 중요한 재산으로 여긴다.
· 사물의 가치를 다양한 상품으로 만들어낸다.
· 사람들이 많이 다니는 도시에서 장사하여 매출을 높인다.

- 어려운 상황에 있을지라도 자신의 존재 가치를 높이 생각한다.
- 검소한 생활로 불필요한 낭비를 막는다.
- 동포끼리 자금을 마련해 서로 돕는다.
- 시장 변화를 주시하여 미래에 능동적으로 대처하고 개척한다.

'가치'는 사전적으로 정의하면 '사물이 지니고 있는 쓸모'를 뜻한다. 물론 그 쓸모는 누구에게나 공통적일 수도 있고 사람에 따라 다르게 느낄 수도 있다. 또한 찾는 이가 많으면 가치가 올라가고 희귀하면 높은 가치로 거래되는 경우도 있으며, 대부분의 사람이 쓸모를 느끼지 못해서 외면당하는 경우도 있다.

그런데 의외로 많은 사람이 '가치는 유동적으로 변한다'는 사실을 모른다. 한번 정해진 가격은 그대로 유지되거나 물가상승에 따라 조금씩 오른다고 생각하는 것이다. 하지만 그렇지 않다. 가치는 변한다.

예를 들어 1980년대 중반에 심각한 경제 불황 때문에 상품이 팔리지 않자, 다이소산업의 야노 히로다케는 '100엔 숍1000원 가게'을 열고 물건을 싸게 팔아 성공했다. 이 상술은 기본적으로 제조업자나 상인 입장에서 싸게 팔면 손해지만 때에 따라서 저가 상품에서도 이익을 남길 수 있음을 보여준 변경 판촉이었다. 창고에 물건을 쌓아두면 보관비가 늘어나니 이익을 줄이더라도 빨리 처분하는 게 결과적으로 이득이었다. 또 불황인 시기에 소비자가 지갑을 열지 않을 때 평소보다 가격을 낮춰 판매함으로써 그 가치를 주목하게 한 심리 전략인 셈이다.

묘하게도 소비자들은 가격이 떨어지면 '필요성'보다 '가치'가 달라졌음에 주목하며 구매욕을 품는다. 다시 말해 가치가 달라진 시점을 구매 시기라고 판단하여 많은 사람이 구매에 나선다. 대형 상점의 바겐세일 때 사람이 몰리는 이유가 여기에 있다.

일본의 슈퍼마켓이나 편의점에서 시작된 생선·과일·채소 등의 반 토막 판매도 가치 변경 상술이다. 사회가 조부모, 부모, 아들딸 삼대가 모여 사는 대가족제에서 부모, 자식 혹은 독신으로 사는 핵가족제로 바뀌자, 소비자가 원하는 만큼만 가치를 새로 부여한 것이다. 이는 불필요한 음식 낭비와 과다 지출을 막아주므로 소비자가 반길 만한 상술이었다.

소비자의 이러한 가치 평가에 대해 19세기 미국 작가 찰스 D. 워너는 1871년에 펴낸 《정원에서의 여름 생활》에서 다음과 같이 말했다.

"이 세상에는 절대가치란 없다. 단지 물건의 가치를 평가할 수 있을 뿐이다."

판매자의 관점으로 표현하자면, 가치를 바꾸는 일은 기회를 새로 만드는 것이다. 가치가 달라지면 소비자가 더 많은 관심을 두고 그 관심이 구매로 이어지는 까닭이다. 그런 점에서 다음 명언을 새겨보자.

'하늘은 우리에게 기회를 준다. 인간은 그것을 자신의 설계로 조형해야 한다.' – 실러 18세기 독일 극작가

'현명한 사람은 기회를 행운으로 바꾼다.' – 토머스 풀러 17세기 영국 작가

'사물의 가치는 그 필요에 따라 알려진다.' – 토머스 더피 17세기 영국 작가

경품 기대 심리에 대한 한마디

일본 후쿠부쿠로의 행운 마케팅

"서두르자. 좋은 자리 놓치겠어."

도시에 사는 일본인들은 새해 1월 2일이 되면 아침 일찍 백화점으로 달려간다. 후쿠부쿠로福袋 행사에 참여하기 위해서다. 백화점 영업은 오전 10시에 시작하지만 이미 많은 사람이 몰려와 줄을 서 있다가 문이 열리는 동시에 뛰어 들어가 먼저 후쿠부쿠로를 차지하려 몸싸움을 벌인다.

"얏, 잡았다!"

'후쿠부쿠로'는 우리말로 풀이하면 '복주머니'이지만 엄밀히 말해 '알 수 없는 상품이 담긴 종이봉투'를 가리킨다. 일본인은 왜 붉은색 겉봉에 복福 글자가 쓰인 백화점 종이봉투를 다투어 차지하려 할까?

후쿠부쿠로의 유래는 1900년대 초 일본의 백화점에서 새해 분위기를 띄우고자 시작한 판촉 행사로 거슬러 올라간다. 일본에서는 새해 아침에 종이봉투에 돈을 담아 세뱃돈을 주는 풍습이 있는데, 거기서 착안하여 福이라는 글자를 인쇄한 종이봉투나 상자에 상품을 담아 고객에게 나눠준 것이다.

하지만 공짜는 아니었다. 일정한 돈을 낸 고객에게 번호표를 나눠준 뒤 아무 봉투나 골라 가지게 했다. 말하자면 되는 대로 상품을 파는 것인데 여기에 독특한 묘미가 있다. 겉만 봐서는 그 속에 무슨 상품이 들어 있는지 전혀 짐작할 수가 없다. 소비자는 뭔지 모르고 물건을 사는 것인데도 후쿠부쿠로는 큰 인기를 끌었다.

"야호! 행운이다."

왜냐하면 봉투에 담긴 상품이 대부분 들어올 때 낸 가격보다 더 좋은 경우가 많은 까닭이다. 보통 정가의 두세 배 값어치 내용물을 담아놓는다고 한다.

고객이 기분 좋아야 그 백화점에 상품을 사러올 가능성도 그만큼 커지기 때문이다. 그래서 일본 소비자는 한정 판매량이 떨어지기 전에 구매하고자 아침 일찍부터 백화점으로 달려간다.

뿐만 아니라 사람들은 뭐가 들어 있는지 확인하는 걸 매우 즐거워한다. 기대 반 걱정 반으로 봉투를 열기까지 그리고 확인한 뒤의 쾌감이 무척 짜릿하다. '일단 사고 보자'라고 생각하는 이유가 여기에 있다.

물론 백화점에서 보면 손해나는 장사다. 그러나 이런 후쿠부쿠로는 홍보 효과가 크고 한 해 매출을 점치는 중요한 기회이기에, 백화점들은 더 많은 손님을 끌고자 해마다 치열하게 경쟁한다. 더구나 1월 2일부터 5일까지 여러 상품을 할인 판매하므로 후쿠부쿠로 행사가 끝난 뒤에도 사람들은 평소 구매를 망설였던 물건을 사러 백화점에 간다.

후쿠부쿠로의 불확실성에도 예외는 있다. 여성들이 관심 많은 옷에 표시한 사이즈가 그것으로, 아무리 예쁜 옷이라 할지라도 몸에 맞지 않으면 무용지물이기에 봉투에 옷의 크기를 적어둔다. 보이지 않는다고 해서 아무렇게나 파는 게 아니라 고객에게 반드시 필요한 최소한의 정보를 주며 파는 상술은 결과적으로 큰 믿음을 주는 법이다.

"그 회사의 후쿠부쿠로는 속임수가 없어. 상품도 믿고 살 만해."

백화점의 후쿠부쿠로가 인기를 끌자, 요즘에는 전자제품 판매점이나 문구용품점, 대형 그릇가게 등도 새해에 후쿠부쿠로를 실시한다. 당장의 이익보다 미래를 내다보는 판촉 행사인 동시에 새해 상점 나들이 고객을 이끌어내는 상술이 바로 후쿠부쿠로다.

'행운'이란 좋은 운수를 말한다. 좀 더 구체적으로 말하면 이미 정해져 있어 인간의 힘으로는 어쩔 수 없는 천운天運과 기수氣數를 뜻한다. '천운'은 하늘이 정한 운명을 의미하고, '기수'는 저절로 오고 가고 한다는 길흉화복의 운수를 의미한다.

다시 말해 행운은 하늘이 인간 세계에 정해준 길흉화복의 운수 중 좋은 기운을 일컫는다. 여기에는 오직 하느님만이 행운의 대상을 알 뿐 인간은 자기에게 다가오는 행운을 미리 알 수 없다는 종교 사상도 담겨 있다.

행운을 영어로는 흔히 '럭키lucky'라 말하는데, lucky는 '행운의' '다행한'이라는 뜻의 형용사이므로 '럭luck'이라고 해야 맞다. luck은 '운명' '천명'을 뜻하지만 그보다는 '행운' '요행'의 의미가 더 크다.

그런데 luck의 어원을 살펴보면 행운은 곧 '뜻밖의 습득물'임을 알게 된다. luck은 '운명' '좋은 일'을 뜻하는 고대 그리스어 글루크glück에 어원을 두고 있으며, glück는 '구부리다'의 뜻을 지닌 고대어 레우그-leug- 에 어원을 두고 있다. 즉, 고대인들이 길을 가다 길에 떨어진 무언가를 줍기 위해 구부린 몸짓이 곧 행운이라는 개념을 낳은 것이다.

동서고금을 막론하고 행운을 싫어하는 사람은 없으며 대부분의 사람이 행운을 품고 살아왔다. 그날그날의 벌이로는 여유롭고 편안한 생활을 누리기 힘든 까닭이다. 그러한 인간 심리를 간파하여 고대부터 위정자들은 복권 제도를 만들어 적절히 활용했고, 민간에서도 다양한 형태로 행운 관련 풍습이 행해졌다. 황금 열쇠나 돼지 저금통 따위가 대표적이다. 따지고 보면 도박도 행운을 기대하는 데서 비롯된 사기 행위라 말할 수 있다.

행운에 대한 기대치는 재물을 잃는 순간에조차 변함없이 존재한다. 행운을 얻고자 투자했다가 재물을 잃어도 다시 도전하면 기필코 행운을 얻으리라 생각하는 것이다. 그러한 인간 심리에 대해 세르반테스는 《돈키호테》에서 이렇게 말했다.

"오늘 잃은 것은 내일 얻을 수도 있다."

이러한 심리는 예나 지금이나 다를 바 없어서 상업이 발달한 현대에도 특히 마케팅에서 종종 행운을 강조한다. 물품에 대한 경품으로 황금이나 해외여행권을 준다고 선전하며 '행운을 잡으세요!'라고 외친다. 사실 그런 행운에 당첨될 확률은 지극히 낮지만 사람들은 은연중 절반당첨 아니면 낙첨의 확률을 생각하며 행운을 기대한다.

사람들은 또한 작은 행운에도 크게 기뻐하는 경향이 있다. 예컨대 '음료 한 병 더'에 당첨되어도 무척 좋아하면서 더 큰 행운이 찾아오리라 기대한다. 작은 행운일지라도 행운은 삶의 기대치를 높이는 자극제이기에 행운과 관련한 판촉 홍보는 계속 이어진다.

작든 크든 기분 좋게 하는 행운과 관련된 대표적 명언은 다음과 같다.

'현명보다 행운이 더 낫다.' −W. G. 베넘 영국 저널리스트

'운과 일시적 기분이 세상을 지배한다.' − 라 로슈푸코 17세기 프랑스 작가

'행운의 신은 용감한 자에게 호의를 보인다.' −테렌티우스 고대 로마 극작가

잠재 고객을 위한 친절을 다룬 한마디

친절을 거절하고도 흐뭇해한 학자

에도시대에 한적한 학당에서 모든 욕망을 멀리한 채 오직 공부에만 몰두한 학자가 어느 날 급한 일로 시내에 나갔다. 그가 바삐 길을 걷는데 갑자기 소나기가 내렸다. 그는 재빨리 근처 골목으로 들어가 처마 밑에 서서 비가 그치기를 기다리며 중얼거렸다.

'느닷없이 비가 내리네. 얼른 이 비가 그쳐야 할 텐데…….'

그때였다. 근처에 있는 집 창문이 열리더니 어여쁜 아가씨의 목소리가 들렸다.

"어머, 아저씨. 그런 곳에 서 있지 말고 안으로 들어와서 비를 피하세요."

학자는 생각지 못한 예쁜 아가씨의 친절에 기분 좋았지만 정중하게 말했다.

"허허, 고맙습니다. 하지만 폐를 끼칠 수는 없지요. 괜찮습니다."

"그러지 마시고 어서 들어오세요. 따뜻한 방 안에서 몸도 좀 녹이시고요."

아가씨는 더욱 친절한 목소리로 다시금 들어오라고 말했다. 학자는 잠시 그 친절함에 마음이 흔들렸으나 갈 길도 바쁜 데다 고마운 사람에게 실례해서는 안 된다는 생각에 다시 한 번 정중하게 거절했다.

"말씀만 들어도 고맙습니다. 비가 그치는 즉시 가야 하니, 제 걱정 마시고 창문을 닫으십시오."

학자가 그 말을 마치자마자 빗줄기가 약해지더니 이내 비가 그쳤다. 학자는 여전히 창문을 열어놓은 채 자신을 지켜보는 아가씨에게 가볍게 인사하고 그곳을 떠났다. 그리고 볼일을 본 뒤 학당으로 돌아와 같이 공부하는 동료에게 말했다.

"아, 아직 세상인심이 메마르지 않았어. 내가 서 있던 그 집뿐 아니라 근처 여러 이웃집에서도 창문을 열고 서로 자기 집으로 들어오라고 했거든."

그런데 그 말을 듣고 난 동료가 크게 웃었다. 학자가 비를 피했던 그 골목은 유명한 술집들이 모여 있는 거리였고, 학자는 그걸 모른 채 술집 아가씨의 친절한 호의에 연신 감탄했던 것이다.

일본 상인들은 장사 종류에 관계없이 친절하기로 정평이 나 있다. 큰 백화점에서부터 허름한 시골 가게에 이르기까지 대부분 점원들은 손님에게 친절하며, 물건을 사지 않고 구경만 하고 나가도 손님에게 '고맙습니다'라고 인사하는 경우가 많다. 왜 그럴까?

반면 우리나라 상점 점원은 그리 친절한 편이 아니다. 손님이 물건을 구매하기 전과 구매한 후에 보이는 점원의 태도가 눈에 띄게 다른 데다 대부분 구경만 하는 손님을 달가워하지 않는다. 이런 영업 태도는 당장에 도움이 되는 손님만 반길 뿐 미래의 손님에 대해서는 생각하지 못한 것이다. 이러한 상점은 한때 번성할 수 있으나 소비자의 발길이 오래 가지 못한다.

이에 비해 일본 상인은 당장에 도움이 되지 않는 손님이라도 훗날의 잠재 고객으로 생각하여 친절히 대한다. 오늘만 장사하고 끝나는 게 아닌 한 오늘 상품을 사든 며칠 후 혹은 몇 달 뒤에 물건을 사든 똑같이 중요한 손님이라 여긴다.

또한 친절한 태도는 그 상점에 오지 않은 사람에게도 알게 모르게 좋은 인상을 남긴다. 가게에 들렀던 사람이 누군가에게 추천하거나 소개해줄 때 좋게 말하기 때문이다. 장사는 불특정 다수를 상대로 하는 사업이기에 입소문은 매우 중요하다. 일본에는 이를 반영하는 다음과 같은 격언이 있다.

'다른 사람들에게 베푼 친절은 다른 어떤 것보다 많은 도움을 준다.'

이 말은 기분 좋게 행동하면 언젠가는 손해 보는 것 없이 반드시 좋은 일로 되돌아온다는 뜻이다. 그러므로 친절은 미래의 손님을 상점으로 부르는 행위나 다름없다. 일본 상인은 그 점을 이해하고 실천하는 것이다.

친절이 지닌 힘에 대해 고대 그리스 우화 작가 이솝은 《사자와 생쥐》에서 다음과 같이 말했다.

"친절한 행동은 아무리 작은 것이라도 결코 헛되지 않다."

비즈니스3단계 _ occasion
경조사

5. 결혼식장, 돌잔치, 회갑연에서

결혼식장의 주례사만 따분하다고 생각하지 말자.
당신 또한 그런 인사말을 하고 있지 않은가?
결혼식을 비롯해 돌잔치, 회갑연 등에서 다음에 소개되는
여러 가지 명언으로 축복의 이야기를 선사해보자. 아니면 축사를 만들어
낭송을 하는 것 또한 감동적인 이벤트가 되지 않을까?

행복한 결혼에 지침이 되는 한마디
연분이 끌리는 이유를 다룬 한마디
사랑의 힘을 보여주는 한마디
가정의 평화를 기원하는 한마디
아기의 탄생을 축복하는 한마디
자녀교육에 대한 가치관을 다룬 한마디
나이 듦에 대한 마음가짐을 다룬 한마디
무병장수를 기원하는 한마디

행복한 결혼에 지침이 되는 한마디

히틀러와 에바 브라운의 죽음을 앞둔 결혼식

1945년 4월 29일 자정, 독일 베를린 지하 벙커에서는 간소한 결혼식이 치러졌다. 독일제국 총통 아돌프 히틀러와 그의 연인 에바 브라운의 혼례였다. 주례는 소련군과 전투 중에 불려온 발터 바그너라는 국민척탄병(민병대) 병사였고, 증인으로는 선전장관 요제프 괴벨스 부부와 총통 비서 마르틴 보어만 등이 참석했다.

"완전한 아리안 민족의 후예이며, 결혼을 가로막는 유전성 질환은 없습니다."

절차는 약식으로 진행됐지만 두 사람은 독일제국의 혼례 준칙에 따라 이같이 선서했고 이어 결혼신고서를 작성했다. 히틀러와 결혼하기 위해 10년 넘게 기다린 에바 브라운은 감격의 눈물을 글썽거렸다. 하지만 결혼 분위기는 침울하고 심각했다. 소련군이 가까이 진격해왔다는 소식을 듣고 급히 치른 결혼식인데다 히틀러는 자결을 각오했기 때문이다.

결혼식을 마치고 히틀러는 피로연을 베풀며 유언장 두 개를 작성했다. 독일 국민에게 보내는 유언장과 개인적 유언장이었다. 히틀러는 정치적 유언장에서 보어만을 나치당 총리로 임명했으며, 개인적 유언장에서는 다음과 같이 결혼 이유를 밝혔다.

'투쟁하는 동안 결혼할 마음이 전혀 없었다. 그러나 삶의 마지막을 앞두고 특별한 여인과 결혼하기로 결심했다. 그녀는 오랫동안 참된 우정을 지켜왔고, 나와 운명을 함께하고자 포위된 이 도시로 기꺼이 찾아왔다. 그녀는 소원대로 내 아내로서 나와 함께 죽음을 맞이할 것이다.'

4월 30일 오후 히틀러는 도열한 측근들의 손을 차례로 잡으며 작별 인사를

> 했다. 잠시 침묵이 흐르고 히틀러는 에바와 함께 개인 집무실로 들어갔다. 그런 상황에서도 에바는 행복해했다. 잠시 후 총성 한 발이 울렸다. 측근들이 방 안으로 들어가니 히틀러는 자신의 머리에 총을 쏘아 숨졌고, 에바는 독약을 먹고 죽어 있었다. 부하들이 그들의 시신을 벙커 밖으로 꺼내 불태웠다.

히틀러의 최후에서 우리는 '결혼이란 무엇일까' 생각해보게 된다. 결혼은 (사회적·법적 승인을 받으며) 남녀가 부부관계를 맺고, 애정에 관한 구속력을 갖는 일이다.

항상 같이 있고 싶어 결혼했으니 두 사람은 행복하기 이를 데 없다. 에바 브라운처럼 죽음 앞에서도 희열을 느낄 만큼 결혼이라는 요식 행위에 큰 가치를 부여하는 사람도 있다. 그런데 남녀 사이란 알 수 없는 일이기에 연애할 때는 그 어떤 연인보다 행복해 보였으나 결혼 후 사랑이 시들해지는 사람들도 드물지 않다. 말도 많고 탈도 많은 결혼과 관련해 다음과 같은 격언은 결혼 생활의 중요성을 다시 한 번 일깨워준다.

'결혼 생활이 평화로우면 이 세상의 낙원이요, 싸움이 잦으면 평생의 지옥이다.'

오죽하면 결혼은 해도 후회하고 안 해도 후회한다는 말이 나왔겠는가. 그러므로 아래 격언들을 새기면서 서로 더 많이 이해하고 배려해야 다툼은 줄고 행복은 오래갈 수 있다. 결혼은 완성이 아니라 함께 행복을 만들어가는 과정인 까닭이다.

'육체가 아니라 정신이 결혼 생활을 지속시킨다.' —푸블릴리우스 시루스 고대 로마 시인

'결혼은 한 자루의 가위와 비슷해서 분리될 수 없도록 결합해 있으

며 때로는 반대 방향으로 움직인다.' – 시드니 스미스19세기 영국 음악가

'결혼 이전에는 눈을 크게 뜨고, 결혼 이후에는 반쯤 닫아라' – 벤저민 프랭클린18세기 미국 정치가

'결혼은 3할이 사랑이고, 7할이 죄를 용서하는 일이다.' – 랭든 미첼20세기 미국 시인

'행복한 결혼에는 여섯 가지 필수 조건이 있다. 첫째는 믿음이고, 그 나머지 역시 믿음이다.' – 엘버트 허버드미국 작가이자 출판 경영인

'함께 살 수 있는 누군가와 결혼하지 말고, 그 사람 없이는 살 수 없는 누군가와 결혼하라.' – 작자 미상

연분이 끌리는 이유를 다룬 한마디

천생연분 험프리 보가트와 로렌 바콜

험프리 보가트는 영화계에 데뷔한 이후 총잡이 아니면 갱 역할을 많이 맡았다. 짧게 깎은 곱슬머리, 벗겨진 이마, 차가운 표정, 응시하는 눈동자 등이 악당 역에 적합해 보였고, 평소 독설을 퍼붓는 직선적 성격과 연기는 그런 역이 잘 어울리는 듯했다. 그 무렵 보가트는 '난 술 안 마시는 사람을 믿지 않는다'고 말할 만큼 술을 무척 좋아하는 술꾼인데다, 위스키를 밤새우며 마시기 일쑤였다.

5. 결혼식장, 돌잔치, 회갑연에서

보가트는 1942년 〈카사블랑카〉를 통해 이미지 변신에 성공했지만 결혼 생활은 순탄치 않았다. 그 당시 보가트는 세 번째 결혼을 했고 날마다 전쟁을 벌이며 지냈다. 보가트는 '여자는 쇠사슬로 묶어 가정에 가둬두어야 한다'는 보수적 마초였고, 세 번째 아내 메이오 메소트는 질투심 많은 성격으로 남편에 대한 여성 팬들의 관심을 끔찍하게 싫어했다. 사인을 받으러 온 여성 팬들이 보는 앞에서 보가트를 마구 때릴 정도였다.

"술이나 마셔야겠군."

두 사람은 각자 알코올 중독에 빠져 과거의 좋지 않은 결혼생활을 잊으려 애썼다.

보가트는 1943년 헤밍웨이의 원작 영화 〈소유와 무소유〉에서 여자 주인공 역할을 맡은 바콜을 처음 만나자마자 사랑을 느꼈다. 바콜은 모델 출신의 열아홉 신인 여배우였고 중견배우 보가트와는 스물다섯 살 차이가 났다.

촬영 경험이 많은 보가트와 달리 바콜은 첫 출연이라 잔뜩 긴장하여 시선을 어디에 둬야 할지 몰랐다. 바콜은 촬영 내내 턱을 가슴까지 당기고 눈만 치뜨고 보가트를 바라보는 자세를 취했다. 바콜의 고백에 따르면 이 포즈는 카메라 앞에서 너무 긴장한 나머지 어쩔 수 없이 지은 어설픈 표정이었다고 한다. 그러나 관객들은 그 표정에서 뇌쇄적 매력을 느끼며 '바콜의 시선'이라는 말로 찬사를 보냈다. 그러한 표정은 그녀만의 독창적 포즈로 각인되었다.

바콜은 노련한 선배 보가트에게 연기를 배웠지만, 보가트 역시 발랄한 바콜 덕분에 모처럼 마음의 여유와 웃음을 찾았다. 당시 보가트는 세 번째 아내와 이미 결혼 생활이 파경에 이른 상태였다.

촬영이 시작된 지 3주가 지났을 때 두 사람은 분장실에서 첫 키스를 했다. 영화에서는 이미 키스를 했지만 연정이 담긴 개인적 키스는 처음이었다. 첫 키스 후 보가트는 '사랑한다'며 청혼했다. 바콜은 성냥갑 뒷면에 집 전화번호를 적어주는 것으로 보가트의 청혼을 받아들였고, 두 사람은 보가트가 이혼 절차를 마친 직후인 1945년 5월 21일 결혼식을 올렸다.

두 사람은 자신들의 만남과 인연을 기뻐하며 행복해했다. 그렇지만 세상 사람들이 바라보는 시선은 그 반대였다.

"음울한 독불장군 보가트에게는 따스한 감성이 없고, 바콜에게는 지성이 부족해서 금방 깨질 거야. 더구나 나이가 스물다섯이나 차이 나잖아."

그러나 예상은 빗나갔다. 두 사람은 감성과 지성을 모두 겸비한 배우로 서로의 매력을 알아보았고 뜨겁게 사랑했다. 우선 보가트는 이제까지 보여준 것과는 전혀 다른 모습으로 결혼 생활을 했다. 보가트는 오직 바콜만 생각했고 다른 남자들의 관심을 질투할 정도로 바콜을 사랑했다. 예를 들면 보가트는 신혼시절 바콜에게 담배 케이스와 라이터를 선물했는데 여기에는 나름의 이유가 있었다. 바콜이 담배를 피울 때 다른 남자가 불을 붙여주는 게 싫었기에 라이터를 선물한 것이다.

보가트는 바콜을 만난 뒤 조용하고 평화로운 생활을 했으며, 바콜 역시 보가트가 1957년 암으로 세상을 떠날 때까지 영화 활동을 중단한 채 전업주부로 지냈다.

1957년 홀로 된 바콜은 은막으로 복귀해 명성을 얻었다. 바콜은 프랭크 시나트라와 염문을 뿌렸고 제이슨 로바즈와 재혼해 12년간 결혼 생활을 꾸리기도 했다. 하지만 바콜은 '내가 진정으로 사랑한 남자는 보가트 한 사람뿐'이라고 밝힌 바 있다. 요컨대 보가트는 인생의 중년기에, 바콜은 첫사랑 때 자신이 원하는 상대를 만났다는 시기상의 차이만 있을 뿐 완벽한 천생연분이었다.

누군가를 만나 사랑하는 것은 인연이다. 그 인연이 행복으로 이어질지 불행한 인연이 될지 알 수 없지만 사랑 자체를 느끼는 것은 본능이다. 다른 사람들이 보기에는 별다른 매력이 없어 보여도 자신의 눈에는 그 누구보다 매력 있게 보인다면 사랑임에 틀림없다. '보잘 것없는 물건이라도 제 마음에 맞으면 좋게 본다'는 뜻의 '제 눈에 안경'이란 속담이 괜히 생겨난 게 아니다.

그런데 마음에 맞는 사랑의 인연을 맺기란 의외로 쉽지 않다. 수천 년 역사를 살펴보면 한쪽만 좋아하는 짝사랑에 관한 이야기가 수없이 많다는 점이 그 사실을 증명한다.

대표적인 예가 오스트리아 음악가 브람스다. 그는 슈만의 아내 클라라를 처음 본 뒤로 평생 클라라만을 사랑했다. 브람스는 가슴앓이하면서 클라라를 사랑했고, 1856년 슈만이 죽고 이후 40년 동안 클라라와 우정을 유지하되 슈만과의 특수한 관계를 의식해 그 이상의 관계는 피했다. 브람스는 클라라를 만난 뒤 어떤 여성에게도 매력을 느끼지 못했고 오직 클라라에게서만 경이로운 사랑을 느꼈다. 그리하여 브람스는 클라라와 서로 인연이 닿지 않음을 한탄하며 독신으로 살다가 클라라가 죽은 이듬해에 세상을 떠났다.

사람들은 흔히 '돌이 발부리에 채어도 인연이 있다'고 말한다. 하찮은 일 같아도 인연이 있게 마련이며 그 인연이 천생연분으로 이어지는 데에는 느낌과 취향이 가장 큰 힘을 발휘한다. 어딘지 모르게 눈빛이 통하고 이야기를 나눌수록 서로 공통점을 발견해간다.

"우리는 천생연분이야."

16세기 영국 작가 존 릴리는 특별한 인연에 대해 이렇게 말했다.

"결혼은 하늘에서 성립되고 땅에서 완성된다."

물론 성장 환경이나 사회적 지위가 비슷해서 호감을 느끼고 사랑하고 결혼하는 경우도 많다. 남녀의 환경 차이가 엇비슷하면 서로에 대한 이해도가 높은 까닭이다. 영국 격언에도 다음과 같은 말이 있다.

'비슷한 집안과 재산과 나이가 행복한 결혼을 만들어준다.'

그러나 천생연분이라 하면 그보다는 닮은 꼴 성향을 가리킨다. 이때의 닮은 성향은 음악이나 여행처럼 똑같은 취미일 수도 있고, 음악 감상과 노래 부르기처럼 한 분야에서 나누는 상호보완적 관계일수도 있다. 어떤 것이든 닮은 성향의 커플은 외모까지 닮았거나 혹은 살아가면서 닮아가기도 한다. 그러므로 천생연분은 아주 특별한 인연이자 현재 진행형의 사랑인 셈이다.

사랑의 힘을 보여주는 한마디

단테 작품의 원천은 짝사랑이었다?

'청순하고 아름답네!'

알리기에리 단테는 아홉 살 때인 1274년 5월 1일, 피렌체 최고의 명문 포르티나리 가문에서 주최하는 파티에 아버지를 따라갔다가 한 살 어린 소녀 베아트리체 포르티나리를 보고 첫눈에 반했다. 아름다운 외모에 우아한 자태를 지닌 베아트리체는 아름다운 꽃과 같았다.

하지만 단테는 감히 베아트리체와 사귈 수 없었다. 단테 집안은 포르티나리 가문과 상대가 되지 않았다. 그게 오히려 단테의 마음을 더 애타게 했는지 모른다. 단테는 눈인사 한번 나누지 못했으나 그날 이후 오직 베아트리체만을 그리워하며 시간을 보냈다. 훗날 단테는 그때의 순간을 이렇게 표현했다.

'그때부터 사랑이 내 영혼을 완전히 압도했다.'

단테의 사랑은 일시적 끌림이 아니었다. 항상 베아트리체를 생각했고, 같이 있는 모습을 상상하며 행복해했다. 베아트리체에게 넋을 빼앗긴 것이나 다름없었다.

9년 후인 1283년 단테는 피렌체 베키오 다리에서 우연히 베아트리체와 마주쳤다. 베아트리체는 가볍게 미소 지으며 지나갔다. 단테가 베아트리체를 본 건 그게 전부였다. 그러나 단테는 결코 베아트리체를 잊지 않고 평생 사랑했다.

베아트리체는 1290년 스물넷의 젊은 나이에 갑작스레 죽었고, 그 소식을 들은 단테는 충격으로 몹시 괴로워했다. 1293년 단테는 베아트리체를 추모하는 시집 《새로운 삶》 발표했으며, 이 시집의 주제를 발전시켜 인류 최초의 서사시 《신곡神曲》을 썼다.

《신곡》은 사후 세계의 지옥·연옥·천국을 여행하는 형식의 우화인 동시에 여러 사회 문제와 사상을 담은 장편시이다. 단테는 그때까지 공식 언어였던 라틴어 대신에 이탈리아어^{피렌체 사투리}로 작품을 썼다. 이를 계기로 피렌체 사투리는 이탈리아는 물론 서유럽의 문학어로 성장했다. 덕분에 단테는 '이탈리아어의 아버지'로 불리고 있으니 사랑이 문학을 낳고 문학이 지방 언어를 국어로 바꾸어놓은 셈이다.

단테는 다음과 같은 명언을 남겼다.

'남들이 뭐라 하든 너의 길을 걸어가라.' '만물은 성스러운 사랑에 의해 움직인다.' '지옥의 가장 뜨거운 곳은 도덕적 위기의 시대에 중립을 지킨 자들을 위해 예약되어 있다.'

사랑의 길은 행복한 동행일 수도 있고 외로운 여행일 수도 있다. 일반적으로 둘이 만나 함께 살게 되면 행복한 사랑으로 여기고 이루어지지 못하면 불행한 인연으로 생각하기 쉬우나 꼭 그렇지는 않다. 같이 살면서 불행한 경우도 있고, 짝사랑이지만 행복할 수도 있으니 말이다.

20세기 영국 작가인 D. H. 로렌스는 사랑에 웃고 우는 인생을 살았다. 로렌스는 스물일곱 살이던 1912년 4월 프리다 위클리와 첫 만남에서 온몸에 전류가 흐르는 느낌을 받으며 사랑에 빠졌다. 프리다는 로렌스보다 여섯 살 연상이었고, 로렌스를 가르친 교수의 아내였으며 세 아이의 어머니였다. 그럼에도 두 사람은 세 번 만난 뒤 결합을 결심하고 유럽으로 사랑의 도피 여행을 떠났다.

사랑은 달콤했지만 현실은 만만치 않았다. 로렌스는 프리다와 '함께 살며 함께 괴로움을 나누며' 《아들과 연인》을 완성하여 명성을 얻었다. 하지만 판매량이 저조해 경제적으로는 여유롭지 못했다. 마침내 1914년 두 사람은 정식으로 결혼했으나 죽는 날까지 자기 집을 갖지 못하고 방랑생활을 했다.

이처럼 사랑을 얻고 조국을 잃고 작품을 남긴 로렌스는 사랑에 대해 다음과 같이 말했다.

"남녀 간 사랑이야말로 이 세상에서 가장 위대하고 완벽한 정열이다. 남녀 간 사랑은 이원적이고 상반적인 양성의 두 사람이 만나 이루는 것이기 때문이다. 남녀 간 사랑은 수축과 이완을 거듭하는 생명의 고동이다."

단테가 말했듯이 사랑에 빠지면 사랑이 영혼을 압도한다. 즉, 사랑에 홀리면 상대방에게 넋이 나간다. 고대 로마 작가 마르쿠스 카토는 그와 같은 심리 상태를 이렇게 표현했다.

'사랑하는 이의 영혼은 다른 사람 몸속에 산다.'

'사랑은 현실이야 어떻든 간에 영혼을 치유해주는 힘이 있다. 사랑은 사랑받는 사람과 사랑을 주는 사람 모두를 치료해주고, 배우지 않은 사람에게 문학을 가르쳐주며, 모든 어려움을 이겨내게 한다.'

그 밖에 마음에 새겨둘 만한 사랑에 관한 명언은 다음과 같다.

'사랑은 두 마음이 하나가 되게 하는 동시에 하나의 뜻이 되게 한다.' – 허버트 스펜서19세기 영국 철학자

'사랑은 두 사람이 마주 쳐다보는 것이 아니라 함께 같은 방향을 바라보는 것이다.' – 생텍쥐페리프랑스 소설가

'사랑은 수비해주는 친구를 가지려는 열망이다.' – 핼리팩스17세기 영국 정치가

가정의 평화를 기원하는 한마디

페스탈로치를 교육개혁가로 만든 가정부

"내가 떠나는 건 두렵지 않으나 남은 가족들을 생각하니 마음이 편치 않구나. 힘들겠지만 네가 우리 가족들을 지켜주지 않겠니? 너밖에는 부탁할 사람이 달리 없구나. 네가 누구보다도 우리 가족을 잘 알고 너도 우리 가족이나 다름없잖니."

1751년 어느 날, 하인리히 페스탈로치의 아버지가 가정부에게 이같이 말했다. 그는 마음 따뜻한 의사로 사람들을 치료해주다가 갑자기 죽음을 눈앞에 두고 있었다. 이에 가정부는 눈물을 흘리며 말했다.

"네, 걱정 마세요. 평상시 주인님께서 제게 잘해주신 걸 생각하면 당연히 그래야지요. 그런 염려 마시고 어서 기운내세요."

"정말, 고맙구나. 네 말을 들으니 이제 안심이 되는구나. 그럼…… 안녕."

가정부는 아가씨임에도 그 약속을 평생 지켰다. 당시의 타락한 사회 분위기로 볼 때 이런 약속을 끝까지 지켰다는 사실은 대단한 일이다. 실제로 가정부는 페스탈로치 모자母子 곁을 떠나지 않고 온 힘을 다해 집안일을 도왔다.

숭고하고 희생적이었던 가정부의 삶은 페스탈로치에게 큰 영향을 미쳤다. 페스탈로치는 그에 감동받아 사회를 개혁하고 가난한 사람들을 돕는 데 일생을 바치기로 결심했다. 이후 페스탈로치는 사회적으로나 개인적으로 어려운 환경 속에서 교육 개혁을 위해 일생을 바쳤으니 그의 정의로운 삶은 가족이나 다름없던 가정부의 은혜에 보답하는 데서 비롯된 셈이다.

 '가족'의 사전적 정의는 '혼인으로 맺어지거나 부모 자식처럼 혈연으로 이루어진 집단'을 뜻한다. 현실적으로는 한 집에서 마주 보며 함께 생활하는 사람들을 가리킨다. 가족은 신뢰하는 사이로 '가족 같은 사람'이란 가장 가까운 사이라는 의미로 통한다.
 가족이 특정한 인간관계를 말한다면 '가정'은 가족이 함께 어울려 생활하는 장소를 말한다. 소설 《타임머신》《투명인간》으로 유명한 영국 작가 허버트 조지 웰스는 가정을 일컬어 이렇게 말했다.

"가정은 안심하고 모든 것을 맡길 수 있으며, 서로 의지하고 사랑하며 사랑받는 곳이다."

다시 말해 가족이 있어 가정이 존재하고, 가정은 서로 의지하고 사랑하는 가족의 평화로운 보금자리이다.

가족은 누구보다도 서로 아끼고 배려해준다. 가족 중 누군가 슬픈 일을 당했을 때 그저 위로의 말 한마디로 그치지 않고, 온 마음으로 시련을 이겨내도록 용기를 북돋운다. 다음과 같은 영국 시인 바이런의 일화는 이러한 가족의 의미를 되돌아보게 한다.

바이런은 고교 시절 마리라는 소녀를 사랑했으나 자신의 절름발이를 흉보는 말을 우연히 엿듣고 차마 고백하지 못했다. 하지만 짝사랑은 멈추지 않았다. 이듬해 마리가 결혼했다는 소식을 들은 바이런의 어머니는 아들이 충격을 받지 않을까 걱정스러웠다. 어머니는 아들에게 어떻게 소식을 전할까 궁리한 끝에 바이런에게 예쁜 손수건을 가져오라고 말했다.

"이 중에서 마음에 드는 손수건을 골라 눈 밑에 대렴."

바이런은 갑작스런 말에 영문을 몰라 하며 어머니를 쳐다보았고, 어머니는 이어 말했다.

"마리가 결혼했단다. 이제 마음껏 울 거라."

그 말에 바이런은 낄낄대고 웃었다. 어머니의 장난스런 말이 슬픈 소식보다 더 인상적이었던 이유에서다.

바이런의 일화에서 느낄 수 있듯이 가족은 마음 깊은 곳까지 들여다보며 이해해주는 든든한 동반자이다. 일찍이 가족의 고마움을 느낀 페스탈로치는 가정의 행복에 대해 다음과 같이 말했다.

"이 세상에는 여러 가지 기쁨이 있지만, 그 가운데서 가장 빛나는 기쁨은 단란한 가정의 웃음이다. 그 다음의 기쁨은 어린이를 돌보는 부모들의 즐거움인데, 이 두 가지의 기쁨은 사람의 가장 성스러운 즐거움이다."

19세기 미국 극작가 존 하워드 페인도 그가 노랫말을 쓴 《즐거운 나의 집》에서 가족과 가정의 평화로운 분위기를 다음과 같이 말했다.

'쾌락과 궁전 속을 거닐지라도, 언제나 초라하지만 내 집만 한 곳은 없다.'

마지막으로 17세기 영국 시인 로버트 헤리크가 남긴 다음 명언을 음미해보자. '사랑'을 '가족'이나 '가정'으로 바꿔도 그 의미는 그리 어색하지 않다.

"사랑은 동그라미와 같아서 사랑의 달콤한 영원 속을 끊임없이 맴돈다."

아기의 탄생을 축복하는 한마디

힘들게 세상에 나온 피카소와 뉴턴

"어째서 아기가 울지를 않죠?"
세계적인 화가 파블로 루이스 피카소는 하마터면 태어나자마자 죽을 뻔했다. 숨을 쉬지 않았던 탓이다. 아기의 엉덩이를 때려보았으나 아무 소용이 없었다. 그런 아기를 본 어머니는 죽었다고 판단하여 포기하려 했다. 대부분의 아기는 태어나자마자 크게 울음을 터뜨리는데, 피카소는 울기는커녕 숨소리조차 내지 않았다고 한다.

이때 곁에서 담배를 피우던 그의 삼촌이 혹시나 하는 마음으로 피카소의 입 안에 담배 연기 가득한 입김을 불어넣었다. 그러자 이게 웬일인가. 그때까지 울지 않던 아기가 울음을 터트렸다. 하마터면 세상에 나오자마자 저세상으로 갈 뻔했던 피카소는 삼촌 덕에 목숨을 건지게 됐다고 한다.

피카소가 출생 직후 죽을 고비를 간신히 넘겼다면 17세기 영국 과학자 아이작 뉴턴은 태어나는 것 자체가 고난의 연속이었다. 우선 뉴턴은 열 달을 채우지 못하고 일곱 달 만에 어머니 뱃속에서 바깥세상으로 탈출을 시도했다. 어렵사리 태어나기는 했으나 몸무게가 너무 가벼워서 걱정을 샀고 출생 직후에는 어머니와 함께 두 차례 호흡이 멈추고 가빠지는 위기를 겪었다. 다행히 산파의 도움을 받아 기적적으로 목숨을 건졌으니 말 그대로 험난한 출생이었다.

그런가 하면 문장가로 이름을 떨친 고려 시대의 학자 이규보는 태어나자마자 큰 시련을 겪었다. 백일이 채 안 됐을 때 성한 데가 한 곳도 없을 정도로 온몸에 종기가 퍼진 것이다. 아이는 아파서 연신 울고, 그의 부모는 하나뿐인 아들을 행여 잃을까봐 노심초사했다.

"어쩌면 좋아요. 이러다 아이가 어찌 되는 건 아니겠지요?"

"정말 애처로워서 볼 수가 없구려."

살갗이 곪고 문드러진 아이 모습은 그야말로 처참하기 이를 데 없었다. 사정이 이러하니 유모는 아이에게 젖을 물리기조차 힘들어했다. 안으려고 팔을 대기만 해도 아이는 아파서 울어댔다. 하는 수 없이 유모는 밀가루 반죽을 팔뚝에 부친 채 아이를 안고 젖을 물렸다. 아기 이규보는 그렇게 고비를 어렵사리 넘겨 간신히 목숨을 구했다.

'출생出生'이란 무엇인가? 한자 문화권에서는 문자 그대로 '삶을 얻는 것'을 말하지만, 영어 문화권에서는 '어딘가에서 날아왔다'는 뜻으로 'birth'라고 한다. birth는 '나르다'라는 의미의 고대 영어 beran에 어원을 두고 있다. 이런 관념은 어린이에 대한 성교육에서도 여실히 나타난다.

호기심 가득한 꼬마로부터 출생에 관한 곤란한 질문을 받을 경우, 우리나라 어른들은 "다리 밑에서 주워왔다"고 말한다. 그러면 아이들은 시냇물 건너는 '다리'를 연상하지만 기실 '다리'는 여성의 다리를, '밑'은 성기를 상징하는 말이다. 즉, 사실대로 말해주면서도 은유적으로 표현하는 지혜를 엿볼 수 있다.

이에 비해 서양에서는 "황새가 물어다 주었다"고 말한다. 왜 출생에 '황새'가 등장하는 것일까? 그것은 북유럽의 문화 정서와 관계가 있다. 고대 영어 beran은 스칸디나비아어에서 유래했는데, 북유럽 전설에 따르면 창조의 바다에서 떠다니는 태아를 황새가 발견하여 인간에게 전해주었다고 한다. 또한 황새는 봄이 다가옴을 알려주는 길조로서 생명의 소생을 상징하기도 한다. 이런 관념에서 '황새가 아기를 물어다준다'는 출생 설화가 나온 것이다.

동서양을 막론하고 출생 설화는 출생의 성스러움을 나타낸다. 그렇다면 왜 출생이 성스러운 것일까? 제 자식 소중하기야 당연한 일인 데다 예전에는 영아·유아 사망률이 매우 높았던데 그 이유가 있다. 자식 만들기가 쉽지 않았을 뿐 아니라 어렵게 태어난 아기가 불의의 사고로 목숨을 잃는 경우가 빈번했기 때문이다.

요즘에는 영아 사망률이 옛날보다 낮아졌지만 여전히 출산은 위험한 일임에 틀림없다. 바꿔 말하면 건강하게 태어났다는 사실만으로도 큰 축복이요 행운이다.

출생과 관련한 명언으로는 다음과 같은 말들이 있다.

'태어날 때 우리는 운다. 죽을 때 그 이유를 안다.' - 서양 격언

'사람은 살려고 태어나는 것이지 인생을 준비하려고 태어나는 것은 아니다. 인생 그 자체, 인생의 현상, 인생이 가져다주는 선물은 숨막히도록 진지하다! - 보리스 파스테르나크러시아 작가

'모든 아기는 신이 아직 인간에게 절망하지 않았다는 메시지를 가지고 태어난다.' - 서양 격언

'우리는 왼쪽과 오른쪽 두 귀를 가지고 태어난다. 칭찬과 비판, 양쪽을 잘 듣고 어느 쪽이 옳은가를 알기 위함이다.' - 서양 격언

자녀교육에 대한 가치관을 다룬 한마디

제왕학 공부를 거부한 프리드리히

'다스리는 자를 가르치기 위한 학문이 필요해.'

프로이센 국왕 프리드리히 빌헬름 1세는 당시 여러 학자의 입에 오르내리던 제왕학에 관심이 많았다. 그는 특히 라이프니츠의 제왕학설에 영향을 받아 황태자의 통치 능력을 키워야겠다고 결심했다. 국왕은 모든 일정표를 손수 작성하는 등 황태자의 제왕 교육에 적극 나섰다. 물론 분야별로 황태자의 스승을 두었지만, 교육을 담당하게 했을 뿐 실권은 주지 않았다. 황태자는 역사, 기독교, 지리, 유럽 각국의 정치, 군사학, 승마 등을 공부해야 했으며 일정은

철저히 관리, 감독을 받았다. 그러니 개인행동이란 꿈도 꿀 수 없었다.
'이런 것을 꼭 배워야만 하나……'
황태자는 제왕학 수업을 무척이나 재미없어 했다. 게다가 걸핏하면 신하들이 보는 앞에서 국왕에게 회초리를 맞는 수치스러움은 더욱 견디기 힘들었다.
이러한 심리를 간파한 16세기 프랑스 사상가 몽테뉴는 일찍이 다음과 같이 말한 바 있다.
'어린이 교육은 공부하고 싶은 마음과 흥미를 북돋워 주는 것이 가장 중요하다. 그렇지 않으면 책을 등에 진 나귀를 기르는 꼴이 되어버린다.'
나귀처럼 크나큰 무게감을 느껴서인지 황태자는 점차 반항감에 딴 짓을 하기 시작했다. 그는 제왕학 교육과 거리가 먼 시학詩學, 그리스 로마의 고전 문학, 기행문, 회상록 등을 읽었다.
'그래! 내가 원하는 것이 바로 이거야.'
황태자는 즐겁게 새로운 학문을 즐겼지만 그런 시간은 오래가지 못했다. 국왕이 예고 없이 방문하여 '불법 학습' 현장을 적발했기 때문이다. 분노한 국왕은 황태자의 스승을 마구 두들겨 팼다. 국왕은 황태자가 제왕학 공부를 게을리 한 데 노여워하며 더 철저한 공부를 지시했다.
그러나 황태자는 황태자대로 적성은 무시한 채 강압적인 교육에 분개하며 노골적으로 반항했다. 이 사건 이후 유순한 성격의 황태자가 평소 상상하기 힘든 돌출 행동을 보인 것이다.
황태자는 우선 부왕이 싫어하는 곱슬머리로 파마했다. 곱슬머리는 당시 예술계 거장들 사이에서 유행한 머리 모양이었다. 황태자는 국왕이나 왕비의 허락 없이 일을 저지른 것이다. 결국 부자간의 사이는 더욱 악화되었다.
황태자의 반발은 이에 그치지 않았다. 국왕 모르게 은행에서 빚을 얻어 베를린의 후미진 거리에 집을 한 채 얻어놓고 이중생활을 즐겼다. 값비싼 고급 천으로 지은 황태자 복장을 스스로 '죽음의 수의囚衣'라고 여겨 평민복을 입고 보통 사람들처럼 일상의 시간을 즐겼다.
그런데 황태자의 이중생활은 방탕과는 그 의미가 달랐다. 황태자는 베를린 거리에 있는 집에 친구를 불러들이거나 숨겨놓은 여자와 동거생활을 하지 않았다. 그 대신에 황태자는 궁중에서 허용되지 않는 책을 열심히 읽었다. 국왕이 뒤늦게 그 사실을 알았을 때 황태자가 읽은 책은 무려 4000여 권이나 되었다.

"제발 제 적성에 맞는 공부를 하게 허락해주소서."

황태자는 자신을 이해해달라고 하소연했으나, 국왕은 여전히 제왕학을 강요했다. 결국 황태자는 괴로워하다가 왕궁 탈출을 결심하고는 친구 카스테와 함께 베를린에서 도망쳤다. 이에 격분한 국왕은 카스테를 잡아다 처형시키고 황태자를 성에 감금했다.

'제왕학이 그렇게까지 싫단 말인가.'

얼마 후 국왕은 고민 끝에 황태자의 적성을 인정해주었다. 이제 황태자는 부왕 몰래 보고 싶은 책들을 훔쳐볼 필요가 없었다. 문학은 물론 자연과학, 철학, 도덕 등의 여러 문제를 마음 놓고 공부할 수 있었다. 황태자는 무엇보다도 존경하는 볼테르와 교류하게 되어 기뻤다.
　뒷날 왕위에 오른 프리드리히 2세는 학문과 예술을 애호한 계몽 전제군주로서 선정을 베풀어 백성의 존경을 받았다. 오늘날 그를 가리켜 '프리드리히 대왕'이라 부른다.

　예나 지금이나 교육은 중요한 문제로 사회적 지위에 상관없이 대부분 가정에서 신경을 쓴다. 그렇지만 현대적 교육의 역사는 그리 길지 않다. 근대 이전까지는 지배계층의 자녀만 교육을 받았는데 이런 제도는 대대로 세습되었던 까닭이다. 그나마 각 문화권에 따라 정해진 책들을 암기하고 받아쓰는 교육 방식이 대부분이었다.
　페스탈로치는 학생 적성을 감안한 교육을 처음 도입했다. 그는 자신이 학교에 다니던 시절 배우는 즐거움을 전혀 느끼지 못했음을 깨닫고 잘못된 교육 방법을 바꿔야 한다고 여겼다. 그가 생각하기에 막연한 지식을 암기하라고 강요하는 건 지루함을 견디는 일과 다를 바 없기에, 그림 그리기·노래하기·모형 만들기·글쓰기·현장 체험 등 참여 활동에 중점을 두어야 한다고 보았다. 또한 학생 개개인의 차이를 인정하고 능력에 따라 학생들을 가르쳐야 한다고 주장했다. 페스탈로치가 죽은 뒤 그가 제창한 교육 원리는 오늘날 여러 나라 초등교육의 바탕을 이룬다.
　교육과 관계된 주요 명언으로는 다음과 같은 것들이 있다.
　'배우지 않으면 곧 늙고 쇠해진다.' ─ 주자 중국 유학자
　'교육은 자기 기질이나 자신감을 잃지 않고 무엇이든 들을 수 있는 능력이다.' ─ 로버트 프로스트 미국 시인

'교육은 흔히 어떤 일을 하는가? 그것은 자유롭게 굽이쳐 흐르는 시냇물을 일직선으로 파진 도랑으로 만드는 것이다.' – 헨리 데이비드 소로미국 사상가

'배움이 없는 자유는 언제나 위험하며 자유가 없는 배움은 언제나 헛된 일이다.' – 존 F. 케네디미국 제35대 대통령

'21세기의 문맹인은 읽고 쓸 수 없는 사람이 아니라, 배울 수 없고 고쳐 배울 수 없고 그리고 다시 배울 수 없는 사람이 될 것이다.' – 앨빈 토플러미국의 미래학자

나이 듦에 대한 마음가짐을 다룬 한마디

정년퇴임을 겸허하게 받아들인 이희승

이희승은 서른넷 늦은 나이에 경성제국대학 조선어학급 문학과를 졸업하고, '조선어학회'에서 학회 활동과 국어 연구에 주력하며 국어 문법 체계를 확립한 국어학자다.

키 145센티미터의 오척단구인 이희승은 자신의 조그만 몸집을 작고 볼품없는 조약돌에 비유해 '돌멩이 하나'라는 뜻의 '일석一石'이라고 지었지만 그는 나약한 인물이 아니었다.

이희승은 일제강점기에 이른바 조선어학회사건으로 옥고를 치렀고, 광복 후

서울대학교 교수로서 강의 시간을 철저히 지킴은 물론 휴강 한 번 하지 않았다. 강의실 밖에서 돌과 최루탄이 오가는 격렬한 시위에도 눈 한 번 깜짝하지 않고 수업할 정도였다. 그런 그도 1960년 4.19 때 시국선언문 발표와 교수단 거리 시위에 참여했다.

"9월 30일입니다."

그런 그에게 1961년 9월은 착잡하게 다가왔다. 새로 제정된 '교육에 관한 특례법' 규정에 따라 정년퇴직을 해야 했던 까닭이다. 당시 예순다섯의 이희승은 처량함을 느꼈다.

'이제는 늙은이라고 교단에서마저 쫓겨나는구나.'

그러나 후배들을 위해서라도 늙은 사람이 자리를 양보해야 할 필요를 느꼈다. 이희승은 차분히 현실을 받아들였고 여유로운 마음가짐으로 살고자 마음먹었다. 이후 누군가 그에게 '은퇴 후 어떻게 지내느냐'고 물어오면 이렇게 대답했다고 한다.

"아무 생각 없이 산책합니다."

이희승은 정년퇴임 뒤 성균관대 대학원장과 단국대 동양학연구소장 등을 지내며 여전히 바쁘게 일했다.

한편 이희승의 제자들이 스승을 위해 회갑연을 마련했을 때 일이다. 소식을 들은 이희승은 뭔가 답례해야겠다는 생각에 문득 '책'을 떠올렸다. 그 즉시 여기저기 흩어져 있던 원고들을 모아 《벙어리 냉가슴》이란 책을 펴내며 회갑에 찾아온 손님들에게 한 권씩 나눠주었다. 그 후 이 일을 계기로 나이 든 사람의 특별한 축하식 때 기념 저서를 펴내는 관습이 생겼다고 한다.

'나이'는 사람이 세상에 태어나 살아온 햇수를 말한다. 우리나라에서는 정월 초를 기준으로 나이를 계산하지만, 서양에서는 자기 생일을 기준으로 나이를 따진다.

'나이'의 어원은 동사 '낳다'의 어간 '낳'이다. 훈민정음이 창제될 당시 '나이'는 '낳'으로 표기되었다. 이후 '낳이'와 '나히'를 거쳐 19세기에 '나히' 혹은 '나이'로 쓰이다가 20세기 초부터 서서히 '나이'로 통일되었다. 또한 나이는 본래 높임말이 따로 없었으나 19세기에 이르러 웃어른에게는 '년세·연세年歲'나 '춘추春秋'라고 구분해 썼다. 그래서 오늘날 '연세'나 '춘추'는 어른에 대한 나이의 높임말로 사용된다.

중국 고전《논어論語》에 보면 다음과 같은 구절이 있다.

"공자가 말하기를, 나는 열다섯에 배움에 뜻을 두었고子曰 吾十有五而志于學, 서른에 뜻이 확고히 섰고, 마흔에 무엇에 홀리거나 흔들리지 않았고三十而立 四十而不惑, 쉰 살에 하늘의 명을 알았고, 예순에 생각이 원만하여 어떤 일을 들으면 곧 이해가 되었고五十而知天命 六十而耳順, 일흔에 무엇이든 하고 싶은 대로 해도 법도에 어긋남이 없었다七十而從心所欲不踰矩."

이 글에서 유래되어 15세는 지학志學, 30세는 이립而立, 40세는 불혹不惑, 50세는 지천명知天命, 60세는 이순耳順, 70세는 종심從心이 나이를 의미하는 용어로 사용되고 있다.

사람은 누구나 나이를 먹는다. 이때 나이 듦을 어떻게 생각하느냐에 따라 나이를 받아들이는 자세에 차이가 생긴다. 미국 사상가 랠프 월도 에머슨은 1870년에 펴낸《사회와 고독》에서 다음과 같이 말했다.

"연령의 본질은 지성이다."

살아가면서 축적한 다양한 경험이 지적 능력을 키워준다는 말이다.

19세기 영국 시인 S. 필립스는 나이 듦에 대해 완성을 향한 걸음으로 생각했다.

"사람은 나이를 먹는 게 아니라, 좋은 포도주처럼 익는 것이다."

19세기 미국 수필가 G. W. 커티스는 비슷하지만 약간 다르게 말했다.

"나이는…… 느낌의 문제이지 몇 살의 문제가 아니다."

육체적 변화보다 심경의 변화가 나이를 느끼게 한다는 뜻이리라. 마지막으로 미국 제20대 대통령 제임스 가필드가 남긴 말을 음미해 보자.

"나이를 먹음에 따라 이마에 주름살 생기는 일은 어떻게 할 수 없지만, 마음에 주름살을 만들어서는 안 된다."

무병장수를 기원하는 한마디

퇴계 이황의 독특한 건강 관리법

1548년 단양군수에 임명된 이황은 가족을 데려가면 고을 재산을 축내고 관사를 어지럽힌다고 여겨 혼자 부임했다. 얼마 후 한성부 우윤으로 있는 넷째 형 이해가 공무 수행 길에 동생을 찾았다.

"형님, 참 오랜만입니다."

동생은 모처럼 형을 보자 무척 반가워하며 맞이했다. 형은 여독 때문인지 내일 다시 길을 떠나야 해서 그런지 지친 기색으로 잠자리에 들었다. 그러나

잠을 제대로 이루지 못하고 뒤척였다. 동생은 형 옆에 나란히 누웠다가 이내 일어나 안쓰러운 표정으로 형을 쳐다보았다.

'안색이 안 좋으시네.'

동생은 형의 이마에 살며시 손을 얹어 열이 있는지 살폈다. 뜨거웠다.

다음 날, 아침 일찍 형은 부지런히 길을 나섰고, 동생은 걱정스러운 얼굴로 형을 배웅했다. 동생은 잠시 무엇인가를 생각하더니 편지를 써서 형에게 보냈다.

"모시고 자면서 보니 형님 몸에 번열煩熱 몸에 열이 몹시 나고 가슴속이 답답하여 괴로운 증상이 있습니다. 그 때문에 잠자리가 불편하셨을 겁니다. 열이 계속 나면 사람을 시키거나 스스로 족심足心 발바닥에서 오목하게 들어간 가운데 부분 위에 있는 용천혈을

5. 결혼식장, 돌잔치, 회갑연에서

수백 번 자극하십시오. 그리하면 열을 물리칠 수 있습니다."
　퇴계는 나이 스물에 밤잠을 자지 않고 성리학에 몰두하다가 건강을 해쳐 평생 고생했다. 때문에 퇴계는 의학을 연구하여 상당한 수준의 의료 지식을 습득했고, 30대에는 중국 명나라 주권이 지은 도교의 대표적 양생서 《활인심》을 번역하고 거기에 내용을 덧붙여 《활인심방活人心方》을 저술했다. 퇴계는 손수 활인심방을 실천했으며 후손에게 장수 비결과 건강 수련법으로 삼도록 했다. 수련법은 주로 호흡법과 몸의 근육을 펴는 체조를 다루고 있다. 퇴계는 제자들에게 수시로 이렇게 충고했다.
　"체력을 기르며 공부하라."
　퇴계는 또한 틈만 나면 제자들과 함께 투호화살을 던져 병 속에 넣는 놀이를 하며 건강을 다스렸다. 2005년까지 사용된 1000원 지폐에 퇴계 초상화와 더불어 투호가 그려진 이유가 여기에 있다.
　퇴계는 등산을 즐겼는데, 그에게 산에 오르는 일은 경치를 감상하며 마음을 평화롭게 하는 동시에 걸음으로 몸을 단련하는 운동이었다. 평생 지병이 있었음에도 퇴계는 이런 노력으로 당시로서는 장수 연령에 해당하는 예순아홉 해까지 살았다.

　건강은 건강할 때 지키라는 말이 있듯, 평소 몸을 관리하는 일은 매우 중요하다. 16~17세기에 활동한 영국 법률가 에드워드 코크는 이를 두고 이렇게 말했다.
　"예방은 치료보다 훨씬 이롭다."
　중국 최후의 태평성대를 이끈 건륭제는 일찍부터 건강 관리에 힘을 쏟아 역대 황제 중 가장 장수한 통치자가 되었다. 건륭제는 아침저녁으로 달리기를 했고, 잠자기 직전에는 심호흡을 하여 기氣의 원활한 흐름을 꾀했으며, 시 쓰기와 그림 그리기 혹은 꽃 감상이나 물고기 기르기 등을 통해 정서적으로도 안정을 추구했다. 이런 노력을 한 덕분에 건륭제는 불면증을 극복하고 여느 황제들보다 건강하게 오래 살았다.

이처럼 예방으로 장수한 현대 인물로는 중국 경제 기적의 토대를 닦은 덩샤오핑과 제2차 세계대전에서 활약한 미국 장군 더글러스 맥아더를 꼽을 수 있다. 덩샤오핑은 날마다 냉수욕과 카드게임으로 건강을 관리해 아흔셋까지 장수했고, 맥아더는 실내 도보와 낮잠 및 소식小食으로 여든넷까지 살았다.

한편 건강하려면 먼저 마음을 다스려야 한다. 조선 시대 명문장가 김시습은 "대저 모든 병은 마음에 달렸으니, 병은 걱정하는 데서 생긴다"고 말했으며, 17~18세기 영국 수필가 J. 애디슨은 다음과 같이 말했다.

"건강과 명랑은 서로가 서로를 낳는다."

그런가 하면 12~13세기 유럽에서 위생 지침서로 널리 참조된 《살레르노 건강 관리법》에서는 오래 사는 데 꼭 알아두어야 지침을 다음과 같이 말했다.

"의사가 당신의 병을 고치지 못하면 유쾌한 마음, 휴식, 적절한 음식 세 가지를 의사로 삼으라."

6. 병원과 장례식장에서

사실 선뜻 말을 꺼내기가 가장 어려운 자리가 문병을 간 병원이나
조문을 간 장례식장이다.
"쾌차하세요" "고인의 명복을 빕니다" 외에 어떤 말을 해야 할지
막상 생각이 나지 않기 때문이다.
이럴 때 조심스럽게 다음에 소개된 '위로가 되는 한마디'들을 건네보자.

몸과 마음의 건강을 강조하는 한마디
기질에 대한 편견을 깨주는 한마디
아픔을 긍정적으로 받아들이게 하는 한마디
운명에 맞서는 용기를 주는 한마디
고인의 덕을 기리는 한마디
유가족의 슬픔을 위로하는 한마디
유명 위인들이 묘비에 남긴 한마디

몸과 마음의 건강을 강조하는 한마디

기상 습관의 변화로 건강이 악화된 데카르트

'환경이 평화로우면 마음도 평화로우니 좋다.'

철학자 데카르트는 고요한 분위기를 좋아해 네덜란드의 시골에서 오랫동안 은거하며 살았다. 그는 한밤중 사색하기를 즐겼다. 세상이 조용한 가운데 이런저런 생각을 하기에 좋고 연구하기에도 좋았기 때문이다. 따라서 그는 항상 늦게 잠자리에 들었고 정오 무렵에야 일어나곤 했다.

"여왕님께서 뵙고 싶어 하십니다."

1469년, 어느 날 손님이 찾아와서 이같이 말했다. 스웨덴 크리스티나 여왕이 보낸 관리는 데카르트에게 여왕의 친서를 보여주며 정중히 초대했다. 크리스티나 여왕은 데카르트의 책을 읽고 감명받아 직접 가르침을 받고자 했다.

"초대는 영광이지만 저는 여기서 할 일이 많습니다."

데카르트는 사생활에 영향받고 싶지 않아 완곡하게 거절했다. 하지만 크리스티나 여왕이 여러 차례 간청해오자 데카르트는 마지못해 수락하고는 거처를 스웨덴 궁으로 옮겼다.

데카르트는 극진한 대접을 받으며 편안한 생활을 했다. 적어도 겉으로 보기에는 그랬다. 하지만 데카르트는 궁으로 이사하고 나서부터 20년 동안 유지해온 생활습관을 고쳐야 했다. 여왕이 새벽 5시경에 일어나서 데카르트에게 철학을 가르쳐달라고 요청해왔기 때문이다. 데카르트는 어쩔 수 없이 새벽에 일어나 여왕에게 철학을 알기 쉽게 강의했다. 여기서 문제가 발생했다. 데카르트는 정오 기상 습관을 새벽 기상으로 바꾸면서 무척 힘들어했고 급기야 건강이 악화되었다. 그리고 이듬해 쉰넷의 나이로 세상을 떠나고 말았다.

잠버릇을 바꾸는 바람에 급격히 건강이 나빠져 죽음을 맞이한 것이니, 평소

생활 습관을 지키는 일이 건강을 지키는 평범한 진리임을 알 수 있다.

건강은 반드시 나이에 비례하지 않으며 관리하기에 따라서 사람마다 차이가 난다. 1950년대 당시 영화배우로 큰 인기를 누린 마릴린 먼로는 어느 주말에 친한 친구 셸리 윈터스와 사심 없는 대화를 나누었다. 이때 윈터스가 말했다.

"잠자리를 같이하고 싶은 남자 이름을 각자 적어 보자."

둘은 즉시 각자 생각하는 이상형 남자를 적었고, 먼로가 윈터스의 명단부터 보았다. 거기에는 클라크 케이블, 타이론 파워 같은 젊은 미남 배우가 적혀 있었다. 이번에는 윈터스가 먼로의 명단을 보았는데 뜻밖에도 나이 든 남자들이 대부분이었으며 아인슈타인도 들어 있었다. 그 무렵 아인슈타인은 일흔한 살로, 스물넷인 먼로와 무려 마흔일곱 살이나 차이가 났다. 깜짝 놀란 윈터스가 물었다.

"이렇게 나이 많은 사람이 잠자리를 할 수 있기나 해?"

그러자 먼로가 담담히 말했다.

"내가 아는 한 그는 매우 건강해."

윈터스는 먼로의 말에 두 사람의 관계가 보통 이상임을 눈치챘다. 훗날 먼로의 유품을 정리하다가 아인슈타인이 '마릴린에게. 마음속 깊은 고마움을 나타내며'라고 직접 서명한 사진을 발견했다. 아인슈타인은 얼핏 허약해 보이는 과학자였지만 실제로는 매우 건강한 남자였다.

'건전한 육체에 건전한 정신'

흔히 신체가 건강해야 바른 생각을 갖게 된다는 뜻으로 모든 바탕에는 신체의 건강이 있음을 강조할 때 사용하는 격언이다. 하지만 이 말의 원래 뜻은 이와 다르다.

고대 로마는 강력한 군대로 유럽을 지배했던 까닭에 튼튼한 몸은 남자의 자격처럼 여겨졌다. 남자들은 근육질 몸매를 만들기 위해 많은 시간을 투자했다. 하지만 지나치게 근육질 몸매가 강조되면서 학

문이나 합리적 판단 같은 이성 공부에 대한 관심은 시들해졌다. 하루 시간의 대부분을 운동하는 데 쓰는 사람들은 당연히 지성을 공부할 시간이 없기 때문이다.

고대 로마의 시인 유베날리스는 그 같은 사실을 못마땅하게 생각하여 풍자시를 지었는데 거기에 다음과 같은 내용도 있었다.

"건전한 육체에 건전한 정신이 깃들면 바람직할 것이다."

이는 건전한 육체의 아름다움을 칭찬한 말이 아니라, 근육만 키우고 사고력 함양에는 관심 없는 세태를 비판한 말이다. 자칫하다가는 힘만 세고 머리는 텅 빈 사람들이 넘칠까 우려하여 건전한 정신을 갖도록 노력해야 함을 일깨워준다.

그러나 이 말은 후세에 운동의 중요성을 강조하는 격언으로 그 뜻이 바뀌었다. 역사, 문화적 배경을 무시하고 생략하는 바람에 본래의 의미가 변질된 것이다.

영국 비평가 버나드 쇼는 이 말에 다음과 같이 반박하기도 했다.

"건전한 육체에 건전한 정신이 있다는 것은 미련한 말이다. 건전한 육체는 건전한 정신의 소산이기 때문이다."

이 말은 인생에서 가장 중요한 것은 건강이며 그 사실을 깨닫는 순간 운동하게 되고, 그 결과 건전한 육체를 갖게 된다는 역설적 유머이다. 건강해져야겠다는 생각도 없는데 저절로 근육질 몸매가 만들어질 리는 없으니 말이다.

육체와 정신 어느 것이 우선이든 간에 모두 건강하게 가꿔야 한다. 건강한 육체는 질병을 물리치고, 건강한 정신은 나쁜 길로 빠지는 걸 막아주는 까닭이다.

기질에 대한 편견을 깨주는 한마디

혈액형을 심리 상품으로 만든 상술

세 사람이 처음 만났을 때 어색한 분위기를 깨고자 한 사람이 두 사람에게 물었다.

"혈액형이 뭐예요?"

"A형이에요."

"그럼 소심하고 섬세한 성격이겠네요."

"맞아요! 정말 그래요."

"저는 B형입니다."

"그럼 털털하고 활발한 성격이겠네요."

"아닌데요. 전 조용한 걸 좋아하거든요."

"……."

우리 주변에서 흔히 볼 수 있는 풍경이다. 이처럼 상대 성격이나 심리를 혈액형으로 파악할 수 있다고 굳게 믿는 사람이 의외로 많다. A형 남자-B형 여자, B형 남자-O형 여자처럼 자기 성격과 잘 어울리는 이성 친구의 혈액형을 알고자 하는 사람도 적지 않다. 그렇다면 혈액형 심리를 연구하고 세상에 널리 알린 사람은 누구일까?

피를 많이 흘리면 죽게 된다는 건 이미 옛날 사람들도 알고 있었다. 그래서 누군가 다치면 피를 멎게 조치했고, 수혈 방법을 찾고자 끊임없이 노력했다. 고대부터 수혈은 있었지만 수술 중 죽는 사람이 많았던 까닭이다.

"어찌된 일인지 수혈을 했는데도 죽었네……."

20세기에 접어들어 오스트리아의 병리학자 카를 란트슈타이너가 마침내 그 비밀을 밝혀냈다. 1901년부터 혈액을 연구한 란트슈타이너가 ABO식 혈액형 분류법을 발견한 것이다. 이 연구에 따르면 A형, B형, O형, AB형 각각의 혈액형에는 같은 종류만 받아들이고 다른 혈액형 피에는 항체가 생겨 반드시 수혈 전에 혈액형을 확인해야 한다.

한편 이와는 전혀 다른 관점에서 혈액형을 살펴본 학자가 있었다. 1910년 독일 하이델베르크 대학 교수 에밀 폰 듄게른이 그 주인공으로, 그는 게르만 민족의 우월성을 강조하고자 혈액형을 집중 연구했다. 그는 게르만족 혈액형에 A형, 검은 머리 아시아 민족에 B형이 많다는 데 착안하여 게르만족이 인종적으로 더 뛰어나다는 걸 증명하려고 했다. 하지만 별다른 연구 성과는 없었다. 그런데 당시 독일에 유학하여 듄게른에게 배우던 일본인 의사가 그의 연구를 눈여겨보았다가 일본에 돌아와 처음으로 혈액형과 성격의 관계에 대해 발표했다.

"인간의 성격은 혈액형에 따라 다릅니다."

1927년 일본의 심리학자 다케지 후루카와는 〈혈액형을 통한 기질 연구〉 논문에서 이 같은 내용을 발표하여 큰 화제를 낳았다. 후루카와는 각각의 혈액형을 가진 사람들을 연구한 결과라며 '혈액형 성격'을 진실처럼 강조했고, 이때부터 다양한 혈액형 성격론이 등장했다. 그러나 일본이 제2차 세계대전에서 패하자, 혈액형 이야기는 사람들 관심에서 멀어졌다.

"바로 이거야, 호기심을 자극할 게 틀림없어!"

1971년 일본인 노미 마사히코는 후루카와의 이론을 바탕으로 ABO식 혈액형에 그럴듯한 성격 심리를 더해 《혈액형 인간학》을 펴냈다. 일본인은 작은 집단일지라도 소속감이 중요하다고 여기는 민족성 때문에 혈액형 성격을 사실처럼 믿었고, 그에 힘입어 이 책은 100만 부 이상 팔리며 인기를 끌었다. 마사히코는 이후 《혈액형 사랑학》《혈액형 인생론》《혈액형 120% 활용학》 등을 펴내면서 혈액형 성격을 사회 현상의 하나로 만들었다.

결론을 말하자면 ABO식 혈액형 성격 분류는 거짓이다. 사람 성격이 단지 네 가지뿐이라는 가정은 말도 되지 않거니와, 성격 심리는 성장 환경이나 주변 환경의 영향이 크기 때문이다.

그럼에도 혈액형 성격은 전적으로 일본 출판업계와 광고업계의 판매 전략에 힘입어 널리 퍼졌다. 요컨대 혈액형 성격은 호기심 많은 인간 심리를 간파한 그릇된 상술인 동시에 분류와 동질감을 좋아한다는 사실을 일깨워준 심리 상품인 셈이다.

"그는 다혈질이라 활발해."

"나는 자주 우울증에 빠져."

세상에는 많은 사람이 있고 그 모두는 성격이 다르다. 다시 말해 성격이 똑같은 사람은 한 명도 없다. 그러나 예부터 학자들은 어떤 기준을 정한 다음 사람들을 일정한 유형으로 구분하고자 했다. 그 기준은 규칙성, 활동성, 대인관계, 환경 적응력, 집중력, 기분 등이며 이를 적용하여 인간을 네 가지 유형으로 나누었다.

대표적 사례로 고대 그리스 의사 갈레노스를 꼽을 수 있다. 갈레노스는 여러 실험을 통해 동맥이 운반하는 것은 공기가 아니라 피라는 사실을 밝혀내고, 네 가지 체액혈액·점액·흑담즙·황담즙은 몸을 이루는 기본 요소이며 체액이 균형을 이루어야 건강할 수 있다고 주장했다. 또한 갈레노스는 네 가지 체액 중 어떤 것이 더 강한가에 따라 각각 다혈질온화하고 쾌활함, 점액질움직임이 느리고 냉담함, 우울질우울하고 상심에 잠겨 있음, 담즙질반응이 빠르고 성미가 급함 등의 기질을 나타낸다고 보았다. 흔히 쓰는 '다혈질'이란 여기에서 유래되었다.

'익살' '우스개'를 의미하는 영어 유머humor의 어원도 체액과 관련이 있다. 갈레노스의 학설에 따르면 '사람의 기질을 좌우하는 것은 체액끈적끈적한 습기'이고 기분이 좋으면 체액이 증가한다. 이 체액에서 '축축함'을 뜻하는 라틴어 '우모르umor'가 나왔으며 umor는 후에 웃음을 유발하는 humor를 낳았다.

체액을 따른 기질 분류는 점차 인기가 시들해졌지만 그 영향력은 지금까지도 이어져 믿는 사람이 의외로 많다. 미국 평론가 엠브로즈 비어스는 그런 대중의 우매함에 대하여 《악마의 사전》에서 다음과 같이 풍자했다.

"사람의 마음속에는 호랑이와 돼지와 나귀와 나이팅게일이 있다. 성격 차이는 네 가지의 고르지 못한 작용에서 생긴다."

오늘날 감정은 체액이 아니라 두뇌 작용의 결과라는 점이 밝혀졌지만, 현인들은 밝고 활기찬 성격 혹은 명랑한 기질이 오래 사는 비결이라는 데 의견을 같이한다. 특히 웃음은 그 무엇보다 사람을 활기차게 하고 심지어 젊어지게 한다고까지 한다. 장수 비결에 관한 명언은 다음과 같다.

'쾌활한 사람은 오래 산다.'

'건강과 활기는 서로를 부른다.'

'재산이란 그것을 소유한 사람의 것이 아니고, 그것을 즐기는 사람의 것이다.'

'한 번 웃으면 한 번 젊어지고, 한 번 노하면 한 번 늙는다.'

'행운은 즐거운 대문으로 들어온다.'

아픔을 긍정적으로 받아들이게 하는 한마디

벼락 맞고 수도자가 된 마르틴 루터

"너는 딴 생각 말고 법률가가 되려무나."

1483년 독일 어느 광산촌의 부유한 집안에서 태어난 마르틴 루터는 아버지 뜻에 따라 법률가가 되기 위해 열심히 공부했다. 그 결과 루터는 열여덟 살이 되던 1501년, 에르푸르트 대학에 입학하여 아버지를 기쁘게 했고, 문학사를 배운 뒤 아버지 소원대로 법률 공부에 전념할 계획을 세웠다.

'판사나 변호사가 되어 아버지를 기쁘게 해드리자.'

그런데 그해 봄의 일이었다. 루터와 절친한 문학도 분츠가 급성 맹장으로 갑

자기 죽었다. 크게 충격 받은 마르틴은 이때부터 죽음에 대해 자주 생각했다.

'삶과 죽음은 이어져 있는 것인가? 단절된 것인가? 아, 친구가 몹시 그립구나.'

그러나 이 슬픔은 얼마 후 루터에게 닥친 사건에 비하면 작은 충격에 지나지 않았다. 그해 7월 2일, 방학을 맞아 맨스필드에 머물러 있던 루터는 친구와 함께 야외로 나가 학문에 대한 이야기를 나누며 즐거운 시간을 보냈다. 그리고 집으로 돌아오는 도중 난데없이 맹렬한 소나기와 우뢰를 만났다. 그들은 비를 피하고자 마을 어귀에 있는 마차 역으로 급히 뛰어들어갔다.

"우르르 쾅쾅!"

6. 병원과 장례식장에서

그 순간 여러 개의 벼락이 떨어지더니 천둥소리가 천지를 울렸다. 루터는 정신을 잃고 마차 옆에 쓰러졌다. 루터는 얼마 후 깨어나서 주변을 둘러보았다. 소나기는 여전히 내리고 있었고, 친구는 까맣게 탄 시체로 죽어 있었다.

"헉!"

루터는 그 놀라운 광경에 정신을 잃었으나 간신히 정신을 차리고 눈앞에 보이는 가까운 성당으로 달려갔다. 그리고는 무릎을 꿇은 채 소리 내어 빌었다.

"모든 걸 용서해주시면 진실로 하느님을 위한 수도자가 되겠습니다."

루터는 절친한 두 친구의 갑작스런 죽음을 신의 섭리라고 판단하여 이같이 결심했다.

신의 존재를 느낀 이상 루터는 대학에서 법률을 공부할 수 없었다. 마침내 루터는 스스로 자퇴하고 수도원으로 들어갔다. 루터는 열성적인 수도자가 되었고, 사제를 거쳐 신학 대학의 강사가 되었다. 그리고 1517년 면죄부를 남발하는 교회를 비판하고자 비텐베르크 교회 정문에 그 유명한 〈95개조 반박문〉을 써 붙여 종교 개혁 운동을 불러일으켰다. 이후 루터는 당시까지 라틴어나 그리스어로만 쓰인 《성경》을 독일어로 번역하는 작업에 착수했고 그의 노력 덕분에 일반인도 쉽게 《성경》을 읽게 되었다.

루터는 질병과 벼락으로 연이어 절친한 친구를 잃어 큰 충격을 받았으나 그 사건을 계기로 새로운 삶을 살았고 종교계에 큰 업적을 남겼다.

살다보면 누구나 생명의 위험한 순간을 겪을 때가 있다. 이때 사람들은 안도의 한숨을 내쉬거나 뒤늦게 위험한 순간이었음을 깨달으며 가슴을 쓸어내리기도 한다. 때로는 병에 걸려 건강의 소중함을 깨닫기도 한다. 이 모두 아프거나 위험했던 위기를 통해 인생이 한층 성숙해진다는 공통점이 있다. 그런 면에서 인생의 위기는 지난 세월을 돌아보게 하는 반성이자 새로운 출발을 위한 발판이 될 수 있다.

다음의 아메리카 원주민의 설화는 바로 그러한 삶의 의미를 되새겨보게 한다.

옛날에 딸을 무척 사랑하는 추장이 어느 날 말을 타고 딸과 함께 여행을 했다. 그런데 추장은 한참을 달리다가 잠시 말에서 내려 쉬고, 다시 또 말을 타고 달리다가 내려 쉬기를 몇 차례 반복했다.

딸은 처음에는 말을 쉬게 하려는 것으로 알았지만, 가만히 보니 그게 아니었다. 말은 숨이 가빠서 씩씩거리지도 않았고 지친 기색도 없었다. 이에 딸은 추장에게 물었다.

"아빠, 말이 지친 것 같지 않은데 왜 조금 가다가 쉬고, 또 왔던 곳을 되돌아보는 거예요?"

추장은 딸을 사랑스런 눈으로 잠시 바라보고는 이렇게 말했다.

"그건 말이지. 우리 영혼이 우리에게서 멀어지지 않도록 기다리는 거란다. 영혼은 사람이 아무 생각 없이 몸을 바쁘게 움직이면 머물 곳을 몰라 떠돌다가, 잠시 몸을 쉴 때 마음으로 들어와 제자리에 들어앉는단다."

위 이야기는 매우 바쁘게 살아가는 현대인에게 시사하는 바가 크다. 어떤 면에서 현대인의 일상은 마치 정해진 명령에 따라 규칙적으로 움직이는 로봇과 같기 때문이다.

사람 목숨은 어찌 될지 아무도 모른다. 건강하게 살다 수명이 다하여 자연사하는 경우보다는 질병이나 사고로 죽는 사람이 훨씬 많은 게 현실인 까닭이다. 또한 허둥거리며 살다가 삶의 평화를 누리지 못하고 죽는 사람들도 적지 않다.

이처럼 아픈 순간을 맞이한다면 무조건 두렵고 절망스러워할 게 아니라 평화로운 시간과 더불어 자기 영혼을 돌볼 시간을 가지게 됐다는 긍정적 생각이 바람직하다.

다음은 인생을 돌아보게 만들거나 삶의 희망을 느끼게 하는 명언이다.

'하늘은 때를 안다.' - 월터 스콧 19세기 영국 시인

'우리의 생명은 꿈과 동일한 물질로 되어 있고, 우리의 작은 인생은 잠으로 둘러싸여 있다.' - 셰익스피어(《템페스트》 중에서)

'건강의 시작은 질병을 아는 것이다.' - 세르반테스(《돈키호테》 중에서)

'병은 죽음에 대한 수련이다. 그 수련의 첫 단계는 자신에 대한 마음 약한 연민의 감정이다. 인간은 결국 죽는다는 사실이 병으로 말미암아 더욱 확고해진다. 병을 통해서 인간은 성숙하게 된다. 병은 인간의 죽음 저 편에 있는 세계를 깊이 묵상하게 한다. 그러므로 병을 두려워하지 말고 똑바로 응시하여 그것이 전하는 메시지를 귀담아 들을 일이다.' - 알베르 카뮈 프랑스 작가

'사람이 산다는 것은 꿈꾸는 것인가, 깬 것인가, 어느 것인지 알지 못한다.' - 조선 전기의 승려 기화己和(시문집 《함허화상어록涵虛和尙語錄》 중에서)

'밤마다 죽었다가 아침마다 새롭게 태어나니, 하루가 이와 같고 일생이 이와 같다.' - 에드워드 영 18세기 영국 시인

운명에 맞서는 용기를 주는 한마디

1년만 시간을 달라고 말한 이유

옛날에 어떤 사나이가 임금의 노여움을 사서 사형을 선고받았다. 사나이는 목숨을 살려달라고 탄원하며 임금에게 말했다.

"1년만 시간을 주신다면 왕께서 가장 아끼는 말에게 하늘을 나는 방법을 가르치겠습니다."

"네가 무슨 수로 말을 날게 한단 말이냐?"

"나름대로 생각이 있으니 1년만 시간을 주십시오. 만약 약속을 지키지 못한다면 그때는 사형을 감수하겠습니다."

"오냐, 알았다. 내 애마에게 그런 놀라운 능력이 생긴다면 네 목숨을 살려주마. 그러나 정확히 1년이 지나는 날까지 아무 변화가 없다면 즉시 네 목을 칠 것이다."

그 사나이가 감옥으로 돌아오자 모여든 죄수들이 물었다.

"말이 어찌 하늘을 날 수 있겠소?"

그러자 사나이는 이렇게 대답했다.

"물론 말이 하늘을 날 수 있다고 장담하기는 힘듭니다. 하지만 1년 이내에 임금이 죽을지도 모르는 일이고, 내가 죽을지도 모르는 일입니다. 그리고 저 말이 죽을지도 모릅니다. 1년 이내에 무슨 일이 일어날지 미래의 일을 어느 누가 알겠습니까."

그로부터 얼마 지나지 않아 임금은 갑자기 병들어 죽었고, 뒤에 권력을 잡은 왕은 어진 통치자의 면모를 보여주고자 죄수들을 특별히 사면해주었다고 한다. 사면된 죄수들 중에는 앞서 말한 사나이도 포함되었으니 시간이 그의 운명을 바꾸어놓은 셈이다.

보통 하루라고 하면 아침부터 밤까지로 생각하지만, 유대인은 저녁부터 아침까지를 하루로 생각한다. 예를 들면 안식일은 금요일 해질 무렵부터 시작해서 토요일 해질 무렵에 끝난다. 이런 유대인 특유의 시간관념에 대해 《탈무드》에서는 이렇게 설명한다.

"밝아지면서 시작하여 어두워져 끝나는 것보다는 어두운 데서 시작하여 밝은 데서 끝나는 것이 좋다. 인생 역시 그와 같다."

유대인이 절망적 상황에서도 희망을 버리지 않고 노력하는 이유가 여기에 있다. 이런 인생철학을 바꿔 설명하면 '삶을 만들어가는 주인공은 자기 자신'이라는 얘기가 된다. 매 순간 자기가 선택하는 결정사항이 모여 하나의 인생이 되니 말이다.

기원전 4세기에 활약한 로마 정치가 아피우스 클라우디우스 카에쿠스는 이렇게 말했다.

"모든 인간은 자기 운명의 개척자이다."

물론 이때의 운명은 적극 노력하며 살아가는 자세를 말하며, 동시에 그런 노력으로 얻은 인생의 결과물을 의미한다. 세르반테스도 《돈키호테》에서 비슷한 말을 했다.

"각자는 자기 운명을 만드는 사람이다."

어떻게 사는 것이 바람직한 일인지 단정해서 말할 수는 없다. 저마다 처한 환경이 다르고 성격이나 기질도 다른 까닭이다. 그렇지만 죽음 후에는 그에 대한 평가를 내리기 쉽다. 살면서 보여준 모습이나 어떤 일을 하다 죽었는지를 통해 죽은 자를 판단하기 때문이다. 이 경우 열심히 살다가 세상을 떠난 사람은 (직업이나 지위를 막론하고) 살아남은 자에게 긍정적인 모습으로 비치기 마련이다. 자기 일에 최선을 다한 사람만큼 아름다운 사람은 없을 테니까 말이다.

> 고인의 덕을 기리는 한마디

멘델레예프의 장례식 풍경

"휘이잉 휭!"

1907년 2월 2일, 몹시 추운 겨울날 러시아의 한 노인이 평소처럼 글을 쓰다가 책상에 얼굴을 묻었다. 잠시 후 그는 손에 펜을 쥔 채 마치 잠을 자듯 그대로 세상을 떠났다. 수북하게 쌓인 원고 더미는 아직도 할 일이 많이 남았음을 보여주었지만 그는 그렇게 생을 마감하고 말았다.

노인 이름은 멘델레예프, 러시아의 과학자로 원소 주기율을 발견하여 세계적으로 명성을 떨친 인물이다. 멘델레예프가 원소들의 상관관계에 관심을 둔 것은 페테르부르크 대학에서 화학 교수로 있을 때였다.

'원소들은 서로 아무 관계가 없을까? 새로운 원소는 더 없을까?'

멘델레예프는 그때까지 확인된 48가지 금속 원소와 15가지 비금속 원소를 네모난 카드로 만든 다음, 원자량 크기대로 배열하는 일을 하루도 빠트리지 않았다. 그 결과 멘델레예프는 63개 원소를 한눈에 파악할 수 있는 원소 주기율표를 완성했다. 이때 멘델레예프는 원소 주기율표에 빈칸으로 남긴 곳은 아직 발견되지 않은 원소가 채워질 것이라고 예언했다. 후에 발견된 세 가지 원소는 멘델레예프가 예측한 것이어서 또 한 번 학자들을 놀라게 했다.

이렇듯 뛰어난 업적을 남겼기에 멘델레예프의 장례식에는 수많은 사람이 찾아왔다. 그중에는 기호가 쓰인 종이나 나무판자를 든 사람도 드문드문 있었다. 상징적인 기호를 통해 멘델레예프에 대한 존경심을 나타낸 것이다. 아마도 멘델레예프는 하늘에서 그런 모습을 흐뭇한 표정으로 바라보았으리라.

사람은 '언제 어떻게'라는 차이만 있을 뿐 누구나 죽는다. 산다는 것은 진행형이고 죽음은 마침표이므로 어떤 사람이 죽었다고 하면 흔히 그의 존재 역시 사라진다고 생각하기 쉽다.

그러나 그렇지 않다. 죽음은 육체적 이별일 뿐 누군가에 대한 총체적 평가를 가능케 하는 마무리이다. 이 같은 맥락에서 영국 시인 엘리자베스 B. 브라우닝은 다음과 같이 말했다.

"생명은 죽음으로 완성된다."

세상에 도움 되는 큰일을 했거나 역사 속 사건의 주인공은 대개 역사에 기록으로 남는다. 사람들이 명예를 얻고자 애쓰는 이유가 여기에 있으며, 위인들은 저마다 나름의 명예를 지닌다.

반면 일반 사람은 현실적으로 명예를 빛낼 기회를 얻기 힘들다. 때문에 보통 사람이 죽으면 조촐한 장례식과 함께 가족 이외의 기억에서 멀어지기 쉽다. 그러나 명예 못지않게 그 사람 이름을 기억하게 하는 것이 있으니 바로 인품이다. '인품'은 사람의 됨됨이를 말하며, 사회적 명성이나 물질적 재산보다 그 사람을 더욱 존경받게 하는 힘이 있다.

격정적인 설교로 유명했던 19세기 미국 성직자 H. W. 비처는 다음과 같이 말했다.

"좋은 품성은 지식보다 돈보다 명예보다 더 값지다."

고대 로마 극작가 플라우투스도 《외투》에서 이렇게 말했다.

"나는 보석보다는 인격의 아름다움으로 장식되고 싶다. 보석은 재물에서 주어지지만, 인격은 정신에서 비롯된다."

그런가 하면 영국 극작가 리처드 브린슬리 셰리든은 《스캔들 학교》에서 다음과 같은 명언을 남겼다.

"나는 특수한 일로 떠나지만 내 뒤에 나의 인격을 남겨놓는다."

인격이란 그 사람의 성격과 개성, 품성을 의미하므로 셰리든 역시 사람에게 기억되고픈 실체가 인품임을 말해준다.

> ## 유가족의 슬픔을 위로하는 한마디

죽음의 스트레스에 시달린 도스토옙스키

"휴……."
"아."

1849년 12월 25일 아침, 러시아 페테르부르크의 한 처형장에서 청년 20여 명이 초조한 심정으로 사형 집행을 기다리고 있었다. 이들은 페트라셰프스키파의 조직원으로 당시 차르 체제의 타도를 모의하다 비밀경찰에 발각되어 사형선고를 받고 처형을 기다리는 중이었다.

"죄인들은……."

검찰관이 판결문을 낭독하고 뒤따라 십자가를 손에 든 사제가 검찰관을 대신하여 참회를 권유했다. 참회한 사람은 한 사람뿐이었다. 나머지 사람들은 참회를 거부하고 십자가에 입을 맞췄다. 페트라셰프스키, 그리고리예프, 몸벨리 세 사람이 먼저 눈이 가려진 채 사형수용 말뚝에 비끄러매어졌다. 도스토옙스키는 뒤에서 차례를 기다렸다. 장교가 인솔한 소대 병력은 말뚝 따라 한 줄로 늘어서더니 일제히 총을 들어 사형수들을 겨냥했다. 호령과 동시에 발사하려는 찰나였다.

"멈추시오!"

바로 그때 고급장교 한 사람이 흰 손수건을 흔들었다. 처형은 즉각 중지됐고 어찌된 일인지 죄인들은 풀려났다. 그 순간 그리고리예프는 비틀거렸다. 죽음을 눈앞에 둔 단 몇 분 동안에 그는 발광하여 몸의 중심을 잃었다. 몸벨리는 돌연 백발이 되었다.

"자비로우신 황제께서……."

황제의 자비에 따른 새로운 판결이 낭독되고, 도스토옙스키는 4년간 일개

 병졸로서 시베리아에 근무해야 한다는 징역과 다름없는 언도를 받았다. 도스토옙스키는 사형대 위에 직접 올라서지 않았지만 그 또한 죽음을 기다리며 엄청난 스트레스를 받았고 그 충격은 평생 그에게 어두운 그림자를 드리웠다. 그때 도스토옙스키의 나이 스물여덟이었다.

 그리하여 시작된 4년 동안의 시베리아 생활은 사형 집행을 기다리는 순간 못지않은 괴로운 시간이었다. 물질적 어려움, 신경 발작, 류머티즘, 위장병, 갖은 학대 등은 제쳐놓더라도 사람이 그리워 몸부림쳤다. 그를 둘러싼 것은 살인자·도둑·난폭자들로, 그들은 도스토옙스키의 신분에 의혹을 품고 적대적이었다. 훗날 도스토옙스키는 이때의 생활을 '글로써 표현할 수 없는 끝없는 괴로움'이라고 회고한 바 있다.

그럼에도 도스토옙스키는 이 고난의 시간 속에서 인간 내면에 잠재한 깊은 모순을 살펴보는 귀중한 체험을 했고 이는 훗날 작품의 모태가 되었다. 그가 쓴 작품에 '죄와 벌'의 근원적 물음이 빠지지 않는 까닭도 이 때문이다. 즉, 그는 유형 생활 속에서 영원히 풀어지지 않는 깊은 모순 —사랑과 미움 · 선과 악 · 신앙과 욕망의 대립—을 발견하는 한편 인간의 어두운 면을 들여다볼 수 있는 깊은 통찰력을 얻었던 셈이다.

한편 죽음의 그림자는 도스토옙스키에게 '가매장 공포증'을 안겨주었다. 병약한 그는 늘 감기나 신경 쇠약으로 고통받았으며, 혼수상태에 빠진 사이 매장될지도 모른다는 공포에 떨었다. 그는 몸이 아파 죽는다면 5일간은 매장하지 말아 달라는 내용의 쪽지를 책상 위에 써놓았다.

이렇듯 어두운 생활의 무질서 속에서도 끈기 있게 소설을 써내려갔으니, 그의 작품에 눈물과 아픔이 절절이 배어 있는 이유가 여기에 있다.

아프리카 동부에서 널리 사용되는 스와힐리어로 '사사'와 '자마니'가 있다. 모두 시간과 관계있으나 그 뜻에는 미묘한 차이가 있다.

'사사'는 기본적으로 '지금'을 나타내는 말로 지금 막, 가까이, 바로 현재를 의미한다. 또한 곧바로 일어나거나 최근 경험한 사실도 뜻한다. 사사는 우리가 실제로 느끼는 살아 있는 기간이다.

이에 비해 '자마니'는 기본적으로 '과거'를 뜻하는 말이지만 그보다는 더 넓은 의미를 갖는다. 과거 · 현재 · 미래를 아우르며, 모든 현상과 사건의 종착점인 동시에 알 수 없는 신비의 기간이기도 하다. 자마니는 한마디로 '시간의 무덤'이다.

일반적으로 동부 아프리카 사람들에게 사람이 늙는다는 것은 사사에서 서서히 자마니로 움직여가고 있음을 뜻한다. 다시 말해 죽음은 사사에서 자마니로 서서히 옮겨가는 과정이다.

그렇지만 육체가 죽었을지라도 그 영혼은 바로 사라지지 않는다. 그를 기억하는 마지막 사람이 죽은 뒤에야 사사에서 벗어나 자마니로 들어가는 것이다. 하지만 누구라도 그를 기억하는 사람이 있으면 그는 여전히 사사에 있는 것으로 여겨지고, 그에게 제사 음식도 바쳐진다. 결국 누군가에게 기억되는 한 그는 영원히 살아 있는 셈이다.

사실 이런 개념은 대부분의 문화권에서 존재한다. 아들을 낳아 대를 이으려는 것도 자신을 기억하게 하려는 노력의 하나이며, 명예를 남기고자 하는 것도 후세인들이 자기 이름을 기억해주길 바라는 일이니 말이다.

실제로 명예로운 일은 많은 이에게 기억되므로 명예롭게 살다 죽은 사람은 영원히 살아 있는 것이나 다름없다. 또한 내가 누군가를 기억하지 않을 때 그는 나에게 아무런 의미가 없음을 감안하면 죽음은 육체의 소멸이 아니라 기억의 소멸이라고 봐야 한다.

그럼에도 사람들은 죽음을 두려워한다. 다음 세상이 정말 있는지, 있다면 어떤 곳인지 알 수 없고, 현재 세계를 떠나고 싶어 하지 않기 때문이다. 그러나 어찌 하랴. 죽음은 자신의 뜻에 달려 있지 않으니 말이다. 서양에 전해오는 격언 중에 다음과 같은 말이 있다.

'죽음의 신은 어망으로 물고기를 잡아 잠시 물속에 그대로 놓아두는 어부와 같다. 물고기는 여전히 어망의 물속에서 헤엄치며 어부 근처를 맴돈다. 그리고 어부는 때가 됐다고 생각했을 때 어망 속에서 물고기를 끌어올린다.'

당사자에게 죽음은 어쩌면 편안한 영면이다. 죽은 뒤에는 현세에서 짊어진 삶의 무게도, 어떤 육체적 심리적 고통도 느끼지 않기 때문이다. 이에 3세기 그리스 시인 팔라다스는 《그리스 앤솔러지》에서 이렇게 말했다.

"죽는 사람을 슬퍼하지 말라. 죽음 저편에는 고통이 없기 때문이다."

고대 로마의 정치가 키케로도 카틸리나 내란 음모를 폭로하고 로마공화국을 구한 카틸리나 탄핵연설에서 비슷한 말을 했다.

"죽음은 노고와 그 고통이 주는 휴식이다."

그래도 살아남은 자에게 죽은 자와 이별하는 일은 분명히 슬픈 일이지만 진정 그를 사랑한다면 긍정적으로 받아들이는 자세가 필요하다. 더군다나 누군가 기억하는 한, 죽은 자는 결코 잊힌 존재가 아니지 않은가. 《외경:집회서》에서 다음과 같이 말한 이유도 이와 마찬가지다.

"죽은 자를 위해 울지 말라. 그는 휴식을 취할 뿐이다."

> ## 유명 위인들이 묘비에 남긴 한마디

자신의 묘비에 도형을 그려달라고 한 아르키메데스

아르키메데스는 고대 그리스의 뛰어난 수학자이자 물리학자이다. 그는 여러 원리를 발견해서 수학 발전에 큰 공을 세웠고, 수학 지식을 실용적으로 활용했다. 아르키메데스는 왕관이 순금인지 아닌지 밝혀달라는 시라쿠사 군주 히에론 2세의 부탁을 받고 고민하던 중 목욕탕 욕조로 들어갔다가 물이 흘러넘치는데 착안하여 그 유명한 '아르키메데스 원리'를 발견했다. '액체 속에서 물체는 그 물체의 동일 체적의 액체 무게만큼 공기 중에서 더 가볍다'는 아르키메데스 원리는 '부력의 원리'라고도 불린다.

　아르키메데스는 '지레의 원리'도 발견했다. 지레의 원리는 한 점 C에 받쳐 놓은 막대기의 B점에 하중 W가 정해지고, 다른 한 점 A에 힘 P를 가해 막대기의 균형을 잡을 때에, W와 P의 사이에는 'P×길이 AC=W×길이 BC'가 성립한다는 법칙이다. 이 법칙에 따르면 AC가 BC보다 길면 작은 힘으로 무거운 것을 받치거나 들어 올릴 수 있다. 그는 이 법칙을 발견한 뒤, 이렇게 큰소리쳤다고 한다.

　"나에게 어딘가에 (지구 밖의) 발붙일 곳과 충분한 길이의 막대를 준다면 지구를 움직일 수 있다!"

　아르키메데스는 원의 넓이를 구하는 방식도 인류 최초로 알아냈다.

　'원주율과 지름을 곱하면 원주의 길이가 나오는군. 그렇다면 원주의 길이에 원의 반지름을 곱한 후 2로 나누면 원의 넓이를 구할 수 있겠지.'

　그가 발견한 원의 넓이 계산 방법은 현재 우리가 알고 있는 계산 방식^{원주율×반지름×반지름}과는 다르지만 그 값에는 차이가 없다. 또한 아르키메데스는 구^球의 부피를 구하는 공식도 알아냈다.

　"원기둥에 꼭 맞게 내접하는 구의 부피는 원기둥 부피의 2/3와 같다."

　아르키메데스는 이 발견을 무척 자랑스러워하여 훗날 자기 묘비에 '원기둥에 내접하는 구의 도형을 새겨달라'고 말했다. 아르키메데스는 로마군에게 시라쿠사가 함락되는 날 집에서 도형을 그리며 연구에 몰두하다가 로마 병사에게 죽임을 당했다. 그가 죽은 후 그의 묘비에는 그가 부탁한 대로 원기둥에 내접하는 구의 도형이 새겨졌다고 한다.

　'묘비'는 무덤 앞에 세우는 비석으로, 대개의 경우 죽은 사람에 대한 경력이나 그 일생을 상징하는 말 따위를 써넣는다. 세계적으로 유명한 몇몇 위인의 묘비에는 대략 다음과 같은 글이나 기호가 새겨져 있다.

'위대한 프랑스'를 외치며 미국의 패권주의에 맞선 프랑스 정치가 드골은 죽기 몇 해 전에 자기 장례에 대한 유언을 다음과 같이 미리 남겨놓았다.

"화려한 의식을 하지 마라. 명사와 귀빈을 초청하지 마라. 다만 조용히 마을 묘지에 묻어다오."

하지만 그가 죽은 뒤 프랑스에서는 논란이 일어났다. 국민적 영웅에 대한 예우를 지키기 위해서라도 국가에서 장례를 치러야 한다는 의견과 그가 남긴 유언을 존중해야 한다는 의견이 충돌한 것이다. 결국 유언대로 그의 유해는 떡갈나무 관에 넣어져 시민들이 운반하고 드골은 그토록 사랑한 딸의 무덤 옆에 안치되었다. 비석에도 드골이 바라던 대로 '샤를르 드 골, 1890~1970'이라고만 새겨졌다.

오스트리아 태생 독일 시인 라이너 마리아 릴케는 쉰하나에 백혈병으로 숨졌다. 릴케의 묘지에는 나무 십자가가 세워졌고 그 묘비에는 릴케가 직접 쓴 다음과 같은 묘비명이 새겨졌다.

'오 장미. 순수한 모순의 꽃. 겹겹이 눈꺼풀처럼 쌓인 꽃잎 아래 누구의 잠도 아닌 잠을 자는 즐거움.'

《적과 흑》으로 유명한 프랑스 작가 스탕달은 조국 프랑스보다 이탈리아를 더욱 사랑하여 이탈리아에서 오랜 세월을 살았다. 스탕달은 자신이 미리 쓴 묘비명에 '밀라노 태생'이라고 적었으며 '살고, 쓰고, 사랑하다'라는 말로 자기 인생을 축약했다.

1923년 노벨문학상을 받은 아일랜드 시인 예이츠는 민족주의 정치가로도 활약하며 아일랜드의 전통을 알리려 노력했다. 예이츠는 제2

차 세계대전이 일어나기 직전에 죽었으며 작은 교회에 묻혔다. 예이츠는 자신의 묘비에 새겨질 비문을 다음과 같이 미리 남겼다.

'삶과 죽음을 냉정히 바라보라. 그리고 지나가라.'

셰익스피어의 후계자로 평가받는 영국의 천재 시인 존 키츠는 고전적 전설을 통한 철학적인 시를 잘 썼다. 키츠는 폐결핵으로 스물여섯에 세상을 떠났는데, 죽음을 예감하고 다음과 같은 문구를 묘비에 새겨달라고 미리 당부했다.

'여기 물 위에 이름을 새긴 사람이 누워 있노라.'

앞에서 살펴보았듯이 고대 그리스의 수학자 아르키메데스의 묘비에는 글이 쓰여 있지 않다. 그 대신에 원기둥 하나에 그 원기둥에 내접하는 원이 새겨져 있다. 아르키메데스는 구의 표면적과 체적은 각각 외접 원기둥의 표면적과 체적의 3분의 2와 같다는 사실을 증명했는데, 후배들은 바로 아르키메데스가 평생에 걸쳐 연구해온 그의 업적을 기리기 위해 이처럼 묘비에 기하 도형을 새겨넣었다.

아르키메데스와 뉴턴에 버금가는 가장 뛰어난 수학자로 평가받는 가우스의 묘비에도 아무런 글이 없다. 그 대신에 정17각형이 새겨져 있다. 가우스는 아르헨티나에서 공부할 때 곧은 자와 컴퍼스로 변의 수가 17개인 정17각형을 그리는 방법을 찾아냈다. 무려 2천 년 동안 풀지 못한 어려운 문제를 풀어낸 것이다. 그 업적을 기념하고자 가우스의 제자들은 스승의 비석에 정17각형을 새겨넣었다.

비즈니스1단계 _ leisure
여가생활

7. 전시장과 음악회에서

최근 들어 먹고 마시는 회식을 줄이고 새로운 아이디어 개발에 도움이 되는 전시장, 박물관, 음악회에서 회식하는 기업체들이 점점 많아지고 있다.
이런 기업 문화의 변화에 발맞춰 예술과 관련된 유명한 명언과 일화를 알아두어 적절한 때 센스를 발휘해보자.
매력적인 직장 동료로 거듭나는 일은 생각보다 어렵지 않다.

예술의 의미를 보여주는 한마디
화가의 시각에 대한 한마디
사진에 대한 탐닉을 다룬 한마디
음악의 영향을 보여주는 한마디
세계적인 가수들이 남긴 한마디
유명한 작가들이 남긴 한마디

예술의 의미를 보여주는 한마디

예술 산업을 부흥시킨 퐁파두르

"오, 나의 사랑!"

젊은 남자에게 애인이 생기면 미국인은 돈을 찾으러 은행에 달려가지만 프랑스인은 장미꽃을 사려고 꽃집으로 달려간다는 말이 있다. 여론조사를 할 때마다 프랑스인이 행복의 첫째 조건으로 사랑을 꼽을 만큼 감수성 풍부한 애정주의자임을 빗댄 유머다.

"나는 당신을 위해서라면 뭐든지 할 수 있습니다."

실제로 사랑을 표현하는 데 프랑스만큼 대담한 나라도 드물다. 중세에 기사가 여인에게 사랑을 노래하는 이른바 기사도 문학이 프랑스에서 시작됐고, 거추장스러운 옷을 벗고 알몸으로 자유롭게 쉬는 유럽 최초의 누드촌도 프랑스에서 시작됐다. 중세는 욕망의 표현을 엄격히 금지한 시대였고, 누드 역시 현시대에도 많은 제약이 뒤따른다는 점을 감안하면 실로 파격적인 일이다.

바꿔 말하면 프랑스인의 사고방식은 자유롭고 창조적이다. 그리고 그런 정서는 예술을 꽃피울 수 있는 환경을 만드는 데 밑거름이 되었다. 거침없이 뿜어내는 창조력은 자유로운 상상을 펴는 예술과 맞닿아 있는 덕분이다.

프랑스는 특히 17세기 중엽부터 예술 강국이 됐는데, 루이 14세가 그 일에 앞장섰다. 루이 14세는 화려하기로 이름난 베르사유 궁을 짓게 했고, 스스로 여러 의복과 장신구를 유행시키면서 예술에 대한 박식함을 마음껏 뽐냈다.

"내가 발레 할 때 입는 황금빛 옷은 태양을 상징한다오."

1715년 루이 14세가 죽고 루이 15세가 왕위에 오른 뒤, 프랑스는 더욱 쾌락적인 길로 들어섰다. 여성적 우아함이 아름다움의 기준이 되자, 그 취향에 어울리는 것들이 유행했다. 이때 루이 15세의 애인 퐁파두르가 프랑스 문화에 엄청난 영향력을 끼쳤다. 루이 15세는 아름다운 외모를 가진 퐁파두르에게 완전히 빠졌고, 지성미를 겸비한 퐁파두르는 베르사유 궁의 실내 장식에 깊이 관여했다.

"이 벽에는 풍경화가 어울리고, 저 탁자에는 날씬한 도자기를 놓으면 좋겠네요."

퐁파두르는 예술 전반에 걸쳐 관심을 보이며 음악가, 화가, 공예가 등을 후원했고, 도자기 · 은그릇 · 의상 · 보석 · 그림 · 책 등을 수집했다. 덕분에 프랑스인은 각종 미술품에도 큰 관심을 두게 됐고 여러 사람이 예술 관련 일에 종사했다.

"U자 형태로 목 부분이 깊게 파인 드레스가 가슴 선을 아름답게 드러내지."

퐁파두르는 여성의 우아한 아름다움을 나타내는 데도 재능이 있었다. 머리를 단정하게 빗어 올려 이마와 귀가 훤히 보이는 이른바 '퐁파두르 두발'로 달걀형 얼굴을 강조했으며, 뺨에는 붉은 홍조가 느껴지도록 색조 화장을 했다. 이 화장법은 당대 여성들에게 유행처럼 번졌다.

퐁파두르는 1764년 갑작스레 세상을 떠났지만, 그의 다양한 예술적 취미는 프랑스 문예와 패션 산업을 진흥시키는 데 결정적 역할을 했다. 예술 정서가 패션 산업을 일으킨 것이다.

예를 들면 보석 세공품으로 유명한 '카르티에'는 1847년 작은 보석 가게로 출발하여 프랑스인 특유의 창조적 감성을 활용해 고급 브랜드로 성장했다. 섬세한 디자인으로 '보석이 예술'이라는 평을 받았고, 1924년에는 세 겹 반지로 화제를 낳았다. 제2차 세계대전 당시에는 유럽인의 동양에 대한 관심을 간파하고 인도 · 중국 · 일본 정서를 살린 작품을 내놓았다. 시대 흐름을 재빨리 읽어가며 독창적 아이디어를 보석 디자인에 반영한 것이다.

이 밖에 '여성의 향기'하면 떠오르는 '향수'도 19세기에 프랑스가 발 빠른 걸음으로 시장을 지배한 상품이다. 오래전부터 사랑과 예술을 존중하는 정서가 현재 패션 산업의 힘이자 에너지로 작용한 것이다. 애정이나 예술을 감상적 사치로 볼 수도 있지만 생각하기에 따라서 가치 있는 사업 품목이 될 수도 있음을 보여준다.

    '예술'을 이야기할 때 자주 회자되는 명언으로 '인생은 짧고 예술은 길다'라는 말이 있다. 이 명언은 흔히 '사람 목숨은 짧지만 아름다운 작품은 역사에 남는다'는 의미로 통용된다. 하지만 본래의 뜻은 그렇지 않다.

    이 말을 처음 쓴 사람은 고대 그리스 의사 히포크라테스다. 그는 의료 윤리강령인 히포크라테스 선서에서 의료 기술 연마의 중요성을 강조하고자 '인생은 짧고 예술은 길다'고 말했다. 다시 말해 히포크라테스는 사람 목숨은 짧지만 (의료) 기술을 익히는 데 많은 시간이 걸리므로 부단히 노력해야 함을 의료인들에게 주지시킨 것이다.

이 같은 맥락의 격언으로는 '세월은 사람을 기다리지 않는다' '세월은 화살처럼 빠르게 흘러간다' '한결같은 낙숫물이 돌을 뚫는다' '태어나면서부터 현명하거나 학식 있는 사람은 없다' 등이 있다.

그렇지만 로마 철학자 세네카가 철학과 예술의 심오함을 강조하며 '예술은 길고 인생은 짧다Ars Longa Vita Brevis'라고 말하면서 그 의미가 조금 달라졌다. 이러한 의미는 중세 영국에서 '예술은 길고 인생은 짧다'라는 격언으로 받아들였다. 이후 종교의 절대적 영향력에서 서서히 벗어나 인권 의식과 예술에 대한 대중적 관심이 높아지면서 이 격언은 널리 사용되기에 이르렀다.

그런데 예술이란 무엇일까? 일부 사람들의 감정적 사치일까? 자본주의 세상에서는 별로 쓸모없는 장식품일까? 사전적 정의에 따르면 예술은 '특별한 재료, 기교, 양식 따위로 감상의 대상이 되는 아름다움을 표현하려는 인간의 활동 및 그 작품'을 말한다. 즉, 사람들에게 아름다움이나 어떤 형상의 느낌을 전달하기 위한 창작 성과물이 곧 예술이다.

다음의 명언은 예술이 인간에게 어떤 의미인지 다시 한 번 되새겨 보게 한다.

'예술은 물질을 이용한 영혼의 전달이다.' - 살바도르 데 마다리아에스파냐 작가

'예술이란 사물이 아니라 수단이다.' - 엘버트 허버드미국 작가이자 출판 경영인

'예술은 카타르시스의 한 형태이다.' - 도로시 파커미국 시인

'위대한 예술은 일종의 초진실성이 있다.' - 올더스 헉슬리영국 소설가

화가의 시각에 대한 한마디

외모 콤플렉스에 시달린 미켈란젤로

미켈란젤로는 다소 늦은 나이인 열세 살에 미술 공부를 시작했지만 천재적 소질에 힘입어 동료는 물론 스승 기를란다요의 실력을 금세 뛰어넘었다. 그러자 스승의 총애를 받던 토리지아노가 미켈란젤로를 시기하며 자주 시비를 걸었다. 참다못한 미켈란젤로는 어느 날 토리지아노의 그림을 보며 퉁명스럽게 말했다.
"너는 뛰어난 예술가가 되기는 힘들겠어."
"뭐라고?"
그렇지 않아도 미켈란젤로에게 열등감을 느끼던 토리지아노는 화를 내며 자리에서 벌떡 일어섰다. 그리고는 미켈란젤로의 얼굴을 주먹으로 세게 쳤다. 그 바람에 미켈란젤로의 코뼈가 부러졌다.
"윽!"
평소 외모에 자신이 없었던 미켈란젤로는 그 일로 큰 충격을 받았다. '아름다운 용모의 힘은 자신에게 얼마나 큰 자극인가. 이 세상의 어떤 기쁨도 그보다 큰 것은 없을 것'이라고 생각할 만큼 용모에 남다른 애착을 가진 그가 주먹에 맞아 더 형편없게 된 것이다.
'이런 코로 어떻게 남들 앞에 나설 수 있단 말인가.'
미켈란젤로는 다친 코를 보며 괴로워했고, 이후 코에 대한 콤플렉스는 평생을 따라다녔다. 또한 미켈란젤로는 회화·조각·건축 등 여러 분야에서 대단한 솜씨를 발휘했지만 스스로 조각가라고 말하며 조각에 열중했다. 미켈란젤로는 이듬해 조각가 베르톨도의 문하생으로 들어가 고대 조각을 배웠다.

미켈란젤로는 조각을 통해 심리적 번민을 구원받으려 했다. 조각은 입체성이 뛰어나고 생명만 없을 뿐 인체 느낌을 그대로 전달했기 때문이다. 미켈란젤로가 평생 대리석 조각에 몰두하고 단지 일정 기간만 다른 분야 예술 작업을 한 이유가 여기에 있으니 외모 콤플렉스가 그를 조각의 길로 이끈 셈이다.

미켈란젤로는 1496년 로마 베드로 성당의 〈피에타〉를 조각하고 1504년 피렌체에서 〈다비드〉를 완성하여 많은 이로부터 찬사를 받았다. 미켈란젤로가 다비드상을 만든 날, 제자들이 조심스럽게 물었다.

"선생님, 어떻게 그런 훌륭한 작품을 만들어낼 수 있었습니까?"

미켈란젤로는 담담한 표정으로 말했다.

"그 형상은 처음부터 대리석 안에 있었지. 나는 필요 없는 부분들만 깎아냈을 뿐이고, 나에게 조각이란 돌을 깨뜨려 그 안에 갇힌 사람을 꺼내는 작업과 같다네."

말년의 미켈란젤로는 조각가로서 자부심이 대단하여 다음과 같은 말들을 남겼다.

'훌륭한 그림은 조각품의 한 종류이다.' '최고의 예술가는 대리석 내부에 있는 존재를 볼 수 있다.'

미술은 시각적 아름다움을 표현하는 예술이다. 그런 까닭에 보고 느낀 감정을 어떻게 표현하느냐 하는 문제는 언제나 미술가들의 고민이었다.

〈만종〉으로 유명한 프랑스 화가 밀레는 같은 시대 화가들처럼 밖으로 나가 자연을 그리지 않고, 화실에서 자연을 그려 독특한 질감을 보여주었다. 밀레의 화실은 특이했다. 빛이 거의 들지 않는 어둠침침한 공간이었다. 밀레는 대지도, 피부도, 의복도 모두 똑같이 뿌옇고 단조로운 필치로 그렸는데 그 이유에 대해 그는 이렇게 설명했다.

"나는 언제나 그늘에서 그림을 그린다. 절반쯤 어두운 곳에 있지 않으면 시력이 무뎌지고 두뇌가 혼탁해진다."

그 밖에 화가들이 남긴 명언을 살펴보면 다음과 같다.

　'우리는 작은 새들이 지저귀듯이 그림을 그린다.' – 모네 프랑스의 인상파 화가

　'미술이란 고달픈 하루가 끝난 후 쉴 수 있는 안락의자처럼 편안해야 한다.' – 앙리 마티스 야수파의 대표적 화가

　'그림은 즐겁고 유쾌하며 예뻐야 한다.' – 르누아르 프랑스 화가

　'나는 보이는 것을 그리지 않고, 알고 있는 것을 그린다.' – 피카소 20세기의 대표적 화가

　'돈 버는 것이 예술이며, 일하는 것이 예술이다. 좋은 사업은 최상의 예술이다.' – 앤디 워홀 미국의 팝 아트 작가

7. 전시장과 음악회에서　223

사진에 대한 탐닉을 다룬 한마디

사진만 있는 링컨과 이사도라 덩컨

링컨은 미남은 아니었으나 또한 추남도 아니었다. 그런데 묘하게도 그의 사진은 많이 볼 수 있지만 초상화는 찾아보기 힘들다. 이에 링컨의 비서 존 니콜라이는 그 이유를 다음과 같이 말했다.

"일류 화가는 정밀한 화상을 그리기 위해 표현 방법을 여러 가지로 연구하며, 특히 감정을 묘사하기 위해서 노력한다. 그런데 링컨은 어느 때나 정해진 표정이 아니라 기분에 따라 다른 표정을 짓기 일쑤였다. 때문에 링컨의 초상화를 그리려고 애쓰던 화가들은 모두 만족스러워하지 못했다. 정밀한 선, 윤곽, 음양, 눈빛, 입술 곡선 등에 이르기까지 생생한 예술을 표현해낼 수 없었기 때문이다. 어느 화가도 링컨의 얼굴에서 그 생생한 감정을 그대로 표현한 적이 없다. 링컨의 사진은 상당히 많다. 그러나 이런 이유로 그의 초상화는 하나도 없다."

쉽게 말해 링컨하면 떠오르는 특징이 될 만한 표정이 없었다는 설명이다. 미국 시인 휘트먼도 "링컨의 미묘하고도 깊은 의미를 지닌 얼굴을 그려낸 사람은 아무도 없다"라는 말로 니콜라이의 말에 공감을 나타냈다.

링컨이 사진만 있고 초상화가 없었다면, 무용가 이사도라 덩컨은 사진만 있고 영화 필름은 없었다. 이사도라 덩컨이 누구인가? 전통 무용을 배격하고 자유 무용을 창조적 예술의 수준으로 끌어올린 현대무용의 개척자이자 타이츠를 입지 않고 맨발로 춤 춘 최초의 무용가 아닌가. 그런 역사적 무용가라면 움직이는 동작을 연속 촬영하는 게 당연한 일인데 어찌하여 동영상 필름은 없을까? 그 이유는 이사도라 덩컨이 자신의 춤을 기록으로 남기고 싶어 하지 않아 영화 필름 촬영을 거부한 데 있다. 그런 까닭에 이사도라 덩컨의 공연 모습은 사진과 그림으로만 남아 있다.

한편 이사도라 덩컨은 평소 자신의 예술관에 대해 다음과 같이 말했다.

"내 삶은 오직 두 가지 동기가 있다. 사랑과 예술이 그것인데, 사랑은 때때로 예술을 파괴했고, 예술의 전체 소명은 사랑에 비극적 종말을 가져왔다. 이 둘은 어울리지 못하고 끊임없이 싸우기만 했다. 왜냐하면 사랑이나 예술 모두 자신만을 위해 전부를 요구하기 때문이다."

사진을 처음으로 찍은 사람은 19세기 초 프랑스인 니세포르 니에프스이다. 그는 1826년 백랍판을 끼운 카메라 옵스큐라를 사용해 자연을 대상으로 한 사진을 성공적으로 만들어냈다. 사진을 처음 접한 사람들은 이내 흥분에 휩싸였다. 당시 프랑스 신문은 이 중대한 발명에 대해 빛이 그려내는 영상을 고정시키는 방법이 고안됐으며, 화가에게 절망감을 안겨줄 만큼 마치 자연을 보는 것처럼 완벽하게 묘사한 그림이라고 소개했다. 이어 이 기계로 각국의 멋진 기념물과 경치를 담아올 수 있을 것이라고 덧붙였다.

이후 사진은 매우 빠른 속도로 세계 전역에 퍼져 나갔다. 이웃 중국이나 일본에 사진술이 도입된 것은 1840년대로 사진기 발명 이후 10년도 채 되지 않은 시기였다. 우리나라의 경우 1871년 신미양요 당시 미국 종군 기자가 가져온 카메라가 첫선을 보였고, 우리 손으로 이루어진 최초의 촬영은 1884년 일본에서 카메라 촬영 기술을 배워온 김용원, 지운영에서 시작되었다. 최근 밝혀진 자료에 따르면, 우리나라에 최초로 사진을 들여온 사람은 화원畵員 출신의 김용원이다. 〈한성순보〉 1884년 3월 18일자에 "작년 여름 김용원이 일본인을 초빙하여 저동에 촬영국을 개설하더니 금년 봄에는 지운영이 일본에서 사진기술을 배워와 마동痲洞에 촬영국을 개설했다"라고 실려 있다.

그리고 예술성 높은 독자적 작품을 찍는 직업 사진가가 본격 등장한 것은 1960년 사진이 대한민국미술대전국전 國展의 한 부문으로 출품되기 시작하면서부터다. 그 뒤 보도 사진과 상업 사진의 중요성이 인식되면서 다양한 직업 사진가들이 출현했다.

사진의 가장 큰 장점은 글이나 말로 설명하지 않아도 상황을 있는 그대로 전달하는 데 있다. 특히 현장성과 사실성이 담긴 사진은 보는 이에게 정서적 감흥을 불러일으킨다. 미국의 미술 평론가 힐튼 크래머의 다음과 같은 이야기는 사진의 특성으로 이해할 수도 있다.

"예술이 최소일수록 설명은 최대가 된다."

19세기 영국 비평가 월터 H. 페이터가 《르네상스》에서 설명한 다음 글도 마치 사진을 염두에 둔 풀이처럼 여겨져 흥미롭다.

"예술은 지나가는 당신의 순간순간을 최고로 해주겠다고 제의하며 당신 앞에 나타난다."

사진은 기록의 가치가 매우 크기에 룩셈부르크 출신의 세계적 사진작가 에드워드 스타이켄은 1961년 〈타임〉과 나눈 인터뷰에서 다음과 같이 말했다.

"사진은 인간의 얼굴에 쓰여 있는 온갖 감정과 인간이 물려받은 땅과 하늘의 아름다움 그리고 인간이 창조해놓은 재산과 혼란을 기록한다. 사진은 인간을 인간에게 설명하는 데 큰 힘이다."

요즘에는 직업 사진가가 아니더라도 일반인도 사진 찍기를 즐기는 사람이 많다. 이들 대부분은 사진에 관심을 갖기 시작하면서 장소에 상관없이 어디에서나 뭔가 끊임없이 사진을 찍으려는 경향이 있다. 이런 심리적 현상에 대해 미국의 평론가 브룩스 애트킨슨은 1951년에 펴낸 《태양 일주》에서 이렇게 분석했다.

"카메라의 장점은 사진작가를 예술가로 전환해주는 힘이 아니라, 그로 하여금 계속 소재를 찾으려는 충동을 느끼게 하는 데 있다."

음악의 영향을 보여주는 한마디

자유와 평화의 세상을 노래한 '이매진'

"민중에게 권력을!"

1960년대 후반 존 레넌은 시민운동에 관심이 많았다. 1969년 전위 예술가 오노 요코를 만난 이후 반전평화운동에 적극적으로 나섰다. 레넌은 1971년 봄에 발표한 싱글 앨범 〈Power to the People〉을 통해 노동자가 중심이 되는 세상, 여성해방과 종교와 국가로부터 자유를 주장했다.

"노래 부르자. 민중에게 권력을, 민중에게 권력을 즉각!"

레넌은 정치 슬로건을 제목으로 삼은 〈Power to the People〉을 시위자들의 흥겨운 행진에 도움을 줄 목적으로 만들었다. 집회자들이 행진할 때 부르기 쉽게 일부러 박수에 박자를 맞춘 이 노래는 영국에서 싱글 차트 상위권에 오를 정도로 인기를 얻었다.

레넌은 1971년 가을에 〈이매진 Imagine〉을 발표해 더 큰 인기를 끌었는데 '이매진'은 오노 요코와 함께 반전평화운동 메시지를 은유적으로 표현한 노래였다. 〈이매진〉의 모티프는 오노 요코가 쓴 〈그레이프후루츠 grapefruits〉라는 시였다.

"우리 울지 말고 상상해보자. 머지않아 우리가 먹게 될 맛난 음식을."

오노 요코는 제2차 세계대전이 한창이던 열두 살 때 배고파 우는 남동생을 달래고자 맛있는 음식을 하나씩 말하면서 상상해보라는 시를 썼는데, 레넌은 그 시를 바탕으로 평소 자신의 꿈과 이상주의를 덧붙여 아름다운 멜로디에 담았다. 20세기 대표적 명곡으로 평가받으며 많은 이들에게 사랑받는 〈이매진〉 가사는 다음과 같다.

천국이 없다고 상상해봐요. 당신이 노력한다면 그건 쉬운 일이에요.
발아래는 지옥도 없고, 우리 위에는 오직 하늘만이 있겠죠.
모든 사람이 오늘을 살아간다는 것을 상상해봐요.

나라가 없다고 상상해봐요. 그리 어려운 일은 아니에요.
살인이나 죽음도 없고 종교 또한 없어요.
모든 사람이 평화롭게 살아간다는 것을 상상해봐요.

당신은 나를 몽상가라 말할지 모르지만 나만 그런 건 아니에요.
언젠간 당신도 우리와 함께 어울리고 하나가 된 세상을 희망하리라 믿어요.

소유가 없다고 상상해봐요. 당신이 할 수 있을지는 모르지만
탐욕과 굶주림이 필요 없고 인류애로 뭉치는
온 세상을 모든 사람이 함께 나눈다고 상상해봐요.

당신은 나를 몽상가라고 말할지 모르지만 나만 그런 건 아니에요
언젠간 당신도 우리와 함께 하나가 된 세상을 희망하리라 믿어요.

대부분 사람이 볼프강 아마데우스 모차르트를 '음악의 천재'라고 생각한다. 어려서부터 음악 재능에 남다른 두각을 나타내 다섯 살에

작곡을 시작했고, 즉흥연주를 할 정도로 연주 실력 또한 뛰어났으며, 훌륭한 작품을 많이 남겼기 때문이다. 하지만 모차르트는 다음과 같은 말로 사람들의 그런 시선에 대해 반박했다.

"사람들은 내 음악이 쉽게 만들어진다고 생각하는데 그렇지 않습니다. 그 누구도 나만큼 작곡하는 데 많은 시간을 보내지 않을 것입니다. 내가 연구하지 않은 음악의 거장이란 없습니다."

모차르트가 음악성 이면에 숨어 있는 노력을 강조했다면, 독일의 위대한 작곡가 베토벤은 음악이 끼치는 영향을 주목하고 "음악은 어떤 지혜나 철학보다도 더 높은 계시를 준다"라는 말을 남기며 이렇게 말했다.

"나의 예술은 가난한 사람들의 행복을 위해서 바쳐져야 한다."

그 밖에 음악에 관련한 명언을 살펴보면 다음과 같다.

'인간에게 심금을 울리며, 모든 병을 치료하는 가장 좋은 것은 음악과 언어이다.' - 랠프 월도 에머슨 미국의 사상가이자 수필가

'음악은 말로 설명할 수 없으면서 침묵할 수 없는 것을 표현한다.' - 빅토르 위고 프랑스 작가

'음악가의 의무는 만인에 사랑과 기쁨을 나눠주는 것이다.' - 안익태 〈애국가〉의 작곡가

세계적인 가수들이 남긴 한마디

검은 참새, 에디트 피아프

샹송 가수 에디트 피아프의 본명은 에디트 가숑이다. 그녀는 프랑스 대중가요인 샹송으로 국제적 명성을 얻었는데, 피아프의 노래는 대부분 자신이 겪은

인생의 비극을 담고 있다. 파리 빈민가에서 태어난 피아프는 파란만장한 인생 때문인지 무척이나 검은색 옷을 좋아한 것으로도 유명하다.

에디트 피아프는 태어나자마자 카페 가수였던 어머니에게 버림을 받아 할머니의 손에 컸다. 서커스 곡예사였던 아버지를 따라 떠돌이 생활을 했던 피아프는 카바레 주인에게 발탁되어 나이트클럽에 일자리를 얻기까지 파리의 거리에서 노래를 불렀다.

카바레 주인 루이 루프레는 그녀를 처음 보았을 때 작은 참새 같은 느낌을 받았다고 한다. 그래서 루프레는 그녀에게 '참새'라는 프랑스 속어 '피아프 piaf'를 예명으로 지어주고, 자기 가게에서 노래를 부르게 해줬다.

피아프는 많은 남자와 사랑을 했지만 가장 사랑한 사람은 권투선수 마르셀 세르당이었다. 피아프는 1946년 끝자락의 어느 날, 파리의 한 클럽에서 세르당을 처음 본 순간 자신의 마지막을 지켜줄 단 한 사람이라고 생각하며 사랑에 빠졌다. 두 사람은 이후 불꽃처럼 뜨겁게 사랑했다. 세르당은 1948년 9월 21일에 미들급 세계 챔피언을 획득했으며, 피아프는 여전히 세계적 샹송 가수로 인기를 끌었다. 두 사람은 잠깐의 이별에도 서로를 그리워하며 편지로 다음과 같은 마음을 주고받았다.

"당신이 떠난 집이 얼마나 텅 빈 것처럼 느껴지는지 아세요? 정말 허전해요."

"혼자 있으니 가슴이 아파옵니다. 잘 먹고, 잘 자고, 일은 조금만 해요."

"당신이 돌아올 땐 예쁘게 보이고 싶어요. 당신이 돌아오면 원하는 모든 노래를 불러줄게요"

"나도 당신이 그립다오. 점점 더 당신에게 미쳐가는 것 같소."

그러나 1949년 10월, 두 사람에게 불운한 운명의 그림자가 드리웠다.

"당신이 몹시 보고 싶어요. 빨리 왔으면 좋겠어요."

"나도 그래요. 배 대신에 내일 비행기를 타고 가겠소."

그해 10월 27일, 피아프는 뉴욕에서 공연 중이었고, 파리에 있던 세르당은 당초 예정된 배를 취소하고 비행기에 탑승했다. 그런데 비행기가 도중에 추락하는 사고로 세르당은 목숨을 잃었다. 뜻밖의 비보에 피아프는 죄책감으로 죽을 생각까지 했다. 그러나 사랑하는 사람을 잃은 고통을 이겨내기 위해 온갖 영매술사를 통해 세르당과 만나려 애쓰면서 그동안 세르당과 주고받은 편지를 바탕으로 애인을 위한 시에 곡을 붙여 〈사랑의 찬가〉를 만들었다. 〈사랑의 찬가〉는 죽은 후에도 영원히 세르당과 함께 살겠다는 사랑을 표현한 노래로 대중의 공감을 얻으면서 피아프의 대표곡이 되었다.

'노래'의 옛말은 '놀애'이다. '놀'은 '놀다'의 어근이며, '애'는 명사를 만드는 접미사다. 따라서 노래는 본래 '노는 것'이란 뜻이었으나 후에 '입을 놀리는 것' '음악'으로 변했다. 반면 영어 'song'은 '노래하다'라는 고대 영어 'singan'에 어원을 두고 있으며, 새의 지저귐이나 시내의 졸졸거리는 소리처럼 마음을 즐겁게 해주는 소리를 의미했다. 오늘날에는 '노래'라 하면 흔히 대중가요를 가리킨다.

노래는 본능적인 유혹이다. 일반적으로 동물의 세계에서 수컷 새들은 감미로운 노래로 암컷에게 구애한다. 인간 세계에서도 노래는 유혹이다. 아름다운 화음으로 부르는 노래는 밋밋한 어조의 말보다 사람 귀에 훨씬 호소력 있게 다가가는 까닭이다. 그래서 이탈리아에서는 창가에서 노래를 불러 연인에게 청혼하기도 했다.

노래에 대한 높은 관심은 예나 지금이나 변함없이 다양한 장르의 예술을 발전시켰다. 성악 중심의 오페라, 북치는 고수와 함께 독창을 펼치는 판소리, 노래와 연극이 어우러진 중국의 경극京劇, 미국에서 발달한 뮤지컬, 대중가수가 팬들을 모아 공연하는 콘서트 등등 수없이 많다.

이러한 여러 가지 배경은 가수가 대중에게 사랑받는 이유이기도 하다. 물론 인기 가수는 화려한 조명을 받으며 무대에 서서 대중을 열광시키지만 한편으로 공연 없는 현실로 돌아오면 허탈함과 쓸쓸함이 교차하기도 한다. 노래 가사에 때때로 삶의 성찰이 담긴 까닭이 여기에 있다.

유명 가수들이 남긴 명언을 살펴보면 다음과 같다.

'나를 운명에 내동댕이치고는, 그는 빛이 가득한 아침 속으로 떠나버렸다.' -에디트 피아프프랑스 상송 가수

'키스에도 여러 가지가 있다. 여기서 한 매듭을 짓는 '쉼표', 앞일이 불투명한 '물음표', 마침내 해냈다는 '느낌표', 여자라면 이런 정도의 기본 철자법은 알고 있어야 한다.' -미스탕게트프랑스 상송 가수

'아침에 일어나고 밤에 자러 가는 그 사이에 하고 싶은 일을 한다면 이런 사람을 성공한 사람이라 한다.' -밥 딜런미국 가수

'시력을 잃은 사람이라고 해서 미래까지 없는 것은 아니다.' -스티비 원더미국 가수

유명한 작가들이 남긴 한마디

불행한 어린 시절 덕분에 동화작가가 된 안데르센

덴마크 동화작가 안데르센은 애초 동화작가가 될 생각이 없었다. 그는 극장 배우가 꿈이었으며 그 꿈을 위해 열심히 노력했다. 그럼에도 그는 스스로 '보

잘것없다'고 여긴 동화로 전 세계에 이름을 떨쳤다. 어찌된 일일까?

안데르센이 태어나 자란 곳은 덴마크의 오덴세라는 조그마한 도시 빈민굴이었다. 아버지는 구두수선공으로 아들에게 재미난 이야기를 해주는 자상한 성격이었다. 아버지의 영향으로 안데르센은 상상하기를 좋아했다. 그래서 아이들과 어울리기보다는 혼자 벌판으로 나가 꽃이나 딸기를 따며 놀았고 가난 속에서도 희망의 꽃을 피우며 살았다.

아버지가 세상을 떠나자 안데르센은 가족 생계를 위해 직물 공장에서 일해야 했다. 그는 잡일을 하면서도 장차 극장 무대에 서겠다는 꿈을 잃지 않았다. 틈틈이 노래 연습을 하며 차근차근 준비를 해나갔다. 그런데 안데르센의 노래가 매우 아름다운 나머지 그를 여자로 의심하는 동료가 여럿 있었다.

"여자인지 남자인지 알쏭달쏭해. 아무래도 확인해봐야겠어."

어느 날 갑자기 동료들이 안데르센의 바지를 벗겼다. 이 사건으로 안데르센은 충격을 받아 공장을 그만두고 극장 배우가 되고자 코펜하겐으로 떠났다.

안데르센은 생계를 위해 여기저기 뛰어다니며 코펜하겐 왕립극장에 들어가려는 노력도 게을리하지 않았다. 마침내 후원자를 만나는 행운을 얻었다. 코펜하겐 왕립극장 단장인 요나스 콜린은 안데르센이 왕립극장에서 노래와 춤을 배울 수 있게 해주었다. 하지만 안데르센은 그곳에서 배우로서의 명성을 얻지 못한 채 무대를 떠났다. 자신의 재능보다 뛰어난 사람이 많다는 사실을 깨달았기 때문이다.

안데르센은 문학으로 진로를 바꾸었다. 처음에는 소설이나 희곡 작품에 주력하여 명예로운 작가가 되겠다고 마음먹었다. 열정적으로 작품 집필에 몰두한 결과, 단편 소설 몇 편을 발표했으나 별다른 주목을 끌지 못했다. 안데르센은 절망에 빠졌다.

'아, 내게는 아무 재능도 없단 말인가!'

방황하던 안데르센은 서른 살에 첫 번째 동화책 《어린이들을 위한 옛날이야기》를 펴냈다. 이번에는 별 기대를 하지 않았다. 그런데 이 동화집이 그의 인생에 커다란 전기를 마련해주었다. 안데르센 동화집이 문체와 내용 면에서 새로운 장을 열었다는 평가와 함께 그 인기가 폭발적이었다. 그는 민간 전설을 바탕으로 인간 내면에 자리 잡은 약자에 대한 동정을 표현하고, 구어체 관용어를 사용하여 문장 흐름을 자연스럽게 이끌었는데, 이것이 사람들의 감성을 자극했다. 위대한 동화작가 안데르센이 탄생한 순간이었다.

안데르센의 작품이 어린이와 어른 모두에게 커다란 흥미를 일으킨 또 다른 이유는 어린이의 감성과 생각들을 어린이 관점으로 자연스럽게 그려냄과 동시에 안데르센 자신의 불행했던 과거와 소외받은 슬픈 체험을 사실적으로 묘사한 데 있다. 이와 함께 안데르센의 동화에는 새가 자주 나오는데 '새는 짐승보다 더 곱고 아름다운 모습을 하고 있다'는 평소 안데르센의 생각이 반영된 까닭이다.

인간이 만물의 영장으로 올라선 데에는 무엇보다 지식 전달과 공유의 힘이 컸다. 문자를 발명하여 기록을 하면서부터 보고 느끼고 깨달은 바를 글로 남겨 주변 사람은 물론 후손에게까지 전해줄 수 있었기 때문이다. 이렇게 축적된 지식이나 지혜는 인류 발전의 밑바탕이 되었으니 그런 점에서 책은 위대한 발명품임에 틀림없다.

인류는 초창기에 말로 지식을 전달하다가 점차 정보 기록의 필요성을 느껴 가죽이나 나무판자에 글을 썼고 이것이 책의 탄생으로 이어졌다.

이처럼 문자 발명이 책의 시대를 열게 되자, 더 많은 정보를 기록할 수 있는 필기도구를 찾게 됐다. 그중 유럽에서는 얇은 너도밤나무 판자밀랍판에 기록을 하고 묶어 보관했는데 영어의 'book'은 바로 밀랍판 재료인 너도밤나무를 뜻하는 앵글로색슨어 'boc'에서 유래했다. 중국에서는 글을 적기 위해 쪼갠 길쭉한 대나무 조각을 간簡 또는 죽간竹簡이라 일컬었다. 간단한 내용은 죽간 하나에 기록했지만 분량이 많을 때는 죽간을 끈으로 여러 개 묶어 사용했는데 그것이 책 冊이다. '책冊'은 죽간을 가죽 끈으로 꿴 상형문자이다.

한편 고대에는 신화나 통치자에 관한 일을 주로 기록했으나 철학과 문화 예술에 대한 관념이 형성되면서 점차 다양한 내용을 책에 담았다. 통찰력 있는 성직자나 작가는 자신의 사상을 책으로 써서 출판했다. 이렇게 하나둘 늘어난 책들은 사람들에게 독서의 필요성을 일깨워주었고, 사람들은 지식이나 명언을 통해서 유용한 정보나 깨달음을 얻었다.

유명한 작가들이 남긴 인생, 지식, 독서 등에 관한 명언은 다음과 같다.

'남의 책을 읽는 데 시간을 보내라. 남이 고생한 일을 통해 쉽게 자기를 개선할 수 있다.' - 소크라테스 고대 그리스 철학자

'책 없는 방은 영혼 없는 육체와 같다.' - 키케로 고대 로마 정치가

'얻은 것을 결코 잃지 않는다는 것은, 지식이라는 왕국이 누리는 영광스런 특권이다.' - 다니엘 웹스터 미국 정치가

'독서는 완성된 사람을 만들고, 담론은 재치 있는 사람을 만들고, 필기는 정확한 사람을 만든다.' - 프랜시스 베이컨 영국의 철학자이자 정치가

'책을 읽음으로써 독서하는 법을 배우고 좀 더 미묘하고 복잡한 대화를 점점 더 완벽하게 이해하는 능력을 키울 수 있다.' - 조지프 우드 크러치 미국 교육평론가

'인생의 비결은 자기가 좋아하는 일을 하는 것이 아니라, 해야만 하는 일을 좋아하도록 노력하는 것이다.' - D. M. 크레이크 영국 소설가

'정해진 해결법 같은 것은 없다. 인생에 있는 것은 진행 중인 힘뿐이다. 그 힘을 만들어내야 한다. 그것만 있으면 해결법 따위는 저절로 알게 된다.' - 생텍쥐페리 프랑스 작가

8. 스포츠경기장과 영화관에서

일상에 지친 직장인들이 동료들과 기분전환하기에
스포츠경기장이나 영화관만한 곳도 없다.
가까운 곳에서 쉽게 즐길 수 있고, 그날의 감흥을 함께 나누었으니
이야깃거리도 풍부한 까닭이다.
스포츠스타나 영화감독과 배우들이 말한 명언들을 알아두면
더욱 풍요로운 대화로 이어질 것이다.

골프에 대한 신념을 보여주는 한마디
축구가 사랑받는 이유에 대한 한마디
야구의 정신을 생각하게 하는 한마디
스포츠 스타들이 남긴 한마디
영화에 대한 열정을 보여주는 한마디
영화에 관련된 인상 깊은 한마디
한 시대를 풍미했던 여배우들의 한마디

골프에 대한 신념을 보여주는 한마디

노력형 골프 영웅 니클라우스

1960년대 중엽, 미국 PGA 시상식에서 스포츠 진행자가 우승자에게 물었다.
"승리 요인이 무엇인가요?"
"몹시 기쁩니다. 무엇보다 이 우승의 기쁨을 잭 니클라우스와 나누고 싶습니다. 저는 연습 경기할 때 티샷에 문제가 있는 걸 알고 대회 출전을 망설였습니다. 그때 잭이 제 고민을 듣더니 같이 연습해보자면서 문제점을 고쳐주었습니다. 이 우승은 잭 덕분입니다."
뜻밖의 대답을 들은 스포츠 진행자는 마이크를 돌려 잭 니클라우스에게 물었다.
"무슨 이유로 경쟁자를 도왔습니까?"
그 질문에 잭 니클라우스는 이렇게 답변했다.
"저를 비롯한 모든 선수를 위한 일이었습니다. 경쟁자의 자극이 없으면 게을러지지만, 누군가 잘하면 더 잘하고자 열심히 훈련하게 될 테니까요. 이는 골프계 발전을 위해 꼭 필요한 일입니다."
잭 니클라우스는 아버지의 캐디로 골프계에 들어온 뒤 1959년 열아홉 나이에 미국아마추어선수권대회에서 우승을 차지했다. 1960년대 초에는 아놀드 파마와 불꽃 튀는 대결을 펼쳤는데, 이는 미국 골프 역사상 가장 치열한 경쟁으로 손꼽힌다.
잭 니클라우스는 '그린재킷의 사나이'로 불린다. 마스터스대회 최다[6회] 우승과 최다[4회] 준우승을 했을 뿐 아니라 마지막으로 참가한 1986년 마스터스에서 극적인 역전승을 거뒀기 때문이다.
잭 니클라우스는 끊임없이 노력한 인물로도 유명하다. 나이가 들어 체형이 변하자 밤낮없이 연습하며 스윙 폼을 바꿔 좋은 성적을 거뒀다. 그는 선수 생활을 은퇴한 뒤 골프장 설계자로서도 큰 명성을 얻었다.

상대 선수의 경쟁심을 자극해 더 열심히 노력하게 한 일화로는 다음의 이야기도 많이 알려져 있다.

1967년 마스터스대회 연습 라운드 때 일이다. 당시 쉰다섯의 샘 스니드는 남아프리카공화국에서 온 스무 살 청년 골프 선수 바비 콜에게 내기 게임을 제안했다. 1966년 브리티시 아마추어 우승을 차지했던 바비 콜은 기꺼이 그에 응했다.

둘은 여러 홀을 거쳐 13번 홀에 이르렀을 때 샘 스니드가 앞에 있는 소나무를 가리키며 말했다.

"이보게, 나는 자네 나이였을 때 저 소나무 위로 공을 쳐올렸다네."

그 말에 자극받은 바비 콜은 공을 쳐서 나무 너머로 보내려 했다. 하지만 공은 나무에 부딪쳐 떨어졌고, 바비 콜은 샘 스니드를 바라보며 물었다.

"정말 그렇게 하셨나요? 저렇게 높은 나무 위로 말이에요."

그러자 샘 스니드는 묘한 미소를 짓더니 이렇게 대답했다.

"물론이지. 다만 내가 자네 나이였을 때 저 나무는 지금보다 훨씬 어리고 키가 작았지."

샘 스니드의 농담에 바비 코울은 할 말을 잃었다고 한다.

"달걀을 깨지 않고는 오믈렛을 만들 수 없듯, 희망과 좌절 없이는 골프대회에서 우승할 수 없다."

미국의 전설적인 골프 선수 바비 존스가 남긴 명언으로, 실패를 딛고 일어서야만 성공할 수 있음을 말한다. 하버드 대학 출신인 존스는 1930년에 브리티시아마추어선수권대회, 브리티시오픈대회, US오픈대회, 아마추어선수권대회 모두를 석권하여 '그랜드슬램grand slam'이란 신조어를 만들어냈다. 그랜드슬램은 원래 카드놀이에서 완벽히 이긴 승리를 일컬었으나 이때부터 테니스나 골프에서 한 해에 4대 주요 대회를 모두 차지한다는 말로 쓰이게 됐다.

만약 바비 존스가 2000년대에 그랜드슬램을 달성했다면 대회 상금만으로 대략 50억 원을 벌었을 것이다. 하지만 바비 존스는 일생 동안 아마추어 선수로 활동했다. 보다 못한 프로 골프 선수가 조심스레 그에게 말했다.

"당신 실력이라면 당장 돈방석에 앉을 거예요. 어서 프로로 전향하세요."

그러자 바비 존스는 이렇게 대답했다.

"아마추어라는 말의 어원이 무엇인지 아세요? '사랑하다'라는 뜻이에요. 나는 골프를 사랑해서 하는 것이지 돈이나 명예 때문에 하는 게 아닙니다."

큰돈을 벌고 싶어 하는 사람에게는 이런 말이 미련스럽게 들리겠지만, 바비 존스는 일생 그 신념을 지켰다.

한편 골프 직업 선수는 물론 애호가들은 실력 향상에 관심이 많기 때문에 그와 관련한 골프 명언도 많다. 제2차 세계대전이 끝난 뒤 미국 골프계를 휩쓸며 PGA 투어 최다 82승 우승을 기록한 샘 스니드는 그립의 중요성을 강조했다.

"골프는 그립이다. 그립을 알면 골프를 아는 것이다. 그립을 쥘 때는 비둘기를 손에 쥐듯이 상처를 줘도 안 되고 날아가게 해서도 안 되는 정도가 바람직하다."

마스터스대회 6회 우승과 1998년 쉰여덟에 '마스터스대회 사상 톱10에 진입한 최고령 선수'라는 기록을 남긴 잭 니클라우스는 노년의 골퍼를 걱정 어린 눈으로 바라보는 이들에게 이런 말을 했다.

"인생에서 우리가 저지르는 최악의 일은 포기하는 것이다. 포기하면 정말로 늙기 시작한다."

니클라우스는 또 자신의 성공 비결을 다음과 같이 말했다.

"나는 이길 수 있다는 믿음을 버린 적이 없지만 그 믿음이 항상 우승을 가져다주지는 않았다. 믿음이 한 일은 나를 항상 물러나지 않게 한 것이다."

축구가 사랑받는 이유에 대한 한마디

베컴, 지옥과 천당을 모두 경험하다

"드디어 내가 맨체스터 유나이티드 선수가 됐어!"

영국의 데이비드 베컴은 열세 살 생일에 그토록 바라던 맨체스터 유나이티드와 입단 계약을 맺고 뛸 듯이 기뻤다. 실전 경기에서 뛰려면 아직 멀었지만 소질을 인정받고 계약을 맺었다는 사실만으로도 베컴은 기쁨을 감추지 못했다. 비록 그는 선배 선수의 축구화를 닦고 탈의실 청소 등과 같은 허드렛일을 하면서도 꿈을 향해 천천히 나아갔다. 베컴은 이윽고 팀의 주전으로서 프리킥과 코너킥을 도맡을 만큼 뛰어난 기량을 선보이며 스물두 살에 국가대표로 뽑혔다. 모든 일이 순조롭게 진행되는 듯싶었다.

1998년 그에게 크나큰 시련이 찾아왔다. 바로 그해 열린 프랑스 월드컵

16강에서였다. 당시 베컴은 아르헨티나와 경기를 하던 중 퇴장당했고, 영국은 연장전까지 가는 접전 끝에 승부차기에서 3 : 4로 아르헨티나에 패했다. 이 경기는 '작은 포클랜드 전쟁'1982년 포클랜드 섬 영유권을 두고 영국과 아르헨티나가 맞붙은 전쟁으로 불릴 만큼 치열했던 탓에 경기 종료 후 패배에 대한 비난 화살이 베컴에게 쏟아졌다.

'베컴은 패배의 원흉이자 영국의 치욕' '사자 같은 영웅 열 명, 얼간이 한 명'

영국 신문들은 자극적인 제목으로 베컴을 모욕했고, 흥분한 일부 훌리건은 베컴을 살해하겠다고 위협했다. 심약한 선수였다면 베컴은 여기에서 무너졌을 것이다. 하지만 베컴은 자신을 믿었고, 실수를 만회해 명예를 되찾겠다고 결심했다.

절치부심하던 그에게 좋은 기회가 찾아왔다. 2002년 한일월드컵 예선에서 아르헨티나와 다시 만난 것이다. 베컴은 영국팀 주장으로 뛰었고, 전반전이 끝나갈 즈음 마이클 오언이 페널티킥을 얻어냈다. 누가 찰 것인가? 베컴이 나섰다. 심장이 멎는 듯한 순간이 계속되는 가운데 베컴은 과감히 공을 찼고 공은 그대로 골문으로 빨려 들어갔다.

"골인!!"

숨죽이며 지켜보던 영국인들은 환호성을 질렀고, 중계방송 카메라는 베컴을 화면 가득 잡았다. 베컴은 코너플래그 쪽으로 달려가 환호성을 질렀다. 훗날 베컴은 이렇게 회고했다.

"최고 슈팅은 아니었지만 그날 밤 슈팅은 완벽 그 자체였다."

베컴은 세계 최고 선수라는 자부심을 회복했으며, 월드컵이 끝난 뒤 나라에 기여한 공로로 영국 여왕으로부터 명예 대영제국 훈장을 받았다.

축구가 사랑받는 이유를 꼽는다면 단순함과 박진감에 있다. 축구 경기 규칙은 여느 스포츠보다 단순하다. 선수들은 쉼 없이 뛰어다니고 몸을 부딪치며 골문을 향해 돌진한다. 그리고 마침내 골을 넣는 데서 강렬한 성취감을 느낀다. 보는 관중 역시 비슷한 일체감을 느낀다. 스포츠 경기 중에서 축구 팬이 가장 많은 이유가 여기에 있다.

〈노팅힐〉〈러브 액츄얼리〉 등으로 유명한 영국 영화배우 휴 그랜트는 한 인터뷰에서 축구인임을 자처하며 어린 시절 꿈에 대해 이렇게 말했다.

"축구를 하고 싶었다. 1966년에 제프 허스트가 했듯이 월드컵에서 세 골을 넣고 우승하는 게 소원이었다. 사실 그렇게 해달라고 매일 밤 기도까지 드렸다. 신을 안 믿는 것도 바로 그래서다. 나를 이렇게 실망시켰으므로……."

기억에 남을 만한 축구 관련 명언 중에서 몇 가지를 꼽는다면 다음과 같다.

'경기의 99퍼센트는 선수들이 만들고, 1퍼센트는 감독이 만든다. 그러므로 감독이 없으면 100퍼센트가 될 수 없다.' - 알렉스 퍼거슨영국 맨체스터 유나이티드 감독

'선수를 평가할 때 그 선수의 능력보다 열정을 더 중요하게 본다.' - 파비오 카펠로잉글랜드 축구 대표팀 감독

'공을 가지면 내가 주연이다. 내가 결정하고 내가 창조한다.' - 요한 크루이프네덜란드 축구인

'축구에 인종이란 없다.' - 미셸 플라티니프랑스 축구인

'강한 자가 이기는 게 아니다. 이긴 자가 강한 거다.' - 프란츠 베켄바우어독일 축구인

'축구는 스타가 아닌 팀이 하는 것이다.' - 펠레브라질 축구인

야구의 정신을 생각하게 하는 한마디

20세기 최후의 4할 타자, 테드 윌리엄스

테드 윌리엄스는 1939년 메이저리그 데뷔 첫해에 3할 타율을 넘기고 149타점으로 아메리칸리그 타점왕에 올랐다. 이듬해 그는 타율 3할4푼4리를 기록하며 뛰어난 타격 재능을 보여주었고, 1941년에도 시즌 중반까지 4할 타율을 유지하며 사람들의 이목을 끌었다.

"꿈의 4할도 가능하겠어."

그때까지 1930년 자이언츠의 빌 테리 이후 어떤 타자도 4할을 달성하지 못했기에 야구팬들은 흥미진진하게 윌리엄스의 활약을 지켜보았다. 시즌 막바지인 그해 9월 27일 윌리엄스의 타율은 4할1리였고, 당시 감독 조 크로닌은 더 이상의 출전을 만류했다.

"이봐, 테드. 오늘부터 세 게임은 벤치에서 그냥 쉬자고."

"호의는 고맙지만 경기에 나가겠습니다."

윌리엄스는 그날 4타수 1안타를 기록해 타율이 3할9푼9리로 떨어졌다. 4할이 꿈으로 끝나버리는 듯싶었다. 하지만 정확히 타율을 계산해보니 3할9푼9리5모5사로서 반올림하면 4할이었다. 시즌 마지막 두 경기에서 뛰지 않으면 당시 계산법으로 4할 타율을 인정받을 수 있었다. 크로닌 감독을 비롯해 주위 동료들이 윌리엄스에게 마지막 경기에 나가지 말라고 권했다. 마지막 경기는 일요일 더블헤더_{우천 등으로 연기되었을 때 그 다음 날에 하루 두 경기를 몰아서 하는 제도}로 진행됐는데, 윌리엄스는 당당하게 말했다.

"오늘 안타를 치지 못한다면 4할 타자 자격이 없습니다."

그날따라 날씨가 몹시 쌀쌀해서 타자에게는 불리한 경기였다. 그래도 윌리엄스는 결단을 내리고 경기에 나섰다. 추운 날인데도 그의 대기록 달성을 응원하고자 많은 관람객이 경기장을 찾았다.
　드디어 경기가 시작되고 얼마 후 윌리엄스가 첫 타석으로 걸어갔다. 윌리엄스가 타석에 들어서기 전에 상대팀 헤예스 포수가 말을 걸어왔다.
　"맥 감독이 말하길, 자네에게 고의로 안타를 내주면 아마도 자네가 우리를 야구계에서 내쫓을 거라고 하더군. 행운을 비네. 하지만 쉬운 타석은 결코 없을 걸세."
　"좋지, 나도 정정당당한 승부를 원한다네."
　윌리엄스는 심호흡을 한 다음 타석에 섰다. 무척 긴장된 순간이었다. 이때 주심이 타임을 부르더니 타자 앞에 있는 홈플레이트를 깨끗하게 청소하면서 혼잣말처럼 말했다.
　"안타를 치려면 긴장하지 말고 느긋해야 해. 반드시 그래야만 하지."
　그 말을 들은 윌리엄스는 미소 지으며 긴장을 풀었다. 그 효과인지 윌리엄스는 첫 타석에서 안타를 쳤고, 두 번째 타석에서 홈런을 쳤으며 계속해서 안타를 쳤다. 결과적으로 윌리엄스는 두 경기에서 8타수 6안타를 뽑아냈다. 그리하여 타율은 3할 추락이라는 우려와 달리 4할6리로 확정되었다. 그뒤 메이저리그에서 아무도 4할을 기록하지 못했기에 윌리엄스에게는 훗날 '20세기 최후의 4할 타자'란 명예로운 별칭이 붙었다.
　메이저리그 사상 가장 위대한 타자 중 한 명으로 손꼽히는 윌리엄스는 19년 선수 생활을 하는 동안 통산 타율 3할4푼4리에 홈런 521개, 안타 2654개를 기록했다. 그리고 1966년 93.38퍼센트의 득표율로 명예의 전당에 올랐다.

　테드 윌리엄스는 좌타자로서 시종일관 끌어치기를 고집했다. 타율을 관리하고자 밀어치거나 적당히 방망이에 공을 맞추는 선수가 아니었다. 윌리엄스는 선구안이 좋아서 볼에는 손을 대지 않고 스트라이크만 노려 쳤다. 윌리엄스가 끌어치기만으로도 계속 안타를 뽑아내자 급기야 상대팀 감독이 묘안을 들고 나왔다.
　1974년 7월 14일, 보스턴의 윌리엄스가 클리블랜드를 상대로 더블

헤더 1차전에서 홈런 3개와 8타점을 뽑아내자, 클리블랜드 감독은 2차전에서 극단적 수비를 선수들에게 지시했다. 좌익수를 제외한 모든 선수를 운동장 오른쪽으로 이동 배치시킨 것이다. 좌타자가 끌어치기하면 타구는 오른쪽으로 날아간다는 점을 감안한 조치였다. 하지만 결과는 볼넷으로 출루였다. 이 일을 계기로 다른 팀에서도 수비 시프트이동를 펼쳤지만, 윌리엄스는 호기롭게 말했다.

"옮길 테면 옮겨봐, 어차피 빈자리는 많으니까. 아니면 넘기면 되겠지."

윌리엄스는 다음과 같은 명언도 남겼다.

"남자라면 그날의 목표, 나아가 인생의 목표가 있어야 한다. 하루의 목표, 인생의 목표 그리고 내 자신의 목표는 사람들로부터 이런 말을 듣는 것이다. 저기 테드 윌리엄스가 지나간다. 이제까지 살았던 사람 중에 가장 위대한 타자다."

야구의 종주국 미국에서는 어려서부터 야구를 즐기고 틈만 나면 야구장을 찾는다. 미국에서 '시詩의 아버지'라 불리는 월트 휘트먼도 대단한 야구광으로 야구경기를 즐겨 보았다. 그런데 프로 야구팀이 생긴 1869년부터는 직구가 아닌 커브 볼이 등장하자 휘트먼은 다음과 같이 말했다.

"타자가 치기 어려운 공을 던지는 것은 스포츠 정신에 어긋나는 비열한 일이다."

그 밖에 새겨둘 만한 명언은 다음과 같다.

'끝날 때까지는 끝난 게 아니다.' – 요기 베라미국 야구인

'내가 생각하기에 이 세상 유일의 스포츠는 야구다.' – 베이브 루스 미국 야구인

'배팅은 타이밍이고, 피칭은 그 타이밍을 빼앗는 것이다.' – 워렌 스판미국 야구인

'실력을 재능으로 평가하는 전문가들을 보면 화난다. 내가 이제까지 쌓아온 노력이 아까운 이유에서다.' – 페드로 마르티네즈도미니카 출신의 미국 야구인

'1킬로미터 빠른 공보다 1센티미터 더 빼낼 수 있는 제구력을 가진 투수가 위력을 발휘하는 것이 야구다.' – 송진우한국 야구인

스포츠 스타들이 남긴 한마디

인신공격에 약했던 베이브 루스

"나는 사람들이 피부색으로 사람들을 판단하지 않고, 인격으로 사람 능력을 판단하는 그날을 기대합니다."

마틴 루터 킹 목사의 연설 중 일부로, 인종차별의 부당성을 잘 지적하고 있다. 인종차별은 미국 사회의 뿌리 깊은 문제로 이 때문에 흑인은 물론 백인까지도 피해의식을 느꼈다. 베이브 루스의 일화에서 그 같은 사실을 확인할 수 있다.

메이저리그의 전설적 야구 선수인 베이브 루스는 현역 시절 까무잡잡한 피부 때문에 종종 '깜둥이'라는 놀림을 받았는데 그때마다 불같이 화를 냈다.

베이브 루스는 흑인 피가 섞이지 않은 순수한 백인이었으나 이상하게도 '깜둥이'라는 말에는 감정적으로 격한 반응을 보였다. 상대팀 선수들은 그 점을 악용해 경기 중에 베이브 루스를 자극하기도 했다.

1922년 월드시리즈 때 일이다. 양키스와 자이언츠의 7전 4선승제에서 자이언츠가 내리 3승을 거두며 우승을 향해 바짝 다가섰다. 자이언츠 선수들은 베이브 루스에게 심한 야유와 조롱을 퍼부었고, 그런 탓인지 베이브 루스는 3차전까지 무안타를 기록했다. 그리고 3차전이 끝났을 때 베이브 루스는 홀로 자이언츠의 라커룸으로 뛰어들어가 외쳤다.

"롤링스 이놈 어디 있어?"

자이언츠 후보인 내야수 자니 롤링스는 경기 내내 거친 말로 베이브 루스를 자극했음에도 느닷없이 찾아온 베이브 루스에게 지지 않고 응대했다.

"나, 여기 있네!"

베이브 루스는 롤링스를 보자마자 눈을 부라리며 큰소리로 말했다.

"야아, 뭐 같은 놈아! 한번만 더 입을 함부로 나불거리면 가만두지 않겠어!"

"내가 뭘 잘못했다고 난리야. 이놈아!"

두 사람은 몸싸움을 하기 일보 직전까지 갔으나 자이언츠 포수 얼 스미스가 뜯어말리며 베이브 루스에게 물었다.

"대체 쟤가 뭐랬기에 그래? 응?"

"저 놈이 나보고 깜둥이라잖아!"

그 말을 들은 스미스는 시큰둥한 반응을 보였다.

"별일도 아니구먼."

하지만 베이브 루스는 여전히 분이 풀리지 않은 듯, 라커룸 안의 자이언츠 선수들을 둘러보며 말했다.

"너희들, 내 말 잘 들어! 어떤 욕을 해도 나 참을 수 있어. 하지만 깜둥이라고 말하면 결코 용서하지 않겠어!"

'스포츠sports'란 '일을 멈추다'는 뜻의 고대 프랑스어 'desporter'에 어원을 두고 있다. 에너지를 소모한다는 점에서 '일'이나 '운동'의 성격이 같지만, 운동에는 즐거움이 따르니 '일을 멈추고 즐기는 것'을 스포츠라고 불렀다.

고대 문화는 종교적 요소를 운동 경기에 받아들였지만, 즐거움을 주는 놀이에 대한 욕망은 항상 존재했다. 이 놀이가 결국 새로운 운동 경기를 창조하는 원동력이 되었다. 마찬가지로 옛날 사람들은 짐승을 사냥할 때 무엇보다 달리기가 중요했는데 그 영향으로 자연스레 도보 경주가 생겨났다. 또한 공을 사용할 줄 알게 되면서 다양한 종목의 스포츠를 고안해 즐겼다.

스포츠는 직접 경기를 하는 사람이나 구경하는 사람 모두를 흥분시키는 힘이 있다. 왜냐하면 승부욕을 자극하기 때문이다. 승부욕에 관한 한 여성보다 남성들이 스포츠에 열광하는 이유가 여기에 있다. 또 스포츠는 체력과 더불어 기술이 필요하다. 따라서 선수들은 타고난 재능을 바탕으로 기술 연마를 하는 데 많은 시간을 보낸다. 이 과정에서 어떤 이는 포기하고 어떤 이는 끝까지 버텨내 독보적인 존재가 된다.

역사상 유명한 운동선수들이 남긴 명언은 다음과 같다.

'절대 포기하지 않는 자를 이기는 것은 어렵다.' – 베이브 루스미국 야구 선수.

'우리는 모두 꿈이 있다. 그러나 꿈이 현실화되려면 강한 결심, 헌신, 훈련 그리고 노력이 필요하다.' – 제시 오웬스미국 육상 선수. 1936년 베를린 올림픽 4관왕.

'훈련 한 번으로는 아무것도 일어나지 않는다. 자신을 채찍질하며 수천 번 훈련했을 때, 신체의 여러 부분에서 변화와 발전이 일어날 것이다. 비가 온다고? 그건 문제가 안 된다. 피곤하다고? 그 또한 문제가 안 된다. 의지력만 있다면 아무 문제도 없다.' − 에밀 자토체코 육상 선수. 1952년 헬싱키 올림픽 3관왕

 '나는 남과 경쟁하여 이기는 것보다 내 자신의 고통을 어떻게 이겨낼지 생각한다. 마라톤은 무척 고된 운동이기에 숨은 턱에 차고, 심장은 터질 듯 뛴다. 때로는 몸이 몹시 무거워서 고통스러울 때도 있다. 그럴 때마다 컨디션을 가다듬어 평소처럼 뛰어야 한다. 나 자신의 고통과 괴로움에 지지 않고 마지막까지 달렸을 때 그것이 승리로 연결되었다.' − 아베베 비킬라에티오피아 육상 선수. 1960년과 1964년 올림픽 마라톤 2연패

 '인간은 경쟁 상대가 있을 때 상승 에너지가 솟구친다. 만약 경쟁 상대가 없다면 기록은 퇴화될지도 모른다.' − 칼 루이스미국 육상 선수. 1984년 로스앤젤레스 올림픽 4관왕

 '열정도 능력이다. 열정이 없다면 성취도 없다. 도전을 사랑할 때 경기를 갈망하게 되고 경기를 갈망하면 연습이 즐거워진다.' − 마이클 조던미국 NBA 농구 선수

 '고된 훈련 때문에 경기가 쉬웠다. 그게 나의 비결이다. 그래서 나는 승리했다.' − 나디아 코마네치루마니아 체조 선수. 1976년 몬트리올 올림픽 체조 3관왕

 '힘이 드는가? 하지만 오늘 걸으면 내일은 뛰어야 한다.' − 카를레스 푸욜에스파냐 축구 선수

 '축구는 미스miss의 스포츠다. 모든 선수가 완벽한 플레이를 펼치면 스코어는 영원히 0 : 0이다.' − 플라티니프랑스 축구인

 '늘 그랬다. 그 순간 죽을 것 같아도 결국 견뎌내지 못한 고통은 없었다.' − 타이거 우즈미국 골프 선수

'타고난 재능이란 인간이 만들어낸 허구에 불과하다. 나는 슬럼프에 빠지면 더 많은 연습을 통해 정상을 되찾는다. 인정받으려면 부단한 연습 이외에 다른 방법이 없다.' - 타이거 우즈 미국 골프 선수

영화에 대한 열정을 보여주는 한마디

히치콕이 서스펜스 영화에 빠진 까닭은?

히치콕은 기묘한 분위기의 서스펜스 영화로 독보적 인기를 얻은 영국 태생의 미국 영화감독이다. 그의 가장 뛰어난 재능은 서스펜스를 조성하고 이끄는 기술적 통제력이다. 그는 1926년에 하숙생을 살인마로 오해하는 바람에 벌어지는 사건을 그린 영화 〈하숙생〉을 감독하면서 그 같은 부류의 스릴러 영화를 만들기 시작했다. 여기에는 히치콕의 어린 시절 경험이 결정적 계기가 되었다.

히치콕은 어린 시절 공부에는 관심이 없었고 돌아다니는 일에 열중했다. 그는 부두를 자주 찾아갔으며, 아무 버스나 타고 선창가에 가서 정박 중인 영국 상선 숫자를 일일이 세어보곤 했다. 그리고 집에 돌아와서는 자기방 벽에 자료 수집 목록을 만들어 그 수를 기록하는 일을 즐겼다.

사실 히치콕의 방랑은 아버지에 대한 반항이었다. 매사에 엄격한 아버지는 자유분방한 아들의 행동을 사사건건 제약했고, 히치콕은 그 스트레스를 벗어나기 위해 부두로 나가 바다를 자유로이 항해하는 배를 보며 구속받는 자기 신세를 한탄했던 것이다.

"참으로 한심한 짓을 하네."

과일 도매상을 하는 아버지의 눈에는 히치콕의 그런 행동이 쓸데없는 일로 보였다. 더구나 어린아이가 런던에서 부두까지 그 먼 거리를 헤매고 돌아다닌다고 생각하니 더욱 걱정되었다. 아버지는 히치콕을 여러 번 혼냈지만 아무 소용이 없자 참다못해 히치콕의 방랑벽을 고치기 위해 묘안을 생각해냈다. 결과적으로 그 일은 히치콕의 인생에 지대한 영향을 끼쳤다.

"이 편지를 경찰 서장에게 전해드려라."

어느 날 아버지는 히치콕에게 편지를 쥐어주며 동네 경찰서로 심부름을 보냈다. 편지를 받은 경찰 서장은 꼬마 심부름꾼을 아무 설명 없이 유치장에 가둬버렸다. 갇힌 시간이 길지는 않았지만 어린 히치콕은 그 짧은 시간 동안 두려움·불안·공포 따위의 감정을 강하게 느꼈다. 또한 유치장에서 나왔을 때 히치콕은 미묘한 쾌감을 느꼈다.

'공포에서 해방되니 후련한 기쁨을 느끼게 되는구나!'

히치콕은 가슴 두근거리는 긴장감과 그 뒤에 느끼는 자유로운 해방감의 기쁨을 일찌감치 터득했던 것이다. 바로 공포·심리 영화의 귀재, 히치콕의 탄생을 알리는 사건이었다.

이후 히치콕은 영화를 접하면서 방황과 갈등의 터널에서 빠져나올 수 있었다. 그는 스스로 정신을 분석 연구하고 이를 영화에 도입하여 자기의 공포증이 치유되는 쾌감을 느꼈다. 히치콕은 자신의 독특한 정신 체험을 바탕으로 긴장감 있고 기묘한 분위기의 영화를 만들었고, 그 같은 감정의 보편성은 관객들의 호응을 이끌어냈다.

한편 히치콕은 1940년대부터 자신이 제작한 영화에 엑스트라로 출연하기 시작했다. 그는 행인이나 신문을 사는 사람 등 한눈에 알아보기 힘들 정도로 잠깐 스쳐갔다. 이 단역 출연이 영화의 외적인 흥미 요소로 작용하여 관객의 호기심을 자극하는 데 성공하자, 몇몇 감독이 이를 흉내 내기도 했다. 또한 히치콕은 시간 약속이 정확했으며, 평상시에도 사진을 찍을 때면 반드시 영화의 한 장면을 연출하는 등 영화인으로서 치밀성을 보여주기도 했다.

예부터 호기심이 많았던 인간은 뭔가 구경하기를 좋아했다. 이러한 인간의 성향은 문명 시대에 들어서면서 극장이 생겨나는 데 큰 영향을 끼쳤다. 극장을 뜻하는 영어 theater는 '바라보는 장소'라는 뜻의 고대 그리스어 'theatron'에 어원을 두고 있다.

고대 그리스인은 반원형 언덕 앞에 극장을 설치하여 연극을 상연했고, 고대 로마에서는 원형경기장을 지어 검투사들의 피비린내 나는 싸움을 즐겼다. 다른 문화권에도 저마다 다양한 형태의 극장이 있었다.

극장 문화에 일대 변화의 바람을 일으킨 것은 19세기 말에 발명된 영화였다. 사람들은 어두컴컴한 실내에 설치된 화면을 바라보며 다양한 구경거리를 즐겼다. 많은 사람이 영화를 좋아했는데 특히 연인들이 극장을 많이 찾았다. 은밀한 공간에서 영화를 함께 감상한 뒤 한껏 고조된 감정을 공유하고 사랑의 욕망까지 즐길 수 있기 때문이다.

한편 영화는 보는 이로 하여금 다음 내용을 궁금해하게 하는 힘이 있다. 관객이 영화에 쉽게 몰입하는 이유가 여기에 있으며, 영화감독들은 그 점을 감안하여 대중에게 전달하고픈 자신만의 사유와 철학을 영화에 담아내기도 한다.

이처럼 영화의 발명은 영상을 통한 커뮤니케이션의 새로운 시대를 열었다. 영화가 탄생하여 현대에 이르기까지 문화 전반에 걸쳐 지대한 영향을 끼친 데에는 영화만의 예술적 특징을 빼놓을 수 없다. 특히 프랑스의 전방위 예술가 장 콕토는 '영화는 영상으로 쓰는 문장'이라고 했는데 영화는 영상 언어로서 단어와 문장, 문법까지 담겨 있는 이유에서다. 다시 말해 고유한 언어를 가진 예술적 매체임을 강조한다.

그런가 하면 영화는 기계적 리얼리티일 뿐 예술로 승화될 수 없다는 비판도 있다. 일찍이 채플린은 "할리우드는 사멸해가고 있다"고 단언한 바 있다. 할리우드는 예술 작품을 만드는 곳이 아니라 셀룰로이드공장에 지나지 않음을 빗댄 것이다.

영화에 대한 열정과 개성을 엿볼 수 있는 영화감독들의 명언은 다음과 같다.

'영화가 줄 수 있는 놀람과 재미는 첫 장면에서 거의 결정된다. 어떻게 시작할 것인가에 대한 기대감을 주지 못하는 영화를 봐줄 만큼 인내심 있는 관객은 그리 많지 않다.' — 히치콕미국 영화감독

'폭탄이 터지는 일에는 공포가 없다. 공포는 오직 폭발이 일어나리라는 예감에 존재한다.' — 히치콕미국 영화감독

'서스펜스는 사랑이다.' — 히치콕미국 영화감독

'멜로드라마는 우연성과 작위성의 세계다. 그런 점에서 나는 체질적으로 잘 소화해내지 못한다. 관객의 눈물을 밖으로 빼내는 데는 자신이 전혀 없다. 게다가 한국인은 안으로 울지 밖으로 울지 않는다.'
— 임권택한국 영화감독

'영화를 보는 것은 음식을 먹는 것과 같다. 왜 맛있는지 모르고, 그것을 특별히 연구하지 않는다. 이해하려 할 필요도 설명할 필요도 없다. 나는 언어로 표현할 수 없는 것을 영화로 표현하고 싶다. 내 영화는 한 권의 책이라기보다는 우편엽서다.' — 왕자웨이王家衛 홍콩 영화감독

'잘 만든 시나리오로도 나쁜 작품은 태어난다. 하지만 좋은 시나리오 없이 좋은 작품이란 없다.' — 구로사와 아키라일본 영화감독

'사람들은 나쁜 것을 잊고 싶어 하고 꾸며낸 좋은 것만 믿으려 한다.' — 구로사와 아키라일본 영화감독

영화에 관련된 인상 깊은 한마디

장난을 좋아한 영화감독 존 휴스턴

존 휴스턴은 1940년대 이래 빠른 내용 전개와 생생한 인물 재현 그리고 예측 불허의 구성 등으로 인기를 끈 미국 영화감독이다. 그가 1948년 멕시코에서 금을 찾아다니는 미국인의 자기 파괴적 탐욕을 그린 〈시에라마드레의 보물〉을 촬영하던 때 일이다.

'음……'

휴스턴은 멕시코 악당 역할을 맡은 베드야가 식탐이 많다는 사실을 알고 묘한 미소를 지었다. 촬영 내내 베드야는 연기보다 먹는 일에 더 열심이었다. 거의 음식에 대한 집착에 가까웠다. 점심시간이 되면 베드야는 누구보다 먼저 촬영 현장의 식사 장소로 달려가 허겁지겁 포식하곤 했다.

'아, 이제 좀 살겠다.'

식사를 마친 베드야는 배를 두드리며 만족해했지만 그 모습을 지켜본 휴스턴 생각은 달랐다.

어느 날 휴스턴은 베드야가 탈 말의 안장에다 강력한 접착제를 칠해놓고 촬영을 시작했다. 휴스턴이 베드야를 보고 말했다.

"부지런히 찍고 어서 점심 먹자고!"

베드야는 감독 지시에 따라 말에 올라타서 악당의 대사를 읊조리며 '레디 고' 외침을 기다렸다. 휴스턴은 잠시 뜸을 들이며 곧 촬영할 것처럼 연기했다. 그러다 갑자기 휴스턴이 외쳤다.

"컷! 점심 먹고 합시다!"

스태프 모두 근처에 있는 식사 장소로 향했다. 그날따라 사람들은 아주 맛난 표정으로 점심을 즐겼고, 베드야도 식사를 하려고 말에서 내려오려 했으나 그럴 수 없었다. 베드야는 발버둥 쳤지만 아무리 힘을 써도 몸이 안장에서 떨어지지 않았다.

"어, 왜 이러지? 이봐, 누구 이리로 좀 와줘!"

그렇지만 어느 누구도 베드야를 쳐다보지 않았다. 출연자와 제작진 모두 일부러 외면하며 더 맛있게 먹었다. 어떤 이는 그릇을 들고 베드야 옆을 지나가기도 했다. 식탐 많은 베드야는 안달하다 못해 마침내 울음을 터뜨렸다.

휴스턴은 다음과 같은 명언을 남겼다.

"나는 신이 죽지 않고 단지 술에 취했다고 생각한다."

또한 이 일화는 범죄 영화의 걸작으로 손꼽히는 존 휴스턴 감독의 1950년 작품 〈아스팔트 정글〉에 나오는 그 유명한 대사처럼 '범죄는 인간 노력의 색다른 형태일 뿐'임을 말해준다.

"너는 눈이 예쁘구나."

1995년 영화 탄생 100주년을 맞아 프랑스에서 실시한 설문 조사에서 뽑힌 가장 인상 깊은 영화 대사다.

마르셀 카르네 감독의 1938년 작품 〈안개 낀 부두〉에서 탈영병으로 쫓기는 장 가뱅이 방황하는 소녀 역의 미셸 모르강에게 건넨 말로, 이 대사는 유명한 시인이자 시나리오 작가 자크 프레베르가 썼다. 당시 촬영장에서 장 가뱅은 일부러 제작진에게 '모르강은 키스도 할 줄 모른다'고 말했고, 그 말을 들은 신인 배우 모르강은 오기가 발동하여 진짜 열렬한 키스를 퍼부었다고 한다. 덕분에 명장면 명대사가 탄생했으니 장 가뱅의 전략이 성공한 셈이다.

국민 배우로 칭송받았던 장 가뱅은 좋은 영화를 만들려면 세 가지 조건을 갖추어야 하는데 첫째도, 둘째도, 셋째도 잘 쓴 시나리오라고 강조했다.

이 밖에 오랜 시간 회자되고 또 오롯이 남게 될 유명한 영화 대사는 다음과 같다.

'어쨌든 내일은 내일의 태양이 뜬다!.' -〈바람과 함께 사라지다〉(1939)

'사랑이란 미안하다는 말을 하지 않는 거예요.' -〈러브 스토리〉(1970)

'난 그가 거절할 수 없는 제안을 할 생각이네.' - 〈대부〉(1972)

'어머니는 늘 말씀하셨어요. 인생은 초콜릿이 담긴 상자와 같다고요. 무엇을 집을지 절대로 모르니까요.' - 〈포레스트 검프〉(1994)

한 시대를 풍미했던 여배우들의 한마디

그레타 가르보의 이미지와 정반대였던 삶

'북유럽 여신, 신비로운 배우, 고혹적인 미녀.'

1920~1930년대 영화계에서 가장 매혹적이고 인기 있던 여배우 그레타 가르보를 가리키는 수식어들이다. 그레타 가르보는 영화에서 조각 같은 미모와 고혹적인 매력을 보여주었지만 인생은 무척이나 파란만장했다.

1905년 스웨덴의 가난한 가정에서 태어난 가르보는 1920년 6월, 열다섯 어린 나이에 돈을 벌어야 했다. 아버지의 죽음으로 생계를 책임져야 했던 가르보는 이발소에 견습 직원으로 취직하여 비누 거품 내는 일을 담당했다.

먼저 손님의 목에 수건을 두르고 고정시킨 뒤 얼굴을 닦고 비누 거품을 칠한다. 그 다음엔 얼굴을 말끔히 씻어주고 뜨거운 수건으로 얼굴을 촉촉하게 해준다. 여기까지가 가르보의 일이었다. 그녀는 그때를 회상하며 훗날 다음과 같이 말했다.

"이 세상에 태어나 내 손으로 처음 월급을 받고 얼마나 스스로 대견했는지 몰라요."

　가르보는 얼마 후 백화점 점원으로 자리를 옮겼다. 이때 백화점 관리 직원이 가르보를 모자 모델로 카메라 앞에 세웠는데 이를 계기로 얼굴이 알려져 영화에 출연하게 되었다. 1923년 데뷔작 〈예스터 베를링의 전설〉이 유럽 전역에서 큰 인기를 끌었고, 가르보는 미국으로 건너가 할리우드를 대표하는 여배우로 활약했다. 사람들은 가르보에 열광했다.
　"가르보는 신비한 매력을 풍기는 미모의 배우야."
　"정말 신비하고 고혹적이야."
　그러나 가르보의 실제 생활은 대중적 이미지와는 거리가 멀었다. 가르보의 전속 영화제작사 MGM사 기록에 따르면, 가르보는 영화 촬영 도중 여러 차례

낙태수술을 받았다고 한다. MGM사는 이런 사실을 감추기 위해 영화사에 낙태 수술 전문의사가 머무는 시술실까지 마련했고 영화사 직원들의 입을 철저히 단속했다. 그녀는 애정결핍증으로 자신을 감동케 한 사람이라면 남녀 불문하고 사랑에 빠졌다.

가르보는 제2차 세계대전이 한창일 때 비밀 정보원 노릇도 했다. 당시 연합군 정보기관은 가르보가 히틀러를 지독히 싫어한다는 점을 간파하고, 가르보를 추종하는 세계 각국의 인기를 활용하고자 은밀히 제안했다.

"나치가 점령한 노르웨이와 덴마크에 지하 연락망을 만들어주었으면 합니다."

이것은 덴마크 원자 물리학자 닐스 보아 교수를 탈출시키기 위한 작전의 하나였다. 가르보는 자신의 인기를 바탕으로 타고난 연기력을 발휘하여 비밀 연락망을 조직했고, 보아 교수를 탈출시키는 데 큰 공을 세웠다.

"교수님, 탈출 성공을 축하드립니다."

"고맙습니다."

가르보와 보아 교수는 축하의 잔을 부딪쳤고, 보아 교수는 그 뒤 세계대전의 마침표를 찍게 되는 미국의 원자폭탄 개발 계획에 참여했다.

한편 가르보는 1941년 〈두 얼굴의 여인〉이 흥행에 실패한 후 MGM사의 강요로 서른여섯에 영화계를 은퇴했다. 이후 가르보는 결혼하지 않은 채 은둔 생활을 하며 언론 노출을 극도로 꺼렸다. 예컨대 집 안의 모든 창문에는 항상 커튼을 쳤고, 밖에 나갈 때는 반드시 얼굴을 가렸다. 이런 행동은 아름다운 이미지로 남고 싶은 욕망에서 비롯된 것이기도 하지만 한편으로는 영화사로부터 버림받은 배신감에 대한 표현이었다.

1992년 러시아 공보부가 공개한 자료에 따르면, 구소련 지도자들의 영화 취향은 매우 다양했다. 스탈린은 주로 역사물과 군인 영화를 좋아했으며, 특히 소련의 전쟁 영웅 영화를 즐겼다. 이에 비해 흐루쇼프는 영화를 싫어했다. 브레즈네프는 자연 다큐멘터리와 〈대부〉〈더티 해리〉〈록키〉〈엠마누엘〉 등을 여러 번 되풀이해보았다.

KGB구소련의 국가보안위원회 출신의 안드로포프는 수사물과 스파이 영화를 즐겨 감상했으며, 고르바초프는 다큐멘터리를 좋아했는데 가끔 〈워털루 브리지〉한국 개봉명 〈애수〉 같은 명화를 주문해서 보았다. 옐친은 거의 영화를 보지 않았으며, 이따금 새로운 영화를 보내면 포장을 풀지도 않은 채 반환한 적이 많았다고 한다.

현대인 대부분이 영화를 좋아한다. 다양한 인생살이를 간접 경험할 수 있는 까닭이다. 수많은 영화 중에서 사람들 기억에 오래 남는 것은 대개 애정 영화다. 마음이 따뜻해지거나 가슴을 저미는 안타까운 사랑은 함께 행복해하거나 함께 가슴 아파하는 정서적 공감대가 크기 때문이다. 이때 남성보다 여성이 사랑에 더 많은 관심을 보이며, 자신이 마치 영화 속 주인공이 된 듯 상상 속에서 사랑에 빠져 보기도 한다.

만인의 연인이자 은막의 스타로 한 시대를 풍미한 여배우들은 어떤 사랑과 삶을 꿈꾸었을까? 다음의 명언은 그들이 생각한 삶과 사랑의 의미를 생각해보게 한다.

'남자가 배신했을 때, 프랑스 여성은 경쟁자를 죽인다. 이탈리아 여성은 속인 남자를 죽인다. 영국 여성은 말없이 관계를 끊는다. 하지만 그녀들은 모두 다른 남자한테서 위안을 찾는다.' – 샤를르 보와이에 프랑스 영화배우

'진짜 사랑은 언젠가는 상대의 마음에 가서 닿는다는 사실을 깨달았다. 그 사랑이 조용한 것일수록, 와 닿았을 때 마음의 울림은 더 크다는 것도 말이다.' – 왕주셴王祖賢 홍콩 영화배우

'나는 평생 화려한 보석에 둘러싸여 지냈어요. 하지만 정말 내가 필요했던 것은 그게 아니었어요. 누군가의 진실한 마음과 사랑, 그것

뿐이었어요.' - 엘리자베스 테일러 미국 영화배우

'나는 사람들에게 부끄럽지 않은 인간으로 기억되기를 원합니다. 그러나 내가 사랑했던 사람에게는 그저 아름다운 여자로 기억되기를 바랍니다.' - 그레이스 켈리 미국 영화배우

'절망의 늪에 빠진 나를 구해준 것은 많은 사람의 사랑이었다. 이제 내가 그들을 사랑할 차례다.' - 오드리 헵번 미국 영화배우

'아름다운 입술을 갖고 싶으면 친절한 말을 하라. 사랑스런 눈을 갖고 싶으면 사람들에게서 좋은 점을 보아라. 날씬한 몸매를 갖고 싶으면 너의 음식을 배고픈 사람과 나누라. 아름다운 머리카락을 갖고 싶으면 하루 한 번 어린이가 손가락으로 너의 머리를 쓰다듬게 하라. 아름다운 자세를 갖고 싶으면 결코 너 자신이 혼자 걷고 있지 않음을 명심하라. 사람들은 상처로부터 복구되어야 하며, 낡은 것으로부터 새로워져야 하고, 병으로부터 회복되어야 하고, 무지함으로부터 교화되어야 하며, 고통으로부터 구원받고 또 구원받아야 한다. 결코 누구도 버려서는 안 된다. 기억하라. 만약 내가 도움을 주는 손이 필요하다면 너의 팔 끝에 있는 손을 이용하면 된다. 내가 더 나이가 들면 왜 손이 두 개인지 깨닫게 될 것이다. 한 손은 너 자신을 돕는 손이고 다른 한 손은 다른 사람을 돕는 손이다.' - 오드리 헵번이 죽기 1년 전 아들에게 쓴 편지

■ 부록

세계 유명 광고 슬로건 이야기

● A diamond is forever : **De Beers**

다이아몬드diamond는 그리스어의 아다마스adamas에서 유래된 '정복되지 않는다'는 뜻이다. 왕과 여왕의 결혼에 다이아몬드 반지가 등장한 시기는 15세기이며, 다이아몬드만이 지니는 무적의 힘과 아름다운 빛이 어울려 결혼의 조화를 나타내는 완벽한 상징물로 여겼다.

흔히 다이아몬드는 '영원한 사랑'을 뜻한다고 해서 오늘날 결혼하는 사람들의 필수품처럼 인식되기도 한다. 하지만 그런 인식에는 다이아몬드 공급 업체의 철저한 물량과 가격 통제와 치밀한 상술이 숨어 있으니 그 유래는 〈007 다이아몬드는 영원히Diamonds Are Forever〉가 개봉된 1971년으로 거슬러 올라간다.

당시 다이아몬드 독점 보급 업체인 드비어스De Beers사는 그해 007 영화 제작비를 투자하면서 1947년부터 사용해온 자사 광고 슬로건 'A diamond is forever다이아몬드는 영원하다'를 영화 제목으로 사용하게 했다. '다이아몬드=영원'이라는 이미지를 사람들에게 각인시키기 위함이었는데, 결과적으로 큰 성공을 거뒀다. 드비어스사는 그 이전에는 주로 왕실이나 유명 영화배우의 결혼식을 통해 다이아몬드 반지를 홍보했으나 이후 다이아몬드 반지는 자연스레 대중에게까지 혼례품으로 인식되었다.

● Good things come to those who wait : **Guinness**

기네스 맥주는 1759년 아서 기네스가 아일랜드 수도 더블린의 한 양조장을 9000년간 장기 임차계약하면서 시작되었다. 맥아를 타기 직전 단계까지 까맣게 굽는 기술로 독특한 거품과 맛을 지닌 흑맥주를 생산했고 현재 대표적인 흑맥주로 세계 전역에서 팔리고 있다.

기네스 맥주는 1980년대 말부터 'Good things come to those who wait 좋은 것은 기다리는 사람에게 찾아온다'는 슬로건을 썼으며, 달 착륙을 비롯한 여러 광고를 통해 기다림의 미학을 자연스럽게 기네스 맥주로 연결시켰다. 이 슬로건은 기네스 흑맥주를 잔에 따르고 거품이 적당히 가라앉기를 기다리는 데 120초가 걸린다는 사실에서 착안되었다. 영국 사회에서 이 말은 여유를 강조하는 격언처럼 사용될 정도로 인기를 끌었다. 하지만 기네스는 성공에 안주하지 않고 2009년부터 '기네스, 삶으로 들어오다 Guinness, Bring It To Life'라는 슬로건을 사용하고 있다. 이전에는 전통과 기다림을 강조했다면 새로운 슬로건에서는 능동적이고 적극적인 개념을 시도한 것이다.

● Good to the last drop : **Maxwell house coffee**

커피의 대표적 브랜드 '맥스웰 하우스 Maxwell house'는 원래 미국에 있는 한 호텔의 이름이었다. 1892년에 잡화도매상이던 조엘 치크가 맛과 향이 좋은 커피를 만들어 맥스웰 하우스 호텔 커피숍에 납품하면서 그 이름의 가치도 달라졌다. 당시 맥스웰 하우스는 친절한 호텔로 이름이 알려져 있었는데 여기에 독특한 향이 나는 커피로 그 명성이 더욱 높아졌다.

조엘은 이에 힘입어 커피 공장을 지었으며 1907년부터 맥스웰 하우스라는 커피 브랜드를 사용했다. 맥스웰 하우스 커피가 얼마나 맛있던지 미국 제26대 대통령 시어도어 루스벨트는 '그 커피는 마지막 남은 한 방울까지도 훌륭하다That coffee is good to the last drop.'고 칭찬했다는 일화가 전해진다. 이에 연유하여 'Good to the last drop' 슬로건을 맥스웰 하우스 제품에 표기하여 지금까지 사용되고 있다.

● The happiest place on earth : **Disneyland**

월트 디즈니는 열일곱 때 자신의 출생 기록이 없다는 사실을 알고 사생아나 양자가 아닐까 하는 의심을 품으면서 아버지에 대한 그리움은 더욱 컸다. 이러한 이유로 디즈니는 아버지가 자식에게 핏줄의 정을 따뜻하게 표현하는 분위기를 항상 그리워했다. 이 같은 그리움은 훗날 그가 만화영화 제작자로 활동하면서 따뜻한 사랑과 가정의 평화가 넘쳐나는 행복한 결말로 반영되었다.

디즈니는 이에 만족하지 않고 가족 나들이 장소로 유명한 디즈니랜드를 세웠다. 놀이동산은 유럽에서 먼저 만들어졌지만, 가족 휴양지이자 놀이동산은 디즈니랜드가 최초이며 대성공을 거뒀다. 디즈니는 눈에 보이지 않는 '행복'을 눈에 보이는 풍경으로 만들어 팔았고, 디즈니랜드를 'The happiest place on earth지상에서 가장 행복한 곳'이라고 선전했다. 오늘날 디즈니사에서 만든 만화영화 비디오 광고에 'Disneyland is the happiest & merriest place on earth!' 슬로건이 항상 나오는 이유도 여기에 있다.

● 57 Varieties : **Heinz Ketchup**

'어, 저거 괜찮네.'

1890년대 초 식료품 제조업자 헨리 존 하인츠는 뉴욕의 고가철도를 달리는 기차 안에서 창밖을 보다가 우연히 현수막을 발견하고는 깊은 인상을 받았다. 그것은 '21가지 모양의 구두'라는 신발 가게 광고 문구였는데, 이때 57이라는 숫자가 그의 뇌리를 스치고 지나갔다. 특히 숫자 7은 행운을 상징해서인지 느낌이 좋았다.

'그래, 57가지 종류를 슬로건으로 쓰자!'

하인츠가 누구인가? 한참 뛰어놀 나이인 아홉 살 때 투명한 병에 담긴 고추냉이를 팔아 돈을 벌고, 1876년 서른둘 나이에 오늘날 빨간 토마토케첩을 만든 사람이 아닌가.

사실 케첩은 17세기 말엽 중국인이 개발한 음식 소스로 19세기에 그 종류가 여덟 가지나 있었으나 상품화되지는 못했다. 이때 하인츠가 토마토에 설탕을 넣고 고형물 함량을 높여 유리병에 담아 처음으로 상품화했다.

하인츠는 이미 19세기 말에 60가지가 넘는 피클, 향료, 소스 등을 팔고 있었지만 과감하게 '57 Varieties 57가지 종류' 슬로건이 적힌 홍보물을 뿌리고 옥외 광고물을 세워 대대적으로 홍보했다. 이 전략은 성공했고, 하인츠는 백만장자가 되었다.

● 31 : **Baskin- Robbins Ice cream**

아이스크림은 19세기 중엽까지만 해도 어른이 즐기는 부드럽고 달콤한 별식이었다. 16세기 유럽에서는 왕족의 특별식이었고, 17세기 말 영국 왕 찰스 1세는 아이스크림 요리사에게 특별 연금을 지급하며 요리 비법을 비밀로 하라는 엄명을 내리기도 했다. 미국 제3대 대통령 토머스 제퍼슨은 큰돈을 주고 아이스크림 기계를 구매하여 수시로 즐겨 먹었다.

아이스크림은 1851년 미국의 제이콤 푸셀이 볼티모어에 아이스크림 제조공장을 설치하고 대량 생산하면서부터 대중화되었다. 이후 1940년대 중반 처남 매부 사이인 버튼 배스킨과 어니 라빈스가 의기투합하여 아이스크림 가게를 창업하면서 아이스크림 역사에 새로운 기록을 남겼다. 이들은 갖가지 향기를 담은 아이스크림을 '한 달에 31가지 맛'이란 슬로건을 내세워 인기를 끌었는데 사실 그 종류는 그것보다 많았다. 그럼에도 날마다 새로운 기분을 전하기 위해 '31'을 강조하며 천연 과일로 맛을 낸 향기로운 아이스크림에 차차차체리와 초콜릿 칩, 플럼 넛츠자두와 바닐라와 호두 등 재미있고 색다른 이름을 붙여 소비자의 시선을 끌었다. 오늘날 배스킨라빈스는 500가지가 넘는 아이스크림 제조법을 갖고 있지만 여전히 31을 강조한다.

한편 배스킨라빈스 매장의 또 다른 슬로건 'We Make People Happy우리는 사람들을 행복하게 합니다'라는 기분 좋아지는 상상을 유발하는 문구로 아이스크림을 자연스레 떠올리게 한다.

● Just do it : Nike

1968년 어느 날, 필립 나이트와 윌리엄 보어먼이라는 두 운동화 행상꾼은 그리스신화에 나오는 승리의 여신 '니케NIKE'를 영어식으로 발음한 회사 나이키를 창업하고는 곧바로 상표 제작에 들어갔다. 이들은 당시 미술 대학원생에게 단돈 35달러를 주고 현재의 V자를 부드럽게 뉘어놓은 듯한 상표를 만들었다. 이 회사는 한동안 수입 판매를 하다가 1972년부터 나이키 마크가 찍힌 운동화를 만들어 팔았다. 그 무렵 미국에는 조깅 바람이 불었고 덕분에 매출이 크게 늘었다.

1980년대 중반 조깅 열기가 식으면서 매출이 급격히 떨어지자, 나이키는 곧바로 다른 스포츠화로 눈을 돌렸다. 그리하여 탄생한 것이 당시 농구계 최고의 스타 마이클 조던과 계약을 맺고 만든 '나이키 조던' 시리즈였다. 1988년 나이키는 새로운 광고 슬로건을 광고 회사에 의뢰했는데 회의 중에 광고 에이전트가 한마디 던졌다.

"You Nike guys, you just do it."

이렇게 탄생한 'Just do it 일단 해봐!'는 나이키를 대표하는 슬로건이 되었고, 스포츠의 도전 정신을 잘 나타냈다는 평가를 받았다. 1998년부터 나이키는 'I can 할 수 있다' 슬로건을 내세우며 여전히 도전을 두려워하지 않는 스포츠 정신을 강조한다.

● Impossible is Nothing : **adidas**

1924년 독일 뉘른베르크 근교에 사는 아돌프 다슬러와 루돌프 다슬러 형제가 신발 공장을 설립하고 가죽 스포츠화를 팔았다. 그해 만든 세계 최초의 스파이크형 러닝슈즈가 큰 호응을 얻으면서 많은 독일 운동선수들이 경기장에 신고 나갔다. 이들 형제는 선수들과 스폰서 계약을 맺고 신발을 제공하여 그 우수성을 자연스레 홍보하는 마케팅을 일찍부터 실시했다.

제2차 세계대전이 끝난 1948년 루돌프는 독립하여 푸마Puma를 설립했고, 이듬해 아돌프는 자기 애칭인 '아디Adi'와 성姓 '다슬러Dassler'를 합하여 아디다스Adidas라는 이름을 짓고 상표 등록을 했다. 그리고 아디다스의 상표인 평행 3선을 신발에 넣기 시작했다.

아디다스는 2004년부터 'Impossible is Nothing 불가능 그것은 아무것도 아니다'라는 슬로건으로 큰 반향을 일으켰다. 그해 봄 아디다스는 스포츠 스타 지단, 베컴, 알리 등을 모델로 채용해 '한계라는 단어는 존재하지 않는다'며 불가능을 넘어서는 도전 정신을 강조했다. 같은 해 7월 초 유럽축구선수권대회(유로 2004)에서 예상을 뒤엎고 그리스가 우승하자, 우승을 자축하는 그리스 선수들 사진 위에 'IMPOSSIBLE IS NOTHING'의 아디다스 슬로건을 새겨넣어 일간신문에 전면 광고를 냈다. 그 뒤에도 아디다스는 반복 기법과 두운법을 사용해 다음과 같은 슬로건을 꾸준히 광고해 큰 인기를 끌었다.

- Impossible is just a big word thrown by small men who find it easier to live in the world they've been given than to explore the power they have to change it 불가능은 인생을 개척하기보다 인생을 쉽게 살고자 하는 사람들의 핑계에 불과하다.
- Impossible is not a fact. It's an opinion 불가능은 사실이 아니라 하나의 의견일 뿐이다.
- Impossible is not a declaration. It's a dare 불가능은 선언이 아니라 도전이다.
- Impossible is potential 불가능은 가능성이다.
- Impossible is temporary 불가능은 일시적인 것이다.
- IMPOSSIBLE IS NOTHING 불가능 그것은 아무것도 아니다.

● Play, Live, Create : **IKEA**

스웨덴의 가구회사 이케아 IKEA는 잉바르 캄프라드 Ingvar Kamprad가 1943년에 창업했다. 그는 자기 이름의 I와 K, 자신이 자란 농장 엘름

타리드Elmtaryd와 마을 이름 아군나리드Agunnaryd의 이니셜을 따서 회사 이름을 지었다.

구두쇠로 유명한 캄프라드는 검소함과 절약 정신을 장사에 반영하여 '뛰어난 품질과 낮은 가격'으로 소비자 마음을 파고들었다. 그는 1951년부터 가구 판매에만 주력했고 그해부터 카탈로그를 제작해 지금까지 주요한 판매 수단으로 삼고 있다. 이케아는 싼 가격을 위해 1956년부터 DIY조립식 가구를 팔았고 결과적으로 물건 값뿐만 아니라 보관, 포장, 운송에서도 절감 효과를 가져왔다.

이케아는 '더 많은 사람을 위해 더 나은 일상 만들기'를 비즈니스 모델로 삼았으며, 조립식 가구를 효과적으로 홍보하고자 '사랑하는 사람들과 함께 스스로 꾸미는 생활공간'을 소비자에게 각인시켰다. 이케아의 슬로건 Play, Live, Create즐기며 살아가며 창조하라는 이케아 가구의 특성을 잘 나타낸 말로 평가받는다.

● I'm lovin' it : **McDonald**

1928년 영화배우의 꿈을 안고 할리우드를 찾은 모리스와 리처드 맥도널 형제는 결국 현실의 벽을 실감하며 영화배우의 꿈을 접고 고향으로 돌아와 1937년부터 장사를 시작했다. 원래 맥도널 햄버거는 미국에서 흔히 볼 수 있는 드라이브 인자동차를 타고 와서 사가지고 가는 형식의 가게였다. 형제와 종업원 세 명으로 시작한 가게는 10년 동안 대단한 성공을 거뒀다.

형제는 이에 만족하지 않고 1948년에 새로운 경영 혁신을 시도했다. 음식을 미리 만들어놓고 주문 즉시 손님에게 내주는 판매 방법을 실시한 것이다. 우선 메뉴를 25가지에서 9가지로 대폭 줄여 조리 속도를 높이고, 쟁반과 컵을 종이로 바꿔 설거지 시간과 인력을 줄였다. 또한 햄버거는 작게 만들고 가격은 반으로 낮췄으며 셀프서비스를 도입했다. 무엇보다 주문 후 30초 이내에 음식이 나온다는 점에서 '퀵 서비스'의 효시인 셈이다.

이 같은 새로운 판매 전략으로 매출은 더욱 급증했다. 이후 맥도널드 형제는 레이 크록에게 거액을 받고 상표권과 사업권을 넘겨주었고, 레이 크록은 프랜차이즈를 통해 맥도널드 햄버거를 세계적 기업으로 발전시켰다.

맥도널드는 1971년 맞벌이 부부를 대상으로 한 'You deserve a break today 당신은 오늘 쉬어야 합니다'라는 슬로건을 내놓았다. 즉, 맥도널드는 열심히 일하느라 지친 맞벌이 부부를 향해 '맥도널드에 아이들을 데리고 가면 음식 조리나 설거지 부담 없이 편히 쉴 수 있음'을 은연중에 일깨워 해방감을 자극했고 결과적으로 이 전략은 성공했다.

맥도널드는 2003년 슬로건을 'I'm lovin' it 정말 좋아요.'으로 바꾸었다. 이 슬로건은 변화하는 세계에 맞춰 좀 더 젊은 이미지로 새로운 고객을 끌어들이려는 의도가 담겨 있다. 같은 맥락에서 시각적으로 보이지 않는 것에 -ing형을 쓸 수 없음에도 의도적으로 I love you.가 아닌 I'm lovin' it.을 써서 '지금 현재의 시각적 느낌'을 강조했다.

● We bring good things to life : **GE**

세계 최대 기업체 중 하나인 제너럴일렉트릭사GE는 백색가전업체로 승승장구하며 여러 분야로 사업을 확장했다. 19세기 말에 창업한 GE는 1970년대 당시 작은 전기제품에서부터 핵원자로, 심지어 금융과 광산까지 소유할 정도로 많은 계열사를 거느리고 있었다. 그럼에도 많은 소비자가 GE를 전기용품 및 전자제품 회사로 여겼다.

"공통점이 없어 보이는 GE 계열사들을 하나로 모으는 광고 캠페인을 펼쳐봅시다."

GE는 1979년 기업 이미지 통합 전략에 들어갔고, 광고회사에 작업을 맡겼다. 그렇게 해서 'We bring good things to life우리는 인생에 좋은 것들을 가져다줍니다.'라는 슬로건이 나왔으며, GE사는 이 문장을 아주 마음에 들어 했다. GE의 어떤 회사든지 삶에 도움이 되는 제품을 만든다는 뜻이니 은유적으로 풀이하면 '우리는 삶을 풍요롭게 합니다'라는 의미인 까닭이다.

이 슬로건은 GE의 이미지를 바꾸는 데 큰 공을 세웠고, 이 작업을 지휘한 잭 웰치는 이후 회장직과 최고경영자직을 역임했으며 훗날 '전설적인 경영자'라는 별명을 얻었다.

● We do chicken right : **KFC**

미국 켄터키 주의 한 시골 마을에 살았던 커넬 샌더스는 요리하기를 좋아하고 요리 연구에도 조예 깊은 식도락가였다. 그는 여러 요리 중에서 특히 닭고기 튀김에 관심이 아주 많아 다양한 방법을 시도해 보았다.

'어떻게 튀기면 겉은 바삭하고 속은 수분이 마르지 않아 부드럽게 할 수 있을까?'

수많은 시행착오 끝에 마침내 샌더스는 만족할 만한 닭튀김을 개발해내는 데 성공했다. 그가 만든 닭튀김을 맛본 사람들은 하나 같이 가게를 차려보라고 권유했다. 이에 샌더스는 1952년에 가게를 냈고, 켄터키 지방의 닭튀김이란 뜻에서 'Kentucky Fried Chicken' 상호를 지었다. 가게를 찾는 이가 늘어나고 장사가 잘되면서 차츰 지점이 늘어났다. 커넬 샌더스는 1964년에 KFC를 매각했고, 인수한 회사에서는 은테 안경을 쓴 백발노인 커넬 샌더스를 조형물로 만들어 KFC 매장 앞에 전시해 홍보 효과를 높였다.

KFC 슬로건은 'We do chicken right 닭요리를 제대로 합니다.'인데, 의도적으로 cook이나 make가 아닌 동사 do를 써서 '잘할 수 있는 능력'을 강조했다.

● Just imagine : **LEGO**

덴마크의 시골 마을 빌룬트에서 사다리·다리미판을 만들던 목수 올레 키르크 크리스티얀센의 솜씨가 제법 유명해지자, 1932년 자기 가게를 회사로 등록했다. 그리고 2년 후 회사 이름을 'LEGO레고'로 정했다. 'LEGO'는 덴마크어로 '잘 노는'이란 뜻의 'LEG GODT'를 줄인 말인데, 라틴어로 '나는 공부한다' '함께 짜맞추다'는 뜻이다.

레고사는 1955년부터 레고 브릭Lego brick의 짜맞추는 장난감을 만들기 시작했다. 열두 살부터 아버지 회사에서 일하던 아들 고트프레드가 장난감 구매상으로부터 '장난감에 시스템이 없다'는 말을 듣고 창안해낸 것이다. 이때 레고는 재료는 물론 포장 상자부터 팸플릿까지 무독성 제품을 고집했다. 아이들이 입에 물거나 빨아도 독성이 없고, 던지거나 깔고 앉아도 다치는 일이 없었다. 당시로서는 획기적인 장난감이었다. 덕분에 선풍적 인기를 끌었으며, 이후 레고는 해마다 1억 개 넘는 세트가 팔렸다.

레고의 슬로건은 'Just imagine!상상해보라!'이다. 어떤 형상이든 상상해보고 블록을 조립하여 그 형상을 만들어보라는 뜻이다. 기존에 존재하는 모형물이든 가공의 이미지든 간에 상상하며 뭔가를 만들어 내는 재미, 이것이 레고가 추구하는 상상 놀이다.

● Timeless luxury product crafted by mind : **Mont Blanc**

세계적인 필기구 브랜드로 명성 높은 몽블랑Mont Blanc은 독일을 대표하는 만년필 업체다. 1906년 독일 함부르크의 문구상 클라우스 요하네스 포스와 은행가 크리스티안 라우센, 베를린의 엔지니어 빌헬름 잠보 세 사람이 힘을 합쳐 세운 작은 만년필 회사가 모태다. 1910년 회사 이름을 몽블랑으로 바꾸면서 알프스 몽블랑처럼 만년필 업계의 정상에 서겠다는 신념을 제품에 반영했다. 몽블랑 만년필 뚜껑의 육각형 하얀 별Montblanc Star은 몽블랑 산꼭대기 만년설을 상징하고, 펜대에 새겨진 4810은 몽블랑의 높이 4810미터를 의미한다.

몽블랑은 마케팅 부문에서 정상에 선 남자가 사용하는 만년필이라는 이미지 광고를 통해 최고 권력자의 이미지를 자연스럽게 이끌어냈으며, 실제로 역사적 현장에 자주 등장했다. 예컨대 1990년 10월 3일, 베를린 장벽이 무너지고 동독과 서독이 통합되는 순간, 통일 문서 조인식에서 서명 필기구로 역사에 기록되었다.

몽블랑의 슬로건 'Timeless luxury product crafted by mind영원한 명품은 마음이 만든다.'는 시간이 흘러도 변하지 않는 품격을 추구하겠다는 몽블랑의 장인 정신이 잘 드러난다.

한편 몽블랑은 1986년부터 The Art of Writing기록의 예술이란 슬로건을 내걸고 문맹 퇴치 캠페인을 벌였으며, 2005년에는 유니세프와 더불어 'Sign up for the right to write쓸 권리를 위해 참여하세요.'라는 슬로건 아래 '쓰기의 중요성과 가치'를 부각했다. 몽블랑은 2006년부터 'Is that you?당신이 맞습니까?'라는 의미심장한 슬로건으로 몽블랑 만년필이 단순한 필기구 이상의 가치를 추구한다는 사실을 알려준다.

● THINK : IBM

IBM은 '국제사무기기회사'를 뜻하는 International Business Machines Corporation의 약자로 뉴욕에 본사를 두고 있다. 1911년 작은 회사 세 곳이 합병해 전산기 회사로 출발한 IBM은 1914년 토머스 왓슨이 이 회사에 들어오면서부터 IBM 상호를 쓰기 시작했다. 왓슨은 직원들에게 짙은 양복에 하얀 셔츠 그리고 넥타이 차림을 주문했는데 이는 고객에 대한 존경 표시였다.

또한 왓슨은 'I didn't think' has cost the world millions of dollars생각하지 않으면 수백만 달러를 쓰게 된다.'는 좌우명 아래 생각의 필요성을 강조했다. 왓슨은 이 문장을 줄인 THINK를 슬로건 삼아 사무실에 걸어놓고 직원들에게 창의적 생각을 요구했다.

"회사 업무를 처리하는 데 모든 일을 THINK하라!"

IBM은 1920년대 중반 미국에서 가장 큰 출퇴근 기록기 제조업체가 됐고, 1951년 컴퓨터 분야에 뛰어들었다. 이후 IBM은 막대한 자금력을 바탕으로 거대 기업으로 성장했으며, 1981년 리틀 트램프 Little Tramp찰리 채플린의 독특한 걸음걸이를 상징하는 캐릭터 애칭를 상징 캐릭터로 활용하는 광고를 선보이며 선풍적 인기를 끌었다. 리틀 트램프는 IBM이 처음 시도한 세계적 캠페인이었다.

IBM은 THINK를 ThinkPad노트북, ThinkCentre데스크톱, ThinkVision모니터 등 여러 제품명에도 적극 반영했다.

● Think Different : **Apple**

  1976년에 스티브 잡스, 스티브 워즈니악, 로널드 웨인 세 사람이 창립한 애플은 키보드와 모니터를 갖춘 최초의 컴퓨터 '애플Ⅰ' '애플Ⅱ'를 연달아 출시하여 개인용 컴퓨터 시대를 열었다. 이후 매킨토시로 컴퓨터그래픽의 대중화를 가져왔다.

  애플은 한때 위기를 맞았으나 1996년 스티브 잡스가 복귀한 후 다시 살아났다. 당시 잡스는 침체된 애플 브랜드를 살리기 위해 새로운 슬로건을 구상했다. 이듬해 광고회사와 협의를 거쳐 'Think Different 다르게 생각하라'는 슬로건을 채택했는데, 이는 IBM의 THINK생각하라에서 착안한 것이다. 잡스는 IBM과 다르게 생각해야 성공할 수 있다고 확신했으며 1997년 9월부터 대대적인 Think Different 캠페인을 펼쳤다.

  새로운 슬로건은 애플의 이전 슬로건 'The power to be your best 당신의 최고가 되게 하는 힘'보다 호평을 받았다. 애플은 아인슈타인, 간디, 피카소 등 각 분야에서 새로운 인식을 보여준 유명인을 광고에 등장시켜 'Think Different'라는 기업 슬로건을 효과적으로 전달했다.

  이런 분위기 속에서 애플은 1998년 모니터와 본체를 하나로 만든 새로운 컴퓨터 아이맥을 내놓았는데 혁신적 디자인이란 평가를 받으며 많이 팔렸다. 애플은 2001년 휴대용 음악 재생기 아이팟을 내놓아 엄청난 판매고를 올렸고, 이후 디자인과 사용자 중심의 편의를 강조하며 전성기를 누리고 있다.

● The ultimate Driving Machine : **BMW**

  1929년 설립된 BMW베엠베는 고급 자동차 세단과 오토바이로 유명한 독일 자동차 회사로, 회사 이름은 바이에른자동차회사Bayerische

Motoren Werke AG의 줄임말이다. 이러한 배경에서 BMW는 오토바이로 최고 속도 기록을 갱신하여 주목을 끌었고, 제2차 세계대전 때 세계 최초의 제트 비행기 기관을 제작했다. BMW는 1916년 뮌헨에서 첫 사업을 시작했을 때 자동차가 아니라 항공기 엔진을 만들었다. 이러한 이유로 훗날 자동차 사업으로 전환했을 때 자동차 상표를 비행기 프로펠러 모양으로 정했다. 여기에 BMW 본사가 자리 잡은 바이에른 주의 푸른 하늘을 상징하는 파란색과 알프스의 흰 눈을 뜻하는 흰색을 도입하여, 청백색으로 회전하는 프로펠러 형상의 로고를 만들었다.

BMW의 슬로건은 'The ultimate Driving Machine최고의 운전 기계'이다. 1975년부터 사용된 이 슬로건은 주행의 쾌감을 강조하며 '최상의 자동차' '가장 운전할 맛이 나는 차'임을 강조한다. BMW는 1974년 미국 자동차 시장에서 매출 순위 11위였으나 이 슬로건을 채택한 이후 유럽 차종 중 미국에서 가장 잘 팔리고 있다.

BMW는 2006년부터 역동성과 미학적 디자인을 강조하며 'Sheer Driving Pleasure진정한 운전의 즐거움'이라는 슬로건을 내세웠다. 그러나 The ultimate Driving Machine를 30년 이상 썼기에 여전히 '최고의 자동차'라는 이미지가 강하다.

● Wherever Whenever However : **Nestle**

세계적 식품회사 네슬레Nestle는 19세기 중엽 스위스 사업가인 헨리 네슬레가 창립했다. 1867년 헨리는 당시 스위스의 유아 사망률이 20퍼센트에 이르는 데 착안하여 액화가스회사를 팔고 식료품 공장을 사들여 분유를 개발했다. 분유 이름은 '좋은 소 우유good cow's milk'

로 정했다.

그러나 물건은 팔리지 않았다. 분유에 대한 개념이 아직 정립되지 않은 터라 모유 이외의 다른 먹을거리는 관심 대상이 아니었다. '좋은 소 우유'가 팔리기 시작한 것은 심한 병을 앓아 젖을 먹일 수 없는 산모의 아기가 의사 권유로 이 우유를 먹고 건강해졌다는 소문이 퍼지면서부터였다.

네슬레는 이후 사업 영역을 넓혔고 큰 성공을 거두었다. 예컨대 1937년에 분무 건조Spray Drying 기법을 이용한 '물에 타 먹는' 인스턴트커피를 만들어냈고, 이듬해 네스카페Nescafe 브랜드로 인스턴트커피 시장을 장악했다.

상호 Nestle는 '둥지nest'라는 뜻의 단어에 어원을 두고 있으며 어미 새가 새끼 새를 감싸는 둥지를 로고로 삼았다. 또한 네슬레는 'Wherever Whenever However어디서나 언제나 어떤 식으로든' 슬로건을 내세워 장소, 시간, 방법에 상관없이 소비자에게 제품을 전달한다는 점을 강조한다.

- It's SONY : **SONY**

SONY소니의 원래 이름은 도쿄무선통신공업주식회사였다. 그런데 1958년 미국 시장 진출을 계기로 도쿄무선통신공업주식회사 이름은 미국인이 발음하기에 어려울 뿐 아니라 기억하기 쉽지 않다는 사실에 해결 방법을 찾고 있었다. 새로운 회사 이름 짓기에 고심하던 창업자는 사전을 뒤지다가 '소리'의 의미를 지닌 라틴어 '소누스Sonus'를 발견했다. 국제적 브랜드 SONY는 바로 여기에서 나왔다.

오늘날 'SONY'는 음성학적 측면에서 가장 완벽한 브랜드 중 하나로 꼽힌다. 영어 단어의 첫 문자 중에서 가장 많이 사용되는 알파벳은 S자다. 영어 단어 여덟 개 중 한 단어가 S자로 시작되고, 가장 자연스럽게 발음되는 모음 중 하나가 O 발음이다. SONY는 브랜드를 구성하는 단어 자체도 발음하기 쉽게 단 두 음절로 이뤄져 있으며, 받침이 없어서 어느 나라 말이나 그대로 '소니'로 발음할 수 있다.

소니의 슬로건은 아주 많다. 'My First SONY나의 첫 번째 소니', 'Do You Dream in SONY소니 안에서 꿈꾸세요', 'Digital Dream Kid디지털 꿈 어린이' 등이 있지만 가장 널리 알려진 슬로건은 'It's SONY소니입니다'이다. 1990년대에 집중적으로 강조된 It's SONY는 더 설명할 필요가 없다는 자신감의 표현이다.

그러나 2000년대 중반 세계 시장을 잠식당하면서 소니는 'like no other그 어느 것과도 다르다'라는 구체적 슬로건을 사용했다. '다른 것보다 더욱 좋다'는 뜻으로, 경쟁 제품보다 우월함을 나타낸다. 2009년부터 'makebelieve실현 믿음'이란 브랜드 메시지는 여기에 아이디어를 현실로 바꾸는 SONY의 능력과 역할이 담겨 있다.

● Intel Inside : **Intel**

미국 페어차일드 반도체 회사에 근무하던 엔지니어이자 과학자 고든 무어는 1965년 반도체 발전에 관한 연구 결과를 발표했다. 반도체 메모리는 새롭게 개발될 때마다 그 능력이 두 배로 향상되고, 기간은 18~24개월이라는 주장이었다. 그러나 이 이론은 당시 널리 받아들여지지 않았다. 때마침 회사를 떠날 생각이었던 무어는 1968년 동료인 밥 노이스, 앤디 그로브와 함께 이 이론을 실증하기 위한 반도체 회사를 만들었다. 이들은 회사 이름을 'Intel인텔'로 지었다. '집적된 전자공학integrated electronics'에서 따온 말이다.

  인텔사는 회사 창립 직후 일본 회사 비지콤으로부터 특수 칩 12종류를 주문받았다. 그러나 당시만 해도 인텔에는 자금력이 없었다. 이때 호프라는 기술자가 "12종류를 다 만들 수는 없지만, 12가지 기능이 모두 담긴 칩 하나를 만들 수 있다"고 장담했다. 이렇게 개발된 것이 여러 가지 일반 기능을 갖춘 첫 마이크로프로세서 '4004'다.

  인텔은 얼마 후 4004의 의장권과 판매권을 비지콤으로부터 사들였고, 이후 20년간 8008, 8086, 80286, 80386, 80486, 펜티엄 시리즈를 각각 개발하여 마이크로프로세서 업계의 제왕으로 군림하고 있다.

  사실 인텔이 만드는 제품CPU은 컴퓨터의 수많은 부품 중 하나에 불과하다. 그럼에도 많은 사람이 'PC의 핵심은 CPU이고 그것은 인텔이 만든다'고 생각한다. 왜 그럴까?

  원래 인텔의 초기 슬로건은 'Let chaos reign혼란하도록 내버려둬라'였다. 자유로움 속에서 상상력이 나온다는 생각에서였다. 하지만 PC의 빠른 확산에 주목한 앤디 그로브는 'Intelligent chip inside'라는 광고 슬로건을 사용해 인텔의 존재를 적극 알렸다. 처음에는 The computer inside를 브랜드 슬로건으로 사용하여 어떤 컴퓨터에든 인텔의 칩이 들어 있음을 나타냈다. 그러다 Intel in it으로 바꾸었고, 기존 슬로건과 일관성을 맞추기 위해 다시 Intel Inside와 소용돌이 그림으로 바꾸었다. 뒤이어 Intel Inside 로고 스티커를 컴퓨터의 outside바깥쪽에 보이게 함으로써 소비자에게 '인텔=믿음직한 기술'이란 인식을 심는 데 성공했다.

지은이 박영수

테마역사문화연구원 원장. 역사학을 전공할 때부터 거시사 중심이던 경향에서 탈피해 당시로서는 생소한 미시사에 눈을 돌린 이후 20여 년간 동서양의 역사, 문화, 풍속, 인물을 연구해왔다. 한중일 삼국 문화 계간지인 〈BESETO〉 초대 편집장을 지냈으며, 현재는 그동안 축적한 방대한 소스를 바탕으로 전국의 주요 사보와 신문, 잡지 등에 연재를 하는가 하면, 주요 교양TV 프로그램의 자문을 맡고, 교양 단행본과 어린이 책을 집필하고 있다.

주요 연재 사보 : 대우자동차, 기아자동차, 한국전파진흥원, 포스데이타, 한라건설, STX, 대한생명, 한국전력공사, 아시아나항공, 쌍용자동차, 한솔그룹, 두산건설, 현대오토넷, 대상그룹, SDI, LG그룹, SK, 경동제약, 한국토지공사, LG패션 등

주요 단행본 : 《비즈니스를 위한 역사상식》《조선유사》《고려유사》《암호 이야기, 역사 속에 숨겨진 코드》《색채의 상징, 색채의 심리》《유물 속의 동물 상징 이야기》《신화로 보는 세상》《유래를 알면 헷갈리지 않는 우리말 뉘앙스 사전》《영어 관습 사전》 등

비즈니스를 위한 상식 시리즈 2

비즈니스를 위한 명언상식

1판 1쇄 발행 2010년 12월 1일
1판 3쇄 발행 2010년 12월 15일

지은이	박영수
그린이	강모림
펴낸이	고영수
펴낸곳	추수밭
등록	제406-2006-00061호(2005.11.11)
주소	135-816 서울시 강남구 논현동 63번지
	413-756 경기도 파주시 교하읍 문발리 파주출판도시 518-6번지 청림아트스페이스
전화	02)546-4341
팩스	02)546-8053

www.chungrim.com
cr2@chungrim.com

ⓒ 박영수, 2010

ISBN 978-89-92355-63-6 03320

잘못된 책은 바꿔드립니다.